Georg Ruhrmann · Jutta Milde · Arne Freya Zillich (Hrsg.)

Molekulare Medizin und Medien

Georg Ruhrmann · Jutta Milde
Arne Freya Zillich (Hrsg.)

Molekulare Medizin und Medien

Zur Darstellung und Wirkung
eines kontroversen
Wissenschaftsthemas

VS VERLAG

Bibliografische Information der Deutschen Nationalbibliothek
Die Deutsche Nationalbibliothek verzeichnet diese Publikation in der
Deutschen Nationalbibliografie; detaillierte bibliografische Daten sind im Internet über
<http://dnb.d-nb.de> abrufbar.

1. Auflage 2011

Alle Rechte vorbehalten
© VS Verlag für Sozialwissenschaften | Springer Fachmedien Wiesbaden GmbH 2011

Lektorat: Barbara Emig-Roller / Eva Brechtel-Wahl

VS Verlag für Sozialwissenschaften ist eine Marke von Springer Fachmedien.
Springer Fachmedien ist Teil der Fachverlagsgruppe Springer Science+Business Media.
www.vs-verlag.de

Umschlaggestaltung: KünkelLopka Medienentwicklung, Heidelberg
Gedruckt auf säurefreiem und chlorfrei gebleichtem Papier
Printed in Germany

ISBN 978-3-531-17385-6

Inhaltsverzeichnis

Vorwort

Der Herausgeberband basiert auf Ergebnissen von Forschungsprojekten, die an der Friedrich-Schiller-Universität Jena und der Freien Universität Berlin durchgeführt wurden. Die in diesem Band präsentierten Analysen entstanden im Rahmen des BMBF-Förderprogramms „Ethische, rechtliche und soziale Aspekte der Molekularen Medizin". Ziel der Forschungsprojekte ist es, die mediale Wissenschaftskommunikation über Molekulare Medizin zu untersuchen und danach zu fragen, wie diese Angebote auf Leser und Zuschauer wirken.

Dazu wird konzeptionell und theoretisch das Verhältnis von Wissenschaft und Öffentlichkeit analysiert, das ausgehend von der Wissenschaftssoziologie seit einigen Jahren auch in der Kommunikationswissenschaft diskutiert wird. Zugleich nimmt der Band die am Kommunikationsprozess beteiligten Instanzen, Journalisten und Rezipienten, in den Blick und untersucht die veröffentlichten Medieninhalte. Dabei werden vor allem die Tagespresse, ein Nachrichtenmagazin, TV-Nachrichten sowie TV-Wissenschaftsmagazine berücksichtigt. Gerade Wissenschaftsfernsehen ist für die deutsche Kommunikationsforschung noch immer Neuland, da entsprechende Analysen aufwändig und teuer sind.

Wir danken den Förderern unserer Projekte und unseren studentischen MitarbeiterInnen, die umfassend und tatkräftig an den Erhebungen mitgewirkt haben. Unser besonderer Dank richtet sich an Mandy Fickler-Tübel und Thomas Holbach vom Lehrstuhl Grundlagen der medialen Kommunikation und der Medienwirkung, die uns unermüdlich dabei geholfen haben, die zahlreichen Versionen zu überarbeiten und in Form zu bringen. Zu danken haben wir schließlich auch dem VS Verlag für Sozialwissenschaften und Frau Emig-Roller für ihre Geduld und Unterstützung.

Georg Ruhrmann, Jutta Milde und Arne Freya Zillich

Einleitung

Georg Ruhrmann, Jutta Milde und Arne Freya Zillich

Molekulare Medizin ist ein interdisziplinär orientiertes Forschungsfeld, das die Humanmedizin um molekularbiologische, gentechnische und biochemische Methoden ergänzt. Damit gilt Molekulare Medizin als großer Hoffnungsträger, da mit ihrer Hilfe unheilbare Krankheiten oder Gendefekte diagnostiziert und therapiert werden können. Gleichzeitig birgt sie aber auch gesellschaftliches Konfliktpotenzial. Sie weckt nicht nur Hoffnungen, sondern schürt Ängste vor allem hinsichtlich medizinischer und wissenschaftlicher Grenzüberschreitungen. Besonders strittig sind Themen, die sich mit der Reproduktion des Menschen, mit der Stammzellforschung oder dem Klonen befassen. Es geht dabei vor allem um die Frage, wieweit sich der Mensch in die Entscheidung über Leben und Tod einmischen darf. Daher wird der medizinische und wissenschaftliche Erkenntnisfortschritt der Molekularen Medizin von einem öffentlichen Diskurs begleitet, der sich insbesondere mit ethischen, rechtlichen und sozialen Fragen befasst.

Ursprung der Diskussion ist eine in den 1980er Jahren vor allem von Experten getragene öffentliche Debatte um die möglichen Chancen und Risiken der modernen Gentechnik.[1] Prinzipiell lassen sich dabei zwei Bereiche der Gentechnik unterscheiden: Die „rote Gentechnik" umfasst die medizinisch relevante Genforschung und ist somit Grundlage und zentraler Bestandteil der Molekularen Medizin. Öffentlich diskutiert werden hier vor allem Themen wie die Gentherapie, Genomanalyse (Human Genome Project), die Technik der künstlichen Befruchtung (IVF) oder die Präimplantationsdiagnostik (PID). Die „grüne Gentechnik" forscht mit gentechnisch veränderten Pflanzen. Hier werden die Auswirkungen der Gentechnik auf den Bereich der Agrarindustrie, auf die Produktion und Veränderung gentechnisch veränderter Nutztiere und Nutzpflanzen sowie auf gentechnisch optimierte Nahrungsmittel diskutiert. Hinzu kommen ökonomische (z. B. Standortfrage), rechtliche (z. B. Strafverfolgung, Datenschutz), soziale (Arbeit- und Versicherungsschutz), kulturelle, ethische (Natur- und Menschenverständnis) und politische (z. B. Regulierung) Aspekte.

---

1 Die Anfänge der DNA-Debatte in den USA sind historisch gut dokumentiert und kritisch analysiert worden (vgl. Holtzman 1989; Waddell 1989). Allerdings beschäftigten sich nachfolgend nur wenige Studien detailliert mit der Rolle der Medien (vgl. statt anderer Singer/Endreny 1987 sowie Rothman 1992).

In dem beschriebenen Prozess der öffentlichen Diskussion um die Molekulare
Medizin nehmen Massenmedien eine besondere Rolle ein, da die „Laien"-
Öffentlichkeit[2] von neuen Forschungsfortschritten und den damit verbundenen
Debatten häufig aus der Medienberichterstattung erfährt. Massenmedien stellen
also eine wichtige Informationsquelle dar und nehmen eine Schlüsselfunktion in
der öffentlichen Meinungsbildung zu kontroversen Themen ein. Aus diesem
Grund fördert das Bundesministerium für Bildung und Forschung (BMBF) seit
langem zahlreiche Forschungsprojekte, die den naturwissenschaftlichen Erkenntnisfortschritt mit sozialwissenschaftlicher Forschung ergänzen.

Die in diesem Herausgeberband präsentierten theoretischen und empirischen
Analysen und Befunde zur Rolle der Massenmedien im öffentlichen Diskurs
über Molekulare Medizin entstanden im Rahmen des BMBF-Förderprogramms
„Ethische, rechtliche und soziale Aspekte der Molekularen Medizin". Das übergeordnete Ziel ist es, die mediale Wissenschaftskommunikation über Molekulare Medizin zu untersuchen und darzustellen. Dazu wird einerseits das Verhältnis von Wissenschaft und Öffentlichkeit analysiert, andererseits widmet sich
das Buch den am Kommunikationsprozess beteiligten Instanzen Journalisten,
Medieninhalte und Rezipienten. Daher werden neben einer Journalistenbefragung quantitative und qualitative Inhaltsanalysen von wissenschaftsjournalistischen Darstellungen im deutschen Fernsehen und der deutschen Presse sowie
Ergebnisse einer experimentellen Verstehensstudie vorgestellt.

Die Beiträge in diesem Band fokussieren dabei auf die Darstellung der Molekularen Medizin in Presse *und* Fernsehen. Frühere Studien untersuchten vor allem
journalistische Informationsangebote der Presse[3], seit Ende der 1990er Jahre
wird auch das Fernsehen berücksichtigt (vgl. Holliman 2004; Milde/Ruhrmann
2006; Marks u. a. 2007; Milde 2009; Listerman 2010). In der Debatte über die
gesellschaftlichen Auswirkungen und Folgen von medizinischen und wissenschaftlichen Innovationen der Human-Genom-Forschung gilt Fernsehen noch
immer – neben der rasant wachsenden Kommunikation im Internet (vgl. Ge-
rhards/Schäfer 2007; 2010) – als ein politisches Leitmedium. Fernsehen forciert
den sozialen Wandel und wird zugleich durch ihn verändert (vgl. Meier 2007).
Dabei ist insbesondere das Fernsehen in der Lage, Wissenschaft und Technologie zu beeinflussen (vgl. Rödder 2009), gleichzeitig können entsprechende Innovationen wiederum Einfluss auf das Fernsehen haben (vgl. Brewer/Ley 2010).
Fernsehen repräsentiert dabei nicht einfach nur Fortschritte und Kontroversen

---

2 Als „Laien" werden hier Bürger verstanden, die sich weder beruflich noch in anderer Weise professionell mit dem Themenbereich Molekulare Medizin befassen (vgl. auch Peters et al. 2008).
3 Vgl. statt anderer überblicksartig: Ruhrmann 1992a; 1992b; 1998; 2001 sowie Ruhrmann et al.
1996; Hampel/Renn 1999; Peters 1999; Kohring et al. 1999; Görke et al. 2000; Kohring/ Matthes
2002; Matthes/Kohring 2008; Weingart u. a. 2008: Listerman 2010.

von Wissenschaft, sondern berichtet in den Nachrichten, aber auch in Wissenschaftsmagazinen, häufig für eine Mehrzahl von Zuschauern relevant und ereignisorientiert über Wissenschaft (vgl. Lehmkuhl 2010). Diesen Ereignissen lassen sich bestimmte, fernsehspezifische Nachrichtenfaktoren zuschreiben: Dazu zählen u. a. Überraschung, Prominenz, Konflikthaftigkeit sowie Visualisierbarkeit des Zeitgeschehens (vgl. Maier/Ruhrmann 2008; Weingart 2009; Hüppauf/Weingart 2009; Diehlmann 2010). Das Thema Wissenschaft bzw. Molekulare Medizin wird dabei mit bestimmten stilistischen Mitteln und innerhalb bestimmter (Wirklichkeits)Formate ins Bild gesetzt und geframt (vgl. Listerman 2010).

Die Berichterstattung von Presse und Fernsehen kann sowohl sachlich, neutral und fachsprachlich orientiert als auch wertend und emotionalisierend formuliert sein. Beide Medien konstruieren journalistische Orientierungsangebote mit einer für alle Rezipienten vergleichsweise verbindlichen Realität (vgl. Donsbach 2004)[4]. Das erkenntnisleitende Interesse des Herausgeberbandes liegt daher insbesondere in der Frage, *wie* Presse und TV-Programme (Nachrichten und Magazine) Molekulare Medizin darstellen *und* wie diese Angebote wirken. Folgende Fragen sollen mit dem Herausgeberband beantwortet werden:

1. Welche *öffentlichkeitstheoretischen* Grundlagen sind für die Analyse relevant und wie lassen sie sich empirisch umsetzen?
2. Wie definieren *Journalisten* ihr Selbstverständnis als Vermittler und/oder Experte? In welche größeren gesellschaftspolitischen und journalistischen Kontexte stellen sie das Thema Molekulare Medizin? Welche Selektions- und Darstellungskriterien sind aus journalistischer Perspektive relevant?
3. Wie *häufig und umfangreich* berichten Presse und TV-Sendungen über Molekulare Medizin? Welche Publizität kommt dem Thema zu verschiedenen Zeitpunkten zu?
4. Welche *Themen* und *Akteure* treten in verschiedenen Fernseh- und Presseformaten auf? Welche *Konflikte* und *Kontroversen* um die ethischen, rechtlichen und sozialen Folgen der Molekularen Medizin werden dargestellt und wie werden sie bewertet? Welche *Forderungen* und *Prognosen* werden in diesem Zusammenhang formuliert?
5. Welche *Frames* dominieren in der Berichterstattung über Molekulare Medizin und wie variieren diese Frames über einen längeren Zeitraum bzw. je nach Sendung?

---

4 Bei Unterhaltungskommunikation *entfällt* dieser Verbindlichkeitscharakter (vgl. Görke/Ruhrmann 2003). Zunehmend wird in emotional ausgerichteten narrativen Formaten berichtet (vgl. Jensen 2008; Morgan et al. 2009), wobei theoretische Überlegungen zur Unterhaltungsfunktion zunehmend Kontur gewinnen (vgl. statt anderer Weber et al. 2009).

6. Wie wird die Berichterstattung von *Rezipienten* wahrgenommen und bewertet? Welchen Einfluss haben verschiedene Darstellungsvarianten der Molekularen Medizin auf die Rezipienten?

Die Einzelbeiträge in diesem Herausgeberband orientieren sich jeweils an den forschungsleitenden Fragen. So stehen zunächst allgemeinere Fragen zum Verhältnis von Wissenschaft und Öffentlichkeit im Vordergrund des Interesses, wobei hier auf relevante soziologische Konzepte rekurriert wird. Im weiteren Verlauf geht es dann um die Selektivitätskontexte und -kriterien der Berichterstattung über Molekulare Medizin sowie ihre Wirkung beim Rezipienten. Abschließend wird ein Resümee gezogen und die Beiträge dahingehend befragt, ob und inwieweit ihre Ergebnisse eher einem wissenschaftsdominierten Modell oder eher einem gesellschaftlich kontextualisierten Modell des Verhältnisses von Öffentlichkeit und Wissenschaft zuzuordnen sind.

Zu den Beiträgen

Jürgen Gerhards und Mike S. Schäfer analysieren normative Modelle wissenschaftlicher Öffentlichkeit und nehmen auf der Grundlage ihrer früheren Forschungen zu diesem Thema theoretische Systematisierungen vor. Da Öffentlichkeit für die Wissenschaft zunehmend relevant wird, ist zu fragen, wie die öffentliche Debatte über Wissenschaft beschaffen sein sollte. Im vorliegenden Artikel werden zwei Idealtypen dieser normativen Theorien wissenschaftlicher Öffentlichkeit vorgestellt. Beim ersten Modell handelt es sich um eine eher wissenschaftsdominierte Vorstellung von Öffentlichkeit, das zweite Modell bezieht sich auf eine gesellschaftlich kontextualisierte Vorstellung von Öffentlichkeit. Illustriert werden diese Überlegungen mit Ergebnissen eines Forschungsprojekts, in dem die öffentliche Debatte über Humangenomforschung in Deutschland und den USA für einen Zeitraum von zwei Jahren analysiert wird. Geprüft wird, welchem der beiden normativen Modelle von Öffentlichkeit die empirischen Befunde am ehesten entsprechen.

Jutta Milde und Sascha Hölig gehen in ihrer Journalistenbefragung zur Molekularen Medizin der Frage nach, welche strukturellen und thematischen Kriterien für die Auswahl und Darstellung der Molekularen Medizin in TV-Wissenschaftsmagazinen ausschlaggebend sind. Dazu wurden 12 Wissenschaftsredakteure nach der redaktionellen Struktur, dem journalistischen Selbstverständnis sowie nach formalen und inhaltlichen Darstellungsaspekten der Molekularen Medizin in Wissenschaftsmagazinen befragt. Die Ergebnisse zeigen u. a., dass die Redakteure sich in der Pflicht sehen, den Zuschauern Orientierung zu geben und sie umfassend über das Thema zu informieren. Dabei wird die Themenselektion von zwei zentralen Prämissen geleitet: (1) die alltägliche Relevanz für den Zuschauer und (2) das Vorhandensein von interessantem Bildmaterial.

Julia Bockelmann untersucht die Wissenschaftsberichterstattung des SPIEGEL im Zeitverlauf. Wissenschaft wird hier als Produzent gesicherten Wissens und Medien als zentrale Informationsvermittlerinstanz zwischen Teilsystemen einer ausdifferenzierten Gesellschaft aufgefasst. Die Ausgangsüberlegung ist, dass Journalisten maßgeblich die öffentliche Wahrnehmung wissenschaftlicher Themen beeinflussen, indem sie Ereignisse in spezifischer Art und Weise beschreiben und bewerten. Daher wird im empirischen Teil des Aufsatzes eine exemplarische Inhaltsanalyse eines zentralen publizistischen Leitmediums, dem SPIEGEL durchgeführt. Die Ergebnisse belegen, dass Wissenschaft aktuell im Vergleich zu früher unter stärkerer medialer Beobachtung steht.

Georg Ruhrmann und Jutta Milde beleuchten in ihrer Fallstudie den Nachrichtenwert von TV-Meldungen zum Thema „Molekulare Medizin". Aus normativer Sicht sind Selektivität und Objektivität als zentrale Elemente des Nachrichten-Paradigmas anzusehen. Sie stellen die wesentlichen Kriterien der Wissenschaftsberichterstattung dar. Daraus ergibt sich das Ziel, die vorgestellten Dimensionen zu operationalisieren, um damit die Nachrichtenberichterstattung über Molekulare Medizin empirisch zu untersuchen. Inhaltsanalytisch werden diejenigen strukturellen und thematischen Kriterien von Journalisten ermittelt, an denen sie sich offensichtlich bei der Auswahl von berichtenswerten Ereignissen orientieren. Forschungsleitend sind u. a. die Fragen, welche Akteure und Themen sich in der Berichterstattung über einen Zeitraum von zehn Jahren identifizieren lassen und wie dabei Nutzen und Risiken dargestellt und bewertet werden. Tauchen risikobezogene Kontroversen in den Fernsehnachrichten auf und wie verlaufen diese? Schließlich wird ermittelt, welche Nachrichtenfaktoren den journalistischen Beachtungsgrad, also den Nachrichtenwert der Meldungen, über Molekulare Medizin beeinflussen.

Mike S. Schäfer untersucht Diskurskoalitionen in den Medien mittels korrespondenzanalytischer Verfahren. Viele Theorien beschreiben die massenmedialen Debatten auch als Kampf um die Positionierung von Akteuren und Deutungen, d. h. als Platzierungs- und Deutungskonkurrenzen, wobei zwei dieser Theorien besonders hervorstechen: Das höchst einflussreiche Modell von Foucault schließt an geisteswissenschaftliche Debatten über gesellschaftliche Diskurse an. Von ihm wird v. a. die Herausbildung von Macht in öffentlichen Diskursen herausgestellt. Das Problem dieses Modells besteht nun darin, dass hier zwar auf machthaltige Diskurs-Konstellationen hingewiesen wird, dass aber oftmals unklar bleibt, wie diese genau aussehen und empirisch beschrieben werden können. Ein anderes, v. a. in den Sozialwissenschaften einflussreiches Modell ist das am WZB entwickelte Öffentlichkeitsmodell, in dem die gesellschaftlichen Akteure und deren Handeln im Mittelpunkt stehen. Von diesem Modell wurden die Dimensionen herausgearbeitet, auf denen Akteure versuchen, Debatten in den Massenmedien zu beeinflussen: Standing, Positionierungen, Framing. Hier ist jedoch verbesserungswürdig, dass die erwähnten Dimensionen meist isoliert voneinander analysiert werden und dass der Einfluss einzelner Akteure bei der Gestaltung öffentlicher Debatten überschätzt wird. In diesem Artikel soll gezeigt werden, dass sich beide Probleme verkleinern lassen und es für die Beschreibung massenmedialer Debatten generell nützlich sein kann, wenn man einen Ansatz der „Diskurskoalitionen" von Maarten Hajer (1993) mit der multiplen Korrespondenzanalyse empirisch rekonstruiert.

Arne Freya Zillich untersucht das Framing der Berichterstattung von Wissenschaftsmagazinen über Molekulare Medizin. Bisher liegen kaum Studien vor, die die deutsche Fernsehberichterstattung über dieses Forschungsgebiet auf der Basis des Framing-Ansatzes betrachten. Daher wird auf der Grundlage der Definition von Entman (1993; 2010) analysiert, welche Medienframes in der Berichterstattung von Wissenschaftsmagazinen dominieren. Von Relevanz ist hierbei insbesondere die Verteilung der einzelnen Frame-Elemente, die den Themenkomplex Molekulare Medizin konstituieren. Die Ergebnisse der Inhaltsanalyse zeigen, dass sich die Berichterstattung anhand von fünf Frames charakterisieren lässt, welche unterschiedlich häufig in den untersuchten Magazinen auftreten. Darüber hinaus wird die Entwicklung des Themas innerhalb eines Zeitraums von zehn Jahren (1995-2004) betrachtet. Hierbei lässt sich erstmals untersuchen, auf welche Weise sich bestehende Frames ausdifferenzieren bzw. neu bilden.

Jutta Milde untersucht Wissenschaftsmagazine im Fernsehen und stellt dabei eine experimentelle Untersuchung zu Verstehensleistungen und subjektiven Verständlichkeitsbewertungen von Rezipienten vor. In den zunehmend erfolgreichen TV-Wissenschaftsmagazinen lassen sich mittlerweile zahlreiche Darstellungsvarianten unterscheiden, deren Wirkung bei den Zuschauern bislang ungeklärt ist. Daher wird hier untersucht, welche Bedeutung verschiedene Beitragstypen, die sich in Vermittlungskonzepten unterscheiden lassen, für das Verstehen haben. Darüber hinaus wird untersucht, inwieweit subjektive Verständlichkeitsbewertungen die Verstehensleistungen beeinflussen. Drei Vermittlungskonzepte werden in einer laborexperimentellen Befragung getestet. Die Ergebnisse belegen, dass die Vermittlungskonzepte zwar einen vergleichsweise starken Einfluss auf die Kohärenzbildung der Probanden haben, ihr Einfluss auf weiterführende Interpretationen hingegen sehr viel schwächer ist. Zudem kann belegt werden, dass subjektive Verständlichkeitsbewertungen einen wichtigen Beitrag zur Erklärung von Verstehensunterschieden leisten.

Abschließend beleuchten *Georg Ruhrmann, Arne Freya Zillich und Jutta Milde* Perspektiven der Forschung, indem sie den theoretischen Ertrag, die empirischen Ergebnisse und aktuelle Desiderata der Forschung kritisch diskutieren. Aufgezeigt werden Anschlussfragen und –konzepte, die derzeit in der empirischen Kommunikationsforschung zur Wissenschaftskommunikation aktuell sind. Denn in der Diskussion zur Wissenschaftskommunikation dominieren zwei normative Modelle wissenschaftlicher Öffentlichkeit. Sie unterscheiden sich darin, welche Akteure mit welchen Inhalten und Themen in der Öffentlichkeit zu Wort kommen, in welcher Form dies geschieht und welche Resultate sich daraus ergeben sollten. In der Modellvorstellung der *Wissenschaftsdominierten wissenschaftlichen Öffentlichkeit* wählen Massenmedien wissenschaftliche Ereignisse *nach* wissenschaftlichen Relevanzkriterien aus, berichten und bewerten quasi wissenschaftlich. Im Konzept der *gesellschaftlich kontextualisierten wissenschaftlichen Öffentlichkeit* indes muss sich Wissenschaft gesellschaftlich legitimieren. Die Etablierung von Forschungsschwerpunkten vollzieht sich in öffentlichen Aushandlungsprozessen. Wissenschaftskommunikation akzentuiert dabei gesellschaftliche Diskurse und Kontroversen. Für beide Modelle gibt es Belege; indes differenzieren sich für das Konzept der *Wissenschaftsdominierten wissenschaftlichen Öffentlichkeit* neue theoretische Diskurse und Forschungsaktivitäten aus. So ist zu vermuten, dass dieses Modell in der medial vermittelten Kommunikation über Wissenschaft wieder zunehmend eine große Rolle spielen wird.

Literatur

Brewer, P. R./Ley, N. L. (2010): Media Use and Public Perceptions of DNA Evidence. In: Science Communication. 32. S. 93-117.

Diehlmann, N. (2010): Selektionskriterien bei Fernsehnachrichten. Studie zur Erforschung eines medienspezifischen Nachrichtenmodells am Beispiel der Berichterstattung über nachhaltige Entwicklung. Dissertation FSU Jena.

Donsbach, W. (2004): Psychology of news decision. Factors behind journalist's professional behavior. In: Journalism 5. 2. S. 131-157.

Entman, R. M. (1993): Framing. Toward clarification of a fractured paradigm. In: Journal of Communication. 43. Jg. Nr. 4. S. 51-58.

Entman, R. M. (2010): Framing Media Power. In: D'Angelo, P./Kuypers, J. A. (Hrsg.): Doing news framing analysis. Empirical and theoretical perspectives. New York: Taylor & Francis. S. 331-355.

Gerhards, J./Schäfer, M. (2007): Demokratische Internet Öffentlichkeit? Ein Vergleich der öffentlichen Kommunikation und in den Printmedien am Beispiel der Humangenomforschung. In: Publizistik 52. 2. 210 -229.

Gerhards, J./Schäfer, M. (2010): Is the internet a better public sphere? Comparing old and new media in the USA and Germany. In: *New Media & Society. 12. S. 143-160.*

Görke, A.,/Kohring, M./Ruhrmann, G. (2000): Gentechnologie in der Presse. Eine internationale Langzeitanalyse von 1973 bis 1996. In: Publizistik 45. 1. S. 20 – 37.

Görke, A./Ruhrmann, G. (2003): Public Communication between facts and fictions: on the construction of genetic risk. In: PUS 12, 229 – 241.

Hajer, M. A. (1993): Discourse Coalitions and Institutionalisation of Practice: The Case of Acid Rain in Great Britain. In: Fischer, F./Forester, J. (Hrsg.): The Argumentative Turn in Policy Analysis and Planning. London: UCL. S. 43-67.

Hampel, J,/Renn, O. (Hg.) (1999): Gentechnik in der Öffentlichkeit. Wahrnehmung und Bewertung einer umstrittenen Technologie. Frankfurt: Campus.

Holliman, R. (2004): Media Coverage of Cloning: A Study of Media Content, Production and Reception. In: *Public Understanding of Science. 13. S. 107-130.*

Holtzman, N. A. (1989): Proceed with Caution. Predicting Genetic Risks in the Recombinant DNA-Era. Baltimore: The Johns Hopkins UniversityPress.

Hüppauf, B./ Weingart, P. (2009): Wissenschaftsbilder – Bilder der Wissenschaft. In: Hüppauf, P./ Weingart, P. (Hrsg.): Frosch und Frankenstein. Bilder als Medium der Popularisierung von Wissenschaft. Bielefeld: transcript. S. 11 – 45.

Jensen, E. (2008): The Dao of human cloning: utopian/dystopian hype in the British press and popular films. In: Public Understanding of Science. 17. S. 123-143.

Kohring, M./Görke, A./Ruhrmann, G. (1999): Das Bild der Gentechnologie in den internationalen Medien – eine Inhaltsanalyse meinungsführender Zeitschriften. In: Hampel, J./Renn, O. (Hrsg.): Gentechnik in der Öffentlichkeit. Frankfurt am Main/New York, Campus. S. 313-339.

Kohring, M./Matthes, J. (2002): The face(t)s of biotech in the nineties. In: Public Understanding of Science 11. S. 143 - 154.

Lehmkuhl, M. (2010): Wissenschaft im deutschen Fernsehen. Eine vergleichende Analyse spezialisierter Sendungen. In: Arbeitsgemeinschaft der Landesmedienanstalten in der Bundesrepublik Deutschland (Hrsg.): Fernsehen in Deutschland 2009. Berlin: Vistas, S. 60-67.

Listerman, T. (2010): Framing of science issues in opinion-leading news: international comparison of biotechnology issue coverage. In: Public *Understanding of Science, 19. 1. S. 5-15*

Maier, M./Ruhrmann, G. (2008). Celebrities in action and other news. News factors of German TV news 1992 - 2004. Results from a content analysis. Human Communication. 11 (1). S. 197-214.

Marks, L./Kalaitzandonakes, N./Wilkins, L./Zakhavora, L. (2007): Mass Media Framing of Biotechnology News. In: Public Understanding of Science 16. S. 183 – 203.

Matthes, J./Kohring, M. (2008): The content analysis of media frames: Toward improving reliability and validity. In: Journal of Communication. 58. Jg. S. 258-279.

Meier, K. (2007): Journalistik. Konstanz UVK.

Milde, J. (2009): Vermitteln und Verstehen. Zur Verständlichkeit von Wissenschaftsfilmen im Fernsehen. Wiesbaden: Verlag Sozialwissenschaften.

Milde, J./Ruhrmann, G. (2006): Molekulare Medizin in deutschen TV-Wissenschaftsmagazinen. Ergebnisse von Journalisteninterviews und Inhaltsanalysen. In: Medien & Kommunikationswissenschaft 52. 1. S. 430-474.

Morgan, S. E./Movius, L./Cody, M. J. (2009): The Power of Narratives: The Effect of Entertainmend Television Organ Donation Storylines on the Attitudes, Knowledge, and Behaviors of Donors and Nondonors. In: Journal of Communcation 59. 1. S. 135-151.

Peters, H. P. (1999): Rezeption und Wirkung der Gentechnikberichterstattung. Kognitive Reaktionen und Einstellungsänderungen. Jülich: KfA.

Peters, H. P./Brossard, D./de Cheveigné, S. / Dunwoody, S./Kallfass, M./Miller, S./Tsuchida, S. (2008): Science-media interface: It's time to reconsider. In: Science Communication. 30. 2. S. 266-276.

Rödder, S. (2009): Reassessing the concept of a medialization of science: a story from the "book of life". In: Public Understanding of Science. Vol. 18. No. 4. 452-463.

Rothman, S. (1992): Expertenurteil und Medienberichterstattung. In: Wilke, J. (Hrsg.): Öffentliche Meinung. Theorie, Methoden, Befunde. Freiburg & München: Alber. S. 143-155.

Ruhrmann, G. (1992a): Genetic engeneering in the press: a review of research and results of a content analysis. In: Durant, J. (Hrsg.): Biotechnology in public. London: Science Museum. S. 169-201.

Ruhrmann, G. (1992b): Establishing the Public Acceptability of Gene-Technology? Rationales in Newsworthy Risk Communication. In: Hubert, P./Poumadere, M. (Hrsg.): Risk Analysis: Underlying Rationales. Paris: SRA. 91-97.

Ruhrmann, G. (1998): The Media and the „Distortion of Reality" in the Public Understanding of Science. In: Dierkes, M./von Grote, C. (Hrsg.): Public Opinon and Public Debates. Berlin: WZB. S. 57-69.

Ruhrmann, G. (2001): "Medienrisiken". Medialer Risikodiskurs und Nachhaltigkeitsdebatte. In: Zeitschrift für Umweltpolitik & Umweltrecht 24. 2. 2001. S. 263-284.

Ruhrmann, G./Schmidt, C./Bach, A./Bauer, M.. (1996): Zur Argumentationsanalyse der Gentechnikberichterstattung. Duisburg: RISP.

Singer, E./Endreny, P. (1987): Reporting hazards. Their benefits and costs. In: Journal of Communication 37.3. S. 10 - 26.

Waddell, C. (1989): Reasonableness versus rationality in the construction and justification of science policy decisions: The case of the Cambridge experimentation review board. In: Science, Technology and Human Values 14. S. 7 - 25.

Weber, R./Tamborini, R./Wettscott-Baker, A./Kantor, B. (2009): Theoretizing Flow and Media Enjoyment as Cognitive Synchronization of Attentional and Reward Networks. In: Communication Theory 19. 4. S. 397-422.

Weingart, P. (2009): Wissenschaftssoziologie. In: Simon, D./ Knie, A./Hornbostel (Hrsg.): Handbuch Wissenschaftspolitik. Wiesbaden: VS. S. 118-129.

Weingart, P./Salzmann, C./ Wörmann, S. (2008): The social embedding of biomedicine: an analysis of German media debates 1995-2004. In: Public Understanding of Science. 17. S. 381-396.

Normative Modelle wissenschaftlicher Öffentlichkeit. Theoretische Systematisierung und Illustration am Fall der Humangenomforschung[1]

Jürgen Gerhards und Mike S. Schäfer

1 Die Bedeutung der Öffentlichkeit für die Wissenschaft in modernen Gesellschaften

Öffentlichkeit ist ein zentrales Element des Institutionensystems von demokratischen Gesellschaften. Diese Bedeutsamkeit von Öffentlichkeit ergibt sich aus der besonderen Stellung der Bürger in demokratischen Gesellschaften: Die Bürger sind in Demokratien der Souverän, der die politischen Entscheidungsträger wählt und damit auch indirekt die politischen Entscheidungen bestimmt, die die Bürger wollen. Damit die Bürger von ihrem Status als Souverän auch Gebrauch machen können, müssen sie sich über die politischen Entscheidungsträger, über deren Politiken und über mögliche Probleme der Gesellschaft informieren können. Dies zu ermöglichen, ist die Aufgabe von Öffentlichkeit. Via Öffentlichkeit partizipieren die Bürger an der Gesellschaft. Meinungs-, Versammlungs- und Pressefreiheit sollen einerseits sicherstellen, dass die Bürger ihre Meinungen aktiv artikulieren können. Sie sollen andererseits garantieren, dass Bürger passiv-rezeptiv die Realitätsdeutungen und Problemdefinitionen anderer Akteure beobachten und beurteilen können. In modernen Gesellschaften spielen dabei v. a. die Massenmedien eine zentrale Rolle. Denn die meisten Bürger beobachten in ihnen das Handeln der politischen Eliten und Entscheidungsträger (vgl. z.B. Gerhards/Neidhardt 1991).

Auch für die Wissenschaft ist die Öffentlichkeit von großer Bedeutung. Denn Forschung, besonders teure und aufwändige „big science", ist begründungsbedürftig und auf gesellschaftliche Legitimation angewiesen (vgl. v. a. Weingart 2002; Weingart 2003; Weingart 2005). Dies gilt v. a. für biowissenschaftliche Themen (vgl. Nelkin 1995: 35ff.). Denn diese berühren häufig Grundfragen menschlicher Existenz und sind damit im hohen Maße legitimationsbedürftig: Entsprechend werfen die Diskurse über therapeutisches und reproduktives Klo-

---

1 Wir danken Simone Rödder und Miriam Voß für hilfreiche Kommentare zu einer früheren Fassung dieses Textes, und Inga Ganzer für sprachliche Korrekturen.

nen, über Stammzellforschung und Präimplantationsdiagnostik etc. alle eine ähnliche Fragestellung auf: Was darf die Wissenschaft, und wo sollten aus Sicht der Gesellschaft die Grenzen wissenschaftlicher Erkenntnissuche liegen? Wo beginnt also der tabuisierte Bereich des nicht Antastbaren, in den die Biowissenschaften nicht eindringen dürfen?

Einer der zentralen Orte, an denen die Legitimation von Wissenschaft erzeugt wird, aber potentiell auch die Delegitimierung ganzer Forschungszweige stattfinden kann – man denke z. B. an die Nuklearforschung, an die Stammzellforschung und das therapeutische bzw. reproduktive Klonen – ist die Öffentlichkeit. Wenn Wissenschaft in der Öffentlichkeit erfolgreich ist, wenn sie also die eigenen Vorhaben als wichtig und erfolgversprechend darstellen kann, dann wirkt dies positiv auf die Wissenschaft zurück. Forschungsvorhaben, die in der Öffentlichkeit als illegitim interpretiert werden, werden es schwer haben, die zur ihrer Realisierung notwendigen gesetzlichen Regeln sowie ökonomische und infrastrukturelle Ressourcen zu erlangen. Umgekehrt gilt: Forschungsrichtungen, denen es gelingt, ausgeprägte und weit verbreitete öffentliche Legitimität zu erzeugen, werden eher gefördert werden.

Da Öffentlichkeit für die Selbstkonstitution von demokratischen Gesellschaften von so großer Bedeutung ist, haben sich viele Autoren die Frage gestellt, welche Merkmale Öffentlichkeit aufweisen soll, damit sie ihre Aufgaben optimal erfüllen kann. Und da Öffentlichkeit auch für die Wissenschaft zunehmend bedeutsamer geworden ist, stellt sich auch hier die Frage, wie die öffentliche Debatte über Wissenschaft beschaffen sein sollte. Antworten auf derartige Fragen formulieren normative Öffentlichkeitstheorien, die die Rolle von Öffentlichkeit in der Gesellschaft zu bestimmen versuchen. Auch zu der Frage, wie die öffentliche Debatte über Wissenschaft aussehen soll, gibt es zahlreiche Publikationen, die normative Modelle einer solchen wissenschaftlichen Öffentlichkeit entwerfen.

Wir wollen in diesem Artikel in einem ersten Schritt zwei Idealtypen dieser normativen Theorien wissenschaftlicher Öffentlichkeit vorstellen, die sich in der einschlägigen Literatur finden lassen. Die erste Modellvorstellung bezeichnen wir als wissenschaftsdominierte Vorstellung von Öffentlichkeit, die zweite Modellvorstellung als gesellschaftlich kontextualisierte Vorstellung von Öffentlichkeit.

Im zweiten Schritt stellen wir die Ergebnisse eines Forschungsprojekts dar, in dem wir die öffentliche Debatte über Humangenomforschung in Deutschland und den USA für den Zeitraum 1999 bis 2001 analysiert haben. Wir werden unsere empirischen Ergebnisse auf die beiden normativen Modelle von Öffentlichkeit beziehen und analysieren, welchem Modell die empirischen Befunde am ehesten entsprechen.

2 Zwei normative Modelle wissenschaftlicher Öffentlichkeit

Die existierenden allgemeinen Theorien von Öffentlichkeit sind häufig normative Theorien: Sie definieren, wie eine Öffentlichkeit idealer beschaffen sein soll. Die wohl bekannteste gegenwärtige Theorie ist das Konzept einer diskursiven, deliberativen Öffentlichkeit von Jürgen Habermas (1981a, 1981b, 1990, 1992). Von Habermas' Theorie kann man eine liberale Theorie von Öffentlichkeit unterscheiden (vgl. Gerhards 1997; Ferree et al. 2002b: Kap. 10, vgl. auch Gerhards 2006). Die beiden Theorien unterscheiden darin, *wer* ihnen zufolge zu Wort kommen sollte, *welche Inhalte* diskutiert werden sollten, *wie* die Debatte gestaltet sein sollte und zu *welchen Ergebnissen* die Debatte führen sollte. Nach Ansicht des *liberalen Modells* von politischer Öffentlichkeit besteht eine gute Öffentlichkeit v. a. aus Kommunikationen der gewählten Repräsentanten der Bürger, d. h. der Politiker. Die Funktion der Öffentlichkeit besteht in diesem Modell v. a. darin, unterschiedliche Positionen transparent darzustellen. Ist diese Transparenz hergestellt, können die gewählten Vertreter des politischen Systems über Mehrheitsentscheide die kollektiv verbindlichen Entscheidungen über die einzuschlagende Richtung der Gesellschaft festlegen. Danach soll die öffentliche Debatte verstummen. Eine gute Öffentlichkeit im Sinne des *diskursiven Modells* schließt hingegen in stärkerem Maße die Zivilgesellschaft ein; die Auseinandersetzung wird auf der Basis von Argumenten diskursiv und im Dialog miteinander geführt. Dies ist die Voraussetzung dafür, dass es zu Deliberationsprozessen kommt. Diese führen zwar nicht notwendigerweise zu einem vollständigen Konsens, können aber zu einer inhaltlichen Annäherung der Kommunikationspartner beitragen.

Auch die Theorien, die sich mit der Rolle der Wissenschaft in der gesellschaftlichen Öffentlichkeit beschäftigen, enthalten häufig normative Elemente. Allerdings werden diese oftmals nicht explizit gemacht und sind verstreut über die einschlägige Literatur. Wir wollen diese normativen Elemente in der Folge explizieren und systematisieren, anschließend eine Dimensionierung vorschlagen, mit der sie empirisch zugänglich gemacht werden können und zum Schluss illustrieren, wie sich konkrete Fälle auf Basis derartiger Theorien bewerten lassen. Diese Gegenüberstellung normativer Theorien und empirischer Modelle kann und soll allerdings nicht zur Falsifizierung einer der normativen Theorien führen, schließlich ist dies bei normativen Theorien nicht möglich. Sie soll stattdessen dazu dienen, bislang latente und implizite Annahmen klar zu formulieren und es Forschern – sofern sie sich eines der Modelle zueigen machen, was wir nicht tun wollen – so zu ermöglichen, künftig mit Bezug auf die Modelle klare Bewertungen empirischer Fälle vorzunehmen.

In der Literatur lassen sich – wenn man zum Zwecke einer Systematisierung einige theoretische Variationen vernachlässigt – zwei idealtypische Grundmodelle unterscheiden: Die erste Modellvorstellung bezeichnen wir als *wissenschaftsdominierte wissenschaftliche Öffentlichkeit*, die zweite Modellvorstellung als *gesellschaftlich kontextualisierte wissenschaftliche Öffentlichkeit*.

2.1 Wissenschaftsdominierte wissenschaftliche Öffentlichkeit

Das wissenschaftsdominierte Konzept hat eine klare Vorstellung davon, wie die gesellschaftliche Öffentlichkeit aussehen soll: Ereignisse und Geschehen des Wissenschaftssystems sollen in der Öffentlichkeit und v.a. in den Massenmedien nach wissenschaftlichen Relevanzkriterien abgebildet und beurteilt werden. Nach wissenschaftlichen Kriterien soll entschieden werden, welche Themen in den Massenmedien wichtig, welche Informationen richtig und welche Deutungen grundsätzlich zulässig sind. Werden Abweichungen von dieser Vorstellung in der Empirie festgestellt, dann werden diese als Defizite gesehen. Kritisiert wird dabei meistens, dass die Darstellung wissenschaftlicher Themen in der Öffentlichkeit nicht wissenschaftsadäquat, nicht wissenschaftlich korrekt sei.

Diese Grundvorstellung ist v.a. in den Konzepten des „Public Understanding of Science", oder „PUS", seit den 1980er Jahren entwickelt worden. Zunächst wurden in Großbritannien, später in zahlreichen weiteren Ländern „Public Understanding of Science"-Programme eingerichtet, die geeignete Wege und Strategien aufzeigen sollten, um Wissenschaft erfolgreich der Öffentlichkeit zu vermitteln (vgl. z.B. Felt et al. 1995: 244; Gregory/Miller 1998; Lewenstein 1995). Ziel war es, das Bild der Wissenschaft in der Öffentlichkeit zu verbessern, die „scientific literacy" der Bürger zu steigern und für Aufklärung und Legitimation zu sorgen. Die Massenmedien wurden dabei, aufgrund ihrer Wirkungsmacht, als zentraler Kommunikations- und Vermittlungskanal gesehen.

Diese „PUS"-Programme enthalten viele normative Vorstellungen und Annahmen über das richtige Verhältnis von Wissenschaft und Öffentlichkeit. Dazu gehört die Vorstellung, dass wissenschaftliches Wissen hierarchisch höher steht als andere Wissensformen (vgl. z.B. Kohring 1997). Daraus wiederum resultiert die Annahme, dass jeder Bürger, der über die Entstehung und die Inhalte wissenschaftlichen Wissens ausreichend informiert ist, Wissenschaft unterstützen wird. Die Tatsache, dass bestimmte Wissenschaftsentwicklungen auf Ablehnung und Protest der Bevölkerung gestoßen sind, wird entsprechend auf deren mangelndes Wissen zurückgeführt: „The field of risk perception research, for example, was defined by the assumption that the public opposed technologies like nuclear power because they misunderstood the ‚real' risks as known to science" (Wynne

1995: 363). Wenn man also die „scientific literacy" (Miller 1983) der Bürger steigert, mithin deren Wissensdefizite im Bereich der Wissenschaft behebt, dann erhöht man die Zustimmung zur Wissenschaft; mehr Wissen über Wissenschaft bewirkt – quasi automatisch – auch mehr Akzeptanz für Wissenschaft (in der Literatur wird dies daher auch als „deficit model" bezeichnet) (vgl. Irwin/Wynne 1996).

Einer der wesentlichen Kanäle zur Steigerung der „scientific literacy" wiederum sollen die Massenmedien sein. Das vermeintlich hierarchisch übergeordnete wissenschaftliche Wissen soll dabei so über die Massenmedien vermittelt werden, dass es nicht verändert, sondern allein „transportiert" oder allenfalls kompetent „übersetzt" wird (vgl. MacDonald 1996). Eine gesellschaftliche Kontroverse über oder eine Auseinandersetzung mit wissenschaftlichem Wissen in der Öffentlichkeit sind nur recht begrenzt erwünscht, „[s]elbst Kritik und Kontrolle haben sich grundsätzlich erst einmal an wissenschaftlichen Kriterien auszurichten" (Kohring 1997: 83, vgl. auch Kohring 2005).

2.2 Gesellschaftlich kontextualisierte wissenschaftliche Öffentlichkeit

Das wissenschaftsdominierte oder „Public Understanding of Science"-Modell von Öffentlichkeit ist nicht ohne Kritik geblieben (vgl. z. B. Gregory/Miller 1998; Irwin/Wynne 1996; Miller 2001; Wynne 1992; Wynne 1996; Yearley 2000). Die Kritik bezieht sich – neben begrifflichen und konzeptionellen Unklarheiten (Felt 2000; Yearley 2000) – einerseits auf die Frage, wie Wissenschaft in der Gesellschaft eingebettet ist, andererseits auf die Funktion, die die Öffentlichkeit übernehmen soll. Der grundlegende Sonderstatus von wissenschaftlichem Wissen wird von mehreren Autoren in Abrede gestellt oder zumindest angezweifelt. Grundlage dieser Kritik ist, dass wissenschaftssoziologische Studien zeigen konnten, dass die Produktion und die Kommunikation wissenschaftlicher Erkenntnisse nicht objektiv und rein sachlich verlaufen, sondern ebenfalls von gesellschaftlichen Rahmenbedingungen und sozialen Faktoren abhängen. Damit, so die Argumentation, sei gezeigt worden, dass die Wissenschaft keinen epistemologischen Sonderstatus hat. Das Beharren auf dem Sonderstatus von wissenschaftlichem Wissen gerät gar unter Ideologieverdacht, einige Autoren „kommen zu dem Schluss, dass die Diskriminierung nicht-wissenschaftlicher Rationalitätsformen in erster Linie dazu diene, den autoritären Führungsanspruch der Wissenschaft als maßgeblicher Produzent gesellschaftlichen Orientierungswissens zu behaupten" (Kohring 1997: 174).

Diesem Modell zufolge ist Wissenschaft nur eine Erkenntnisquelle neben anderen. Auch deswegen benötige die Wissenschaft eine breite gesellschaftliche

Legitimation. Denn welche Forschungsrichtungen entwickelt werden sollen, lässt sich dieser Vorstellung zufolge nicht allein nach wissenschaftlichen Kriterien entscheiden, sondern muss das Resultat eines öffentlichen Aushandlungsprozesses sein, an dem eine Vielzahl von unterschiedlichen Akteuren beteiligt sein können und sollen (Logan 1977, zit. in Kohring 1997: 177). Diese Grundvorstellung einer gesellschaftlich kontextualisierten wissenschaftlichen Öffentlichkeit ist in dem „Public Engagement with Science and Technology (PEST)"- und anderen, verwandten Modellen partizipatorischer Wissenschafts- und Technikbewertung zumindest ansatzweise entwickelt worden (vgl. z. B. Abels/Bora 2004; Joss 2003; Joss/Bellucci 2002; Kreibich 2004; Science 2003). Öffentliche Kommunikation über Wissenschaft soll diesem Modell zufolge nicht vorrangig der Vermittlung wissenschaftlicher Aussagen dienen, sondern die gesellschaftliche Auseinandersetzung mit Wissenschaft und Technologie befördern. Dies kann zur Akzeptanz und Unterstützung, aber auch zur Ablehnung von Forschungen führen; die öffentlich ausgehandelte Bewertung von Wissenschaft durch die Gesellschaft sollte letztlich auch auf die Wissenschaft rückwirken. Erfahrungen der Bürger und nicht-wissenschaftlicher Akteure werden in diesem Modell als relevante Stellungnahmen neben wissenschaftlichen Aussagen akzeptiert. Damit wird der Überlegenheitsanspruch wissenschaftlichen Wissens zwar nicht zwangsläufig gänzlich aufgegeben, aber doch in jedem Falle erheblich relativiert. Dieses gesellschaftlich kontextualisierte Modell hat in den letzten Jahren an Bedeutung gewonnen. In der Forschung zu Medienberichterstattung und Öffentlichkeit hat eine Umorientierung stattgefunden. Zwar finden sich in den Äußerungen von Wissenschaftlern und auch in programmatischen Dokumenten noch immer normative Aussagen, die dem wissenschaftsdominierten Modell zuzuordnen sind. Aber insgesamt lässt sich, so die meisten Autoren, eine Entwicklung „From PUS to PEST" (Science 2003; vgl. ähnlich auch Durant 2003; Kohring 1997; Weingart 2005: 23ff.) feststellen: In der jüngeren Vergangenheit finden sich stärker als zuvor normative Forderungen, die eine gesellschaftlich kontextualisierte Auseinandersetzung über Wissenschaft fordern.

2.3 Implikationen dieser Modelle für massenmediale Debatten

Was bedeuten diese beiden normativen Modelle nun für die Berichterstattung der Massenmedien? Wie stellen sich die Vertreter des wissenschaftsdominierten Modells und die Vertreter des gesellschaftlich kontextualisierten Modells die ideale Medienberichterstattung über Wissenschaft vor? Dazu ist zunächst einmal zu sagen: Massenmedien, die das „master forum" (Ferree et al. 2002b: 10) der gesellschaftlichen Öffentlichkeit repräsentieren, sind für diese beiden Modellvorstellungen unterschiedlich wichtig. Für das *wissenschaftsdominierte Modell*, das v. a. auf die „PUS"-Ansätze zurückgeht, waren Massenmedien der mit Abstand wichtigste Kommunikationskanal (vgl. z. B. Gregory/Miller 1998). Im Kontrast dazu werden im *gesellschaftlich kontextualisierten Modell* auch Debatten in anderen Öffentlichkeitsforen gefördert, v.a. Verfahren der unmittelbaren Bürgerbeteiligung wie „consensus conferences", Workshops, öffentliche Diskussionen usw. (für Beispiele vgl. Finney 1999; Durant 1999; Joss/Brownlea 1999; Mittman et al. 1999). Der Stellenwert der Massenmedien wird in diesem Modell seltener thematisiert.

Dennoch enthalten beide Modelle implizit und explizit Aussagen darüber, wie massenmediale Debatten aussehen sollten. Wir wollen diese Aussagen hier mit Hilfe einer Heuristik zur Beschreibung massenmedialer Berichterstattung systematisieren. Deshalb werden wir die Vorstellung der beiden normativen Modelle auf Dimensionen übertragen, die sich in der Analyse von öffentlichen Debatten bereits bewährt haben (vgl. Ferree et al. 2002b; Gerhards/Schäfer 2006; Schäfer 2007). Mit deren Hilfe kann man die Aussagen der normativen Modelle für die Massenmedien adaptieren und empirisch operationalisieren. Wir werden zuerst die Dimensionen erläutern (1) und diese dann auf die beiden normativen Modelle beziehen (2).

1. In der Beschreibung von öffentlichen Debatten und zur Bestimmung des Erfolgs von Akteuren, Einfluss auf den massenmedialen Diskurs zu nehmen, unterscheiden wir neben einer Struktur-Dimension drei Dimensionen medialen Erfolgs von Akteuren:

a. *Standing:* In der Öffentlichkeit zu Wort zu kommen ist, bedenkt man die Selektivitäten medialer Berichterstattung, alles andere als selbstverständlich und bereits ein beträchtlicher Erfolg eines Akteurs. Sind die Bemühungen eines Akteurs, überhaupt und unabhängig von bestimmten Inhalten zu Wort zu kommen, erfolgreich, so bezeichnen wir diesen Erfolg als „Standing".

b. *Positionierung:* Standing ist eine notwendige Voraussetzung dafür, dass Akteure ihre Inhalte massenmedial lancieren können. Aber für die Kommunikation welcher Inhalte die Akteure diese Medienpräsenz dann nutzen, ist dabei offen. Ein Teil dieser inhaltlichen Dimension sind die Positionen, d. h. die kommunizierten Bewertungen des debattierten Themas durch die Akteure. Akteure können ein Thema begrüßen oder ablehnen, eine ambivalente oder neutrale Position einnehmen. Wenn es ihnen gelingt, ihre Position zu einem Thema zur beherrschenden öffentlichen Meinung zu diesem Thema zu machen, dann kann man dies als Erfolg dieser Akteure in der massenmedialen Öffentlichkeit interpretieren.

c. *Framing:* Akteure beziehen meist nicht nur Position zu einem Thema, sondern sie interpretieren es auch in spezifischer Weise. Dabei greifen sie auf so genannte Frames zurück (vgl. v. a. Benford/Snow 2000; Gamson/Modigliani 1989; Gamson 1992; Snow/Benford 1988; Snow/Benford 1999;, Snow et al. 1986). Frames geben vor, welche Aspekte eines Gegenstandes wichtig und welche Perspektiven auf diesen Gegenstand angemessen scheinen, ob Themen als Probleme zu definieren sind und welche Schuldigen und Lösungen überhaupt in Frage kommen. Auch in dieser Dimension können Akteure u.U. entscheidende Erfolge verzeichnen: Durch das Framing werden die Korridore des diskursiv Möglichen definiert und damit evtl. auch Handlungsoptionen zentraler Akteure entscheidend verengt oder erweitert.

2. Die Dimensionen Standing, Positionierung und Framing lassen sich auf die beiden präsentierten normativen Modelle übertragen. Dabei ergeben sich in allen drei Dimensionen unterschiedliche Erwartungen an eine gelungene öffentliche Debatte. Bezieht man die Vorstellungen des *wissenschaftsdominierten Modells* auf die drei Untersuchungsdimensionen, dann würden dessen Vertreter von einer gelungenen Darstellung in den Medien sprechen, wenn folgende Bedingungen erfüllt sind: Die Bürger müssten ausführlich über das Forschungsfeld informiert worden sein, man müsste also eine große Zahl an Beiträgen in den Massenmedien finden. Die Berichterstattung sollte sich v. a. auf Ereignisse in der Wissenschaft beziehen, die Anlässe sollten also aus der Wissenschaft kommen. Die wissenschaftlichen Akteure und v. a. die Fachwissenschaftler sollten die öffentlichen und massenmedialen Diskurse in der Standing-Dimension beherrschen. Wenn Gegenexperten, Politiker oder zivilgesellschaftliche Akteure die Debatte dominieren, dann wäre dies kritikwürdig. Gleiches gilt auch für eine zu dominante Rolle der Journalisten: Diese sollten in erster Linie die Rolle der Chronisten und nicht die der Konstrukteure oder Kritiker von Wirklichkeit übernehmen. Im Hinblick auf die Bewertung von Wissenschaft wird eine informative und – da ohnehin nur aus wissenschaftlicher Sicht relevante und somit bereits wissenschaftsintern evaluierte Forschungs- und Anwendungsfelder präsentiert werden sollen – eher positive Darstellung von Wissenschaft erwartet. Und in der Framing-Dimension sollten wissenschaftliche Deutungen überwiegen, wissenschaftsfremde Interpretationen hingegen nach Möglichkeit außen vor bleiben.

Auch das Modell einer *gesellschaftlich kontextualisierten wissenschaftlichen Öffentlichkeit* kann man auf die drei vorgestellten Dimensionen und Indikatoren beziehen. Vertreter dieser Modellvorstellung würden dann von einer gelungenen Darstellung in den Medien sprechen, wenn folgende Bedingungen erfüllt sind: Die Berichterstattung in den Medien sollte nicht nur durch wissenschaftliche Ereignisse veranlasst sein, denn auch andere gesellschaftliche Bereiche haben das legitime Recht, eine Debatte zu initiieren. Es ist nicht die Funktion von Öffentlichkeit, sich zum Wirt der Wissenschaft zu machen, sondern die vielfältigen Perspektiven der Gesellschaft – politische, wirtschaftliche, ethisch-moralische, wissenschaftliche usw. – abzubilden, damit die Bürger sich ihre Meinung auf der Basis heterogener Perspektiven bilden können. Entsprechend ist es durchaus legitim und auch erwünscht, wenn sich eine Vielzahl von Akteuren aus unterschiedlichen gesellschaftlichen Bereichen an der Debatte beteiligen, die Standing-Struktur also vielfältig und auch die Bewertung und Deutung wissenschaftlicher Themen heterogen ist. Die Anforderungen der beiden idealtypischen Modellvorstellungen an die Medienberichterstattung über Wissenschaft lassen sich schematisch wie folgt zusammenfassen (vgl. Abb. 1):

Abbildung 1: Normative Modelle der Wissenschaftsberichterstattung

	Wissenschaftsdominierte wissenschaftliche Öffentlichkeit	*Gesellschaftlich kontextualisierte wissenschaftliche Öffentlichkeit*
Anlass der Berichterstattung	Öffentliche Kommunikation über Wissenschaft sollte v.a. von der Wissenschaft initiiert werden.	Öffentliche Kommunikation über Wissenschaft muss nicht unbedingt von der Wissenschaft initiiert werden; auch andere gesellschaftliche Bereiche haben Initiativrecht.
Standing	Wissenschaftler sollten die Hauptakteure sein, wenn es um die öffentliche Diskussion wissenschaftlicher Themen geht. Journalisten haben v.a. Chronisten- oder Übersetzerfunktion.	Wissenschaftliche Akteure haben keine privilegierte Stellung in der Öffentlichkeit; Akteure anderer gesellschaftlicher Bereiche und die Vertreter der Bürger sollten ebenso zahlreich in der Öffentlichkeit repräsentiert sein.
Positionierung	Eine informative, positive Darstellung von Wissenschaft ist erwünscht.	Die Bewertung von wissenschaftlichen Themen ist offen; je nach Meinung der gesellschaftlichen Akteure sind positive oder negative Bewertungen gleich legitim.
Framing	Wissenschaftliche Interpretationen von wissenschaftlichen Themen sollten den Vorrang haben und die Debatte dominieren.	Neben wissenschaftlichen Deutungen sind auch andere Interpretationen möglich. Unterschiedliche Perspektiven sind wünschenswert und fördern den kritischen Umgang mit Wissenschaft.

3   Der empirische Fall: Die Presseberichterstattung über
   Humangenomforschung

Die beiden vorgestellten normativen Modelle machen Aussagen darüber, wie
Medienberichterstattung gestaltet sein soll. Man kann derartige normative Theorien als Richtschnur zur Beurteilung empirischer Fälle verwenden (vgl. Ferree et
al. 2002a; Gerhards 1997). Dies wollen wir hier abschließend tun: Wir wollen
den beiden normativen Modellen im folgenden Abschnitt einen exemplarischen
Fall von Medienberichterstattung über Wissenschaft gegenüberstellen.
Dazu haben wir ein Thema ausgesucht, das sich zur Analyse besonders eignet.
Wir haben einen biowissenschaftlichen Fall ausgewählt, weil die Biowissenschaften für die vergangenen Jahre als wohl wichtigste, nahezu paradigmatische
wissenschaftliche Disziplin gelten können (Strydom 1999). Zudem waren derartige Themen öffentlich und v.a. massenmedial stark präsent: „Rote", „grüne" und
andere Biowissenschaften wurden ausführlich und oft kontrovers diskutiert (z. B.
Bauer 2002) und sind damit ein interessanter Analysegegenstand.
Das konkret für die Analyse ausgesuchte Thema ist die Humangenomforschung,
d.h. die Totalsequenzierung des menschlichen Erbguts.[2] Die im Jahr 2000 geführten Diskussionen über Humangenomforschung war die erste, sehr umfangreiche Debatte über Biowissenschaften (vgl. z. B. Weingart et al. 2006) und
richtungsweisend für die folgenden Auseinandersetzungen über Präimplantationsdiagnostik oder Stammzellforschung (vgl. Schäfer 2007). Mindestens drei
Gründe sprechen dafür, dass über Humangenomforschung ein gesellschaftlich
kontextualisierter öffentlicher Diskurs möglich sein könnte: Erstens ist anzunehmen, dass Humangenomforschung umstritten ist, weil es sich um ein relativ
neues Forschungsfeld handelt, das sich in Konkurrenz zu anderen Feldern durch-
setzen musste (für die USA vgl. Abels 1992, für Deutschland vgl. Schulze 2005).
Der öffentliche – und auch der innerwissenschaftliche – Legitimationsbedarf ist
bei neuen Themen immer besonders hoch. Zweitens ist Humangenomforschung
„big science", d. h. zeitlich, finanziell und organisatorisch aufwändige, international strukturierte Forschung (vgl. Felt et al. 1995: 48ff.). Derartige Projekte
machen Prioritätsveränderungen und Ressourcenumverteilungen innerhalb von
Disziplinen notwendig, was in der Regel Verlierer und damit potentielle Gegner

---

2 Unter Genomforschung versteht man die Analyse von vollständigen Genomen einschließlich der
  Zahl und Anordnung von Genen sowie von deren Sequenz und Funktion (Hucho/Köchy 2003: 3).
  Wir beschränken uns allerdings erstens auf die Humangenomforschung, zweitens auf die sequen-
  zierende Humangenomforschung. Medienberichte über die so genannte „funktionale Genomik",
  die Funktionen des Genoms aufzuklären versucht, werden keine Rolle spielen. Mehr Information
  über Vorgehen und Grundlagen der Humangenomforschung finden sich z.B. bei Cook-Deegan
  (Cook-Deegan 1995).

produziert. Daher müssen gute Gründe für die Ressourcenverlagerung angeführt werden und entsprechend hoch ist der öffentliche (und natürlich auch wissenschaftsinterne) Legitimationsbedarf. Drittens ist Humangenomforschung solche Forschung, die nahe am Menschen stattfindet und weitreichende Implikationen in punkto Medizin, aber auch Diskriminierung etc. haben könnte. Gerade bei Forschungsrichtungen, die den Menschen in derartiger Weise betreffen (können) oder Grundfragen menschlicher Existenz tangieren, ist der öffentliche Legitimationsbedarf vermutlich besonders hoch.

Es wäre also denkbar, dass es sich hier um eine kontroverse resp. gesellschaftlich kontextualisierte Debatte handelt. Nachfolgend soll daher die Medienberichterstattung über die Humangenomforschung beschrieben und die Ergebnisse mit den geschilderten normativen Modellen verglichen werden.

3.1 Daten und Methoden

Die Grundlage unserer Darstellung ist ein Projekt, das vom deutschen Bundesministerium für Bildung und Forschung finanziert wurde und in dem die massenmedialen Diskurse in Deutschland und den USA über den Zeitraum von 1999 bis 2001 verglichen wurden (Gerhards/Schäfer 2006). Um die Mediendebatte über Humangenomforschung zu rekonstruieren, sind wir in zwei Schritten vorgegangen:[3] Zunächst haben wir eine Inhaltsanalyse der massenmedialen Diskurse über Humangenomforschung in beiden Ländern durchgeführt. Die Inhaltsanalyse wurde in zwei Phasen aufgeteilt: Einer standardisierten, quantitativen Inhaltsanalyse wurde ein qualitativer Analyseteil vorgeschaltet, in dem v. a. das Framing der Debatte exploriert wurde; diese explorative Inhaltsanalyse bildete auch die Grundlage für die Entwicklung des standardisierten Kategoriensystems der quantitativen Inhaltsanalyse. In der quantitativen Inhaltsanalyse haben wir die Berichterstattung deutscher und US-amerikanischer Qualitätstageszeitungen erhoben.

Qualitätsmedien wurden gewählt, weil sie am ehesten von Eliten sowie Journalisten gelesen werden, mithin Entscheidungen beeinflussen und Themen für andere Medien setzen können (vgl. Wilke 1999). Mit der „Süddeutschen Zeitung", der „Frankfurter Allgemeinen", der „New York Times" und der „Was-

---

3 Das methodische Design der Inhaltsanalyse und dort vor allem der „Frame-Analysis" ist recht kompliziert und lässt sich im Kontext eines Aufsatzes nicht hinreichend erläutern; an anderer Stelle ist dies aber erfolgt (vgl. Gerhards/Schäfer 2006).

hington Post" ging die gesamte Berichterstattung der jeweils auflagenstärksten[4] landesweiten Qualitätstageszeitungen beider Länder in die Analyse ein, unter Berücksichtigung aller Ressorts und Artikeltypen. Aus den CD-Rom- bzw. Online-Volltextarchiven dieser Zeitungen wurden alle Artikel erhoben, die mindestens einen unserer Suchbegriffe enthielten.[5] Das Material wurde auf verschiedenen Ebenen codiert. Zum einen diente der Artikel als Codiereinheit, zum zweiten die verschiedenen Sprecher innerhalb eines Artikels (Standing-Dimension), zum dritten die innerhalb einer Aussage geäußerte Bewertung (Positionierungs-Dimension) und schließlich die formulierten Deutungen zur Humangenomforschung (Framing-Dimension).

3.2 Ergebnisse

In beiden Ländern gab es eine umfangreiche Berichterstattung über Humangenomforschung. In den deutschen Zeitungen finden sich im Untersuchungszeitraum von 1999 bis 2001 insgesamt 1.040 Artikel, in denen Humangenomforschung thematisiert wird; in den US-Zeitungen sind es 868 Artikel. Mit anderen Worten: In beiden Ländern wurde in den untersuchten Zeitungen innerhalb der drei Jahre im Durchschnitt etwa täglich ein Artikel zum Thema Humangenomforschung veröffentlicht. Die Dichte der Berichterstattung übersteigt damit diejenige anderer biowissenschaftlicher Themen.[6] Massenmediale Öffentlichkeit als das zentrale Selbstbeobachtungssystem der Gesellschaft hat den Bürgern und den Akteuren der anderen Teilsysteme die Möglichkeit gegeben, sich über das Thema Humangenomforschung umfassend zu informieren. Allerdings sagt dies noch nichts über die Art und Weise aus, wie berichtet wurde. Es sagt auch nichts darüber, welchem normativen Modell die Medienberichterstattung entspricht. Dafür

---

4 Die durchschnittlichen Auflagen lagen 2000 bei der „SZ" bei 440.000 Exemplaren, bei der „FAZ" bei 390.000 (Informationsgemeinschaft zur Verbreitung von Werbeträgern 2000), bei der „New York Times" bei 1.160.000 und bei der „Washington Post" bei 810.000 (ABC 2000).

5 Ausgewählt wurden mit „Genom/Genome", „Celera" und „Venter" drei Kernsuchbegriffe, die sich in einer Vorstudie als valide und effektiv erwiesen hatten (Celera Genomics ist der Name einer US-Firma, die in Konkurrenz zum internationalen Human Genome Project versuchte, das menschliche Erbgut zu sequenzieren und wirtschaftlich zu nutzen. J. Craig Venter war „chief scientific officer" dieser Firma.). Zusätzlich zu den Schlagworten wurden einige Synonyme für diese Schlagworte hinzugenommen, um eine möglichst vollständige Erhebung zu gewährleisten. Erfasst wurden alle Artikel, in denen diese Schlagworte verwendet wurden.

6 Die Daten eines Projektes zur deutschen Presseberichterstattung über molekulare Medizin von 1995 bis 2004 zeigen, dass Humangenomforschung eines der größten biotechnologischen Themen in der deutschen Presseberichterstattung überhaupt war und bspw. die Kontroverse um das geklonte Schaf Dolly quantitativ deutlich überstieg (vgl. Weingart et al. 2005).

wollen wir uns in der Folge die drei analytischen Dimensionen von Standing, Positionierung und Framing ansehen.

Tabelle 1: Standing in der Debatte über Humangenomforschung (in %)

	Deutschland	USA	Gesamt
Wissenschaftsakteure	**56,1**	**54,5**	**55,4**
Bio- / Naturwissenschaftler	39,1	48,9	43,7
Sozial- / Geisteswissenschaftler	10,4	3,1	7,0
Wissenschaftsadministration	3,5	1,2	2,4
Andere Wissenschaftler	3,1	1,3	2,3
Wirtschaftsakteure	**9,8**	**21,9**	**15,4**
Biotech- / Pharmaunternehmen	6,1	16,4	10,9
Börsemakler / Fondsmanager	2,6	3,6	3,1
Andere Wirtschaftsvertreter	1,1	1,9	1,4
Zentrum der Politik	**17,8**	**10,1**	**14,2**
Exekutive (Regierung, Ministerien)	10,1	5,6	8,0
Legislative	1,3	0,7	1,0
Judikative	1,6	0,7	1,2
Parteien	0,8	0,4	0,6
Andere Politiker	3,9	2,7	3,3
Peripherie der Politik: Zivilgesellschaft	**6,7**	**3,4**	**5,1**
Kirche	1,2	0,1	0,7
Soziale Bewegungen / NGOs	1,1	0,5	0,8
Patienten / Behinderte / Wohlfahrtsverbände	0,6	0,3	0,4
Künstler	2,5	1,6	2,1
Andere Zivilgesellschaft	1,4	0,8	1,1
Sonstige	**4,2**	**3,4**	**3,8**
Leser	3,8	3,4	3,6
Andere Akteure	0,5	0,0	0,3
Externe Journalisten	**5,4**	**6,8**	**6,1**
N	849	745	1594

In der *Standing*-Dimension zeigt sich, dass die Diskurse in beiden Ländern von etablierten gesellschaftlichen Akteuren dominiert werden (vgl. Tab. 1). Den mit Abstand größten Teil des Standings erhalten Wissenschaftler, genauer gesagt Bio- und Naturwissenschaftler, also die Fachvertreter. Erst mit deutlichem Abstand folgen politische und Wirtschaftsakteure. Akteure der Zivilgesellschaft resp. der politischen Peripherie sind nur marginal repräsentiert. Diese Charakteristika gelten für die USA und Deutschland gleichermaßen. Daneben gibt es

jedoch auch Unterschiede: Politische Akteure und auch Akteure der Zivilgesellschaft sowie Geistes- und Sozialwissenschaftler sind in Deutschland etwas stärker vertreten als in den USA. In den USA sind dagegen Wirtschaftsakteure stärker repräsentiert.
Auch was die im Diskurs vertretenen *Positionen* angeht, findet sich in beiden
Ländern ein weitgehend einheitliches Bild: Humangenomforschung wird von
den meisten Akteuren befürwortet (vgl. Tab. 2). Zu den Befürwortern zählen in
beiden Ländern v. a. Vertreter der Wirtschaft, der Politik und der Bio- und Naturwissenschaften. Vertreter der Zivilgesellschaft sowie Sozial- und Geisteswissenschaftler sind eher Kritiker der Humangenomforschung. Allerdings finden
sich auch hier kleine Unterschiede zwischen Deutschland und den USA: Die
Befürwortung ist im deutschen Diskurs etwas schwächer ausgeprägt, zugleich
finden sich dort mehr Kritiker als in den USA. Wir haben an anderer Stelle ausführlicher gezeigt, dass sich die Länderunterschiede in der Bewertung auf die
Unterschiede in der Standing-Struktur zurückführen lassen (Gerhards/Schäfer
2006). Wirtschaftsakteure und (Bio- und Natur-)Wissenschaftler sind in den US-
Medien überrepräsentiert; da diese Humangenomforschung überdurchschnittlich
positiv bewerten, fällt die Bewertung von Humangenomforschung in den USA
insgesamt positiver aus als in Deutschland. Der umgekehrte Sachverhalt gilt für
die Akteure der Zivilgesellschaft und für die Sozial- und Geisteswissenschaftler.
Diese sind in Deutschland überrepräsentiert und bewerten Humangenomforschung überdurchschnittlich häufig negativ.

Tabelle 2: Positionierungen zur Humangenomforschung (in %)

	Deutschland	*USA*	*Gesamt*
Positiv	49,6	72,9	60,4
Ambivalent	30,9	20,6	26,2
Negativ	19,5	6,4	13,5
N	508	436	944

In der *Framing*-Dimension zeigt sich, dass die Palette der Deutungsmöglichkei-
ten durchaus umfangreich ist. Wir haben vier Frames unterschieden, die jeweils
einige Subframes aufweisen (vgl. z. B. auch Durant et al. 1998: 288, Koh-
ring/Matthes 2002):

1. Wissenschaftlich-medizinischer Deutungsrahmen: Thematisiert werden Bedingungen und Restriktionen wissenschaftlicher Arbeit und das Fortschreiten
   sowie die Ergebnisse dieser Arbeit. Innerhalb dieses Rahmens lassen sich
   sechs Deutungsmuster unterscheiden:

a. *Wissenschaftlicher Fortschritt durch Humangenomforschung* = alle Interpretationen, die Humangenomforschung als wissenschaftliche bzw. historische Errungenschaft interpretieren bzw. die Bedeutung der entwickelten Methoden und des sequenzierten Humangenoms für die Biologie erörtern

b. *Medizinischer Fortschritt durch Humangenomforschung* = Interpretation der Humangenomforschung aus medizinischer Sicht, d. h. Diskussion darüber, welche Krankheiten genetische Ursachen haben und Erörterung von Möglichkeiten der Diagnose und der Heilung von Krankheiten

c. *Forschungsfreiheit und -pflichten* = Fragen der normativen Grundlagen moderner Wissenschaft, v. a. der Forschungsfreiheit und der Verantwortung der Wissenschaft für ihre Ergebnisse

d. *Allgemeine Zugänglichkeit wissenschaftlicher Erkenntnisse* = Fragen der Zugänglichkeit von Erkenntnissen, hier v. a. die Debatte, ob die Sequenz des menschlichen Genoms kostenlos publiziert werden soll oder ob sie patentiert und über Lizenzgebühren kommerziell genutzt werden darf

e. *Forschungsförderung* = Thematisierung der finanziellen und infrastrukturellen Förderung von Humangenomforschung

f. *Selbstregulierung der Wissenschaft* = Fragen der internen Regulierung und Steuerung der Wissenschaft (u. a. „peer review", Ombudsmänner, Kommissionen u. a.)

2. Wirtschaftlicher Deutungsrahmen: Die zweite Gruppe von Deutungsmustern haben wir zu einem ökonomischen Deutungsrahmen zusammengefasst.

a. *Betriebswirtschaftliche Effekte* = wirtschaftliche Folgen von Humangenomforschung für einzelne Unternehmen, Profitabilität von Firmen und Börsen- und Aktienentwicklungen

b. *Volkswirtschaftliche Effekte* = wirtschaftliche Makro-Effekte der Humangenomforschung, z. B. Stärkung des nationalen Wirtschaftsstandorts, Konkurrenz der nationalen Wirtschaft mit anderen Ökonomien, Gründung von Firmen usw.

3. Politischer Deutungsrahmen: In der dritten Gruppe sind politische Deutungsmuster vereint. Der Output- und der Input-Seite des politischen Systems entsprechen eine Regulierungs- und eine Partizipationsdimension.

a. *Politische Regulierung der Humangenomforschung* = Frage, ob Humangenomforschung einer Regulierung durch Politik und Justiz bedarf und Bewertung existierender gesetzlicher Regelungen

b. *Gesellschaftliche Partizipation an der Regulierung* = Frage, inwieweit Möglichkeiten der Partizipation an Entscheidungen über Humangenomforschung sinnvoll und gegeben sind

4. Ethisch-sozialer Deutungsrahmen: Die vierte Gruppe bilden ethische und soziale Deutungsmuster. Diese Gruppe von Deutungsmustern ähnelt inhaltlich den „ethischen, rechtlichen und sozialen Implikationen", der so genannten ELSIs, deren Erforschung sowohl in den USA als auch in Deutschland im Rahmen der Begleitforschung zu den Biowissenschaften gefördert wird (vgl. Durant et al. 1998: 10ff.).

   a. *Menschenbild* = fokussiert werden die mit Humangenomforschung transportierten Menschenbilder, v. a. inwieweit Menschen und ihr Verhalten genetisch oder durch Umweltfaktoren bestimmt sind

   b. *Diskriminierung* = Diskussion des Potentials der Humangenomforschung, Diskriminierung zu begründen, etwa durch Versicherungen, Arbeitgeber usw.

   c. *Eigentumsrechte und Patentierung* = Eigentums- und Verwendungsrechte an genetischen Informationen, inkl. der Frage, ob genetische Informationen generell eigentumsfähig sind, ob man sie also besitzen kann

   d. *Ethische und moralische Fragen allgemein*

In diesen inhaltlichen Bahnen bewegen sich die Diskurse über Humangenomforschung in beiden Ländern. Dieser Deutungspool wurde aber nicht in vollem Umfang genutzt. Dies zeigen die Ergebnisse der quantitativen Inhaltsanalyse (vgl. Tab 3).

In Deutschland und den USA gibt es eine klare Dominanz wissenschaftlicher und medizinischer Deutungen. In Deutschland repräsentiert dieser Frame deutlich mehr als die Hälfte, in den USA sogar mehr als zwei Drittel aller Deutungen. Vor allem der medizinische Deutungsrahmen, der auf neue Diagnosemöglichkeiten, Therapiechancen und Langzeitfolgen verweist, ist stark repräsentiert (vgl. Tambor et al. 2002: 35). Ein weiterer gewichtiger Deutungsrahmen beschreibt den wissenschaftlichen Fortschritt, den die Humangenomforschung darstellt, und bezeichnet diese oft als „Durchbruch", „Meilenstein" oder „menschheitsgeschichtliches Ereignis".

An zweiter Stelle und mit deutlichem Rückstand findet sich der ethisch-soziale Frame, in dem Humangenomforschung ethisch und nach sozialen Gesichtspunkten interpretiert wird. Der wirtschaftliche und der politische Frame folgen wiederum mit einigem Abstand, sie werden in beiden Ländern am wenigsten verwendet.

Tabelle 3: Framing der Humangenomforschung (in %)

	Deutschland	USA	Gesamt
Wissenschaftlich-medizinischer Deutungsrahmen	**57,1**	**68,5**	**61,2**
Wissenschaftlicher Fortschritt durch HGF	15,0	19,0	16,4
Medizinischer Fortschritt durch HGF	31,7	34,8	32,8
Forschungsfreiheit und -pflichten	2,3	1,9	2,2
Zugänglichkeit wissenschaftlicher Erkenntnisse	4,0	9,3	5,9
Forschungsförderung	3,2	3,0	3,1
Selbstregulierung der Wissenschaft	1,3	0,5	1,0
Ökonomischer Deutungsrahmen	**6,9**	**10,5**	**8,2**
Betriebswirtschaftliche Effekte	4,6	8,2	5,9
Volkswirtschaftliche Effekte	1,7	2,2	1,8
Politischer Deutungsrahmen	**9,8**	**4,6**	**7,9**
Politische Regulierung der HGF	4,6	3,5	4,2
Gesellschaftliche Partizipation an Regulierung	5,2	1,2	3,8
Ethisch-sozialer Deutungsrahmen	**26,2**	**16,4**	**22,7**
Menschenbild	8,1	5,7	7,3
Diskriminierung	4,7	4,3	4,6
Eigentumsrechte und Patentierung	7,4	4,7	6,5
Ethische und moralische Fragen allgemein	6,1	1,6	4,5
N	1681	928	2609

Erneut lassen sich hier auch Unterschiede zwischen beiden Ländern finden, die sich zum Teil auch auf die Unterschiede in der Standing-Struktur zurückführen lassen (vgl. Gerhards/Schäfer 2006). Wissenschaftliche und medizinische Deutungsmuster sind im US-Diskurs deutlich stärker repräsentiert als in Deutschland. Gleiches gilt für ökonomische Deutungen. In Deutschland werden politische Deutungen stärker betont, und zwar sowohl Fragen der Regulierung der Humangenomforschung durch das Zentrum des politischen Systems als auch Deutungen, die die Partizipation von gesellschaftlichen Gruppierungen herausstellen. Andererseits werden in Deutschland auch ethische und moralische Deutungen stärker verwendet als in den USA.

Im folgenden Abschnitt werden wir diese Befunde nun auf die geschilderten normativen Modelle von Wissenschaftskommunikation rückbeziehen und die Vorteile eines solchen Vorgehens darlegen.

4 Fazit und Ausblick

Theorien, die sich mit Öffentlichkeit beschäftigen, sind oftmals normative Theorien. Dies gilt für Theorien über gesellschaftliche Öffentlichkeit im Allgemeinen, aber auch für Theorien, die sich damit beschäftigen, wie Wissenschaft in der Öffentlichkeit verhandelt werden soll. Wir haben zwei normative Vorstellungen von wissenschaftlicher Öffentlichkeit unterschieden: eine wissenschaftsdominierte Vorstellung und eine gesellschaftlich kontextualisierte Vorstellung. Diese beiden Vorstellungen unterscheiden sich in einer Vielzahl von Merkmalen. Zum Beispiel geht die wissenschaftsdominierte Vorstellung davon aus, dass Wissenschaft in der Öffentlichkeit nach wissenschaftlichen Kriterien behandelt, dargestellt und beurteilt werden sollte. Im Kontrast dazu geht die gesellschaftlich kontextualisierte Vorstellung davon aus, dass Wissenschaft nur ein Akteur unter vielen ist, und dass auch wissenschaftliche Erkenntnisse nicht per se überlegen sind. In der Öffentlichkeit sollten deshalb, diesem Modell zufolge, nicht nur wissenschaftliche, sondern auch andere Akteure und Inhalte erscheinen.

Aus den Prämissen beider normativer Vorstellungen ergeben sich Unterschiede bezüglich der Dimensionen Standing, Positionierung und Framing. Der wissenschaftsdominierten Vorstellung zufolge sollen in erster Linie wissenschaftliche Akteure zu Wort kommen und sich über wissenschaftliche Aspekte im engeren Sinne austauschen. Die gesellschaftlich kontextualisierte Vorstellung fordert eine pluralistische Debatte mit unterschiedlichen Akteuren, auch kritischen Bewertungen und vielen, unterschiedlichen Deutungen.

Wir haben für die Berichterstattung über Humangenomforschung in Deutschland und den USA geprüft, welche der beiden normativen Modellvorstellungen der Debatte am ehesten entspricht. Dabei haben wir eine medien- und länderübergreifende öffentliche Vorherrschaft, mithin eine Hegemonie wissenschaftlicher Akteure, affirmativer Bewertungen und wissenschaftlich-medizinischer Deutungen festgestellt. Dies korreliert mit den umfangreichen PR-Bemühungen der wissenschaftlichen Akteure und ihrer politischen Unterstützer, die sich aus deren Ressourcenstärke, aus ihren etablierten gesellschaftlichen Positionen und wohl auch daraus erklären, dass zwei wissenschaftliche Akteure um die Sequenzierung des Humangenoms konkurrierten und entsprechend ihre PR-Bemühungen intensivierten (vgl. Gerhards/Schäfer 2006: 183ff.). Insgesamt entspricht dieses Bild jedenfalls eher den normativen Vorstellungen des Modells einer wissenschaftsdominierten Öffentlichkeit.[7] Vertreter eines Modells, das wir als gesellschaftlich

---

7 Wir haben zusätzlich geprüft, ob unsere Ergebnisse stabil bleiben, wenn wir die Debatte über Humangenomforschung in einem anderen Medium, nämlich im Internet, analysieren (Gerhards/Schäfer 2007). Die Analysen zeigen, dass auch in dieser neuen und vermeintlich egalitäreren Öffentlichkeit die Kommunikation überwiegend von wissenschaftlichen Akteuren bestritten wird,

kontextualisierte Vorstellung von wissenschaftlicher Öffentlichkeit bezeichnet haben, dürften die Ergebnisse eher beklagen. Eine kritische Bewertung des Themas dürfte aus Sicht dieses Modell in zu geringem Maße stattgefunden haben. Alternative Sichtweisen, die beispielsweise stärker ethische, moralische und soziale Fragen in den Fokus rücken, sind zu kurz gekommen. Eher kritische Akteure aus dem Bereich der Zivilgesellschaft erhielten nur marginales Standing und waren nicht mehr als Zwischenrufer. Für den konkreten Fall der Humangenomforschung zeigen unsere Ergebnisse also, dass es sich in beiden Ländern um keine pluralistische Berichterstattung handelt, sondern um eine „öffentliche Hegemonie" (Gerhards/Schäfer 2006) von Befürwortern der Humangenomforschung. Dies entspricht nicht den Forderungen des gesellschaftlich kontextualisierten Modells, das in der Literatur aktuell prominenter ist. Warum die Debatte so ausfällt, wie sie ausfällt, ist nicht Gegenstand dieses Artikels, haben wir aber an anderer Stelle analysiert (vgl. Gerhards/Schäfer 2006: 183ff.).

Wir glauben, dass die hier vorgestellten normativen Modelle wissenschaftlicher Öffentlichkeit auch weiteren Studien als Bezugspunkt dienen und in mindestens dreierlei Weise fruchtbar sein können. Erstens wurden bislang in der Literatur zwar häufig normative Elemente mitgeführt, aber kaum expliziert und nicht systematisiert. Dies ist hier mit den beiden vorgestellten idealtypischen Modellen geschehen. Zweitens haben wir eine Heuristik vorgeschlagen, mit der es möglich ist, die oft abstrakten normativen Vorstellungen empirisch zugänglich zu machen und in konkrete Analysen öffentlicher Debatten überführen zu können. Zu diesem Zweck haben wir die Dimensionierung massenmedialer Berichterstattung in Standing, Positionierung und Framing genutzt, die wir an anderer Stelle genauer entwickelt haben (Gerhards/Schäfer 2006). Drittens haben wir diese Modelle mit einem empirischen Fall konfrontiert. Damit sollte gezeigt werden, wie man künftig empirische Ergebnisse auf die normativen Modelle beziehen und aus normativer Perspektive bewerten kann, wenn man sich eines der Modelle zueigen macht. Auf diese Weise können die vorgestellten normativen Modelle auch die Basis für eine systematischere Bewertung wissenschaftlicher Ergebnisse sein.

---

dass die Positionierung dieser Akteure Humangenomforschung gegenüber überwiegend affirmativ und die Deutungen vornehmlich wissenschaftlich-medizinische sind. Ähnliches zeigen die Ergebnisse einer ergänzenden Analyse von Printmedien Frankreichs, Großbritanniens und Österreichs. Die Standing-Struktur wird in allen Ländern durchgängig von Wissenschaftlern dominiert. Die Bewertung von Humangenomforschung ist überwiegend positiv, und die dominanten Deutungsmuster sind wissenschaftlich-medizinischer Herkunft.

Literatur

ABC (2000): Audit Bureau of Circulations. Newspaper data.

Abels, G. (1992): Konstruktion großer Forschung. Das Human Genome Project. In: Forum Wissenschaft 9. S. 1-12.

Abels, G./Bora, A. (2004): Demokratische Technikbewertung. Bielefeld: transcript.

Bauer, M. (2002): Controversial medical and agri-food biotechnology: A cultivation analysis. In: Public Understanding of Science 11. S. 93-111.

Benford, R.D./Snow, D.A. (2000): Framing Processes and Social Movements: An Overview and Assessment. In: Annual Review of Sociology 26. S. 611-639.

Cook-Deegan, R. (1995): The Gene Wars. Science, Politics and the Human Genome. New York & London: Norton.

Durant, J. (1999): Participatory technology assessment and the democratic model of the public understanding of science. In: Science and Public Policy 26. S. 313-319.

Durant, J. (2003): From Deficit to Dialogue. Neue Wege in der Kommunikation von Wissenschaft und Öffentlichkeit. München.

Durant, J./Bauer, M. W./Gaskell, G. (Hrsg.) (1998): Biotechnology in the Public Sphere. A European Sourcebook. London: Science Museum.

Felt, U. (2000): Why Should the Public "Understand" Science? A Historical Perspective on Aspects of the Public Understanding of Science. In: Dierkes, M./von Grote, C. (Hrsg.): Between Understanding and Trust. The Public, Science and Technology. Reading: Harwood Academic. S. 7-38.

Felt, U./Nowotny, H./Taschwer, K. (1995): Wissenschaftsforschung. Eine Einführung. Frankfurt a. M.: Campus.

Ferree, M. M./Gamson, W. A./Gerhards, J./Rucht, D. (2002a): Four models of the public sphere in modern democracies. In: Theory and Society 31. S. 289-324.

Ferree, M.M./Gamson, W. A./Gerhards, J./Rucht, D. (2002b): Shaping Abortion Discourse. Democracy and the Public Sphere in Germany and the United States. Cambridge: Cambridge University Press.

Finney, C. (1999): Extending public consultation via the Internet: the experience of the UK Advisory Committee on Genetic Testing electronic consultation. In: Science and Public Policy 26. S. 361-373.

Gamson, W.A. (1992): Talking Politics. New York: Cambridge University Press.

Gamson, W.A./Modigliani, A. (1989): Media Discourse and Public Opinion on Nuclear Power: A Constructionist Approach. In: American Journal of Sociology 95. S. 1-37.

Gerhards, J. (1997): Diskursive versus liberale Öffentlichkeit. Eine empirische Auseinandersetzung mit Jürgen Habermas. In: Kölner Zeitschrift für Soziologie und Sozialpsychologie 49. S. 1-34.

Gerhards, J. (2006): Öffentlichkeit. In: Fuchs, D./Roller, E. (Hrsg.): Lexikon Politik. 100 Grundbegriffe. Stuttgart: Reclam. S. 185-187

Gerhards, J./Neidhardt, F. (1991): Strukturen und Funktionen moderner Öffentlichkeit: Fragestellungen und Ansätze. In: Müller-Doohm, S./Neumann-Braun, K. (Hrsg.): Öffentlichkeit, Kultur, Massenkommunikation. Beiträge zur Medien- und Kommunikationssoziologie. Oldenbourg: BIS. S. 31-89.

Gerhards, J./Schäfer, M. S. (2006): Die Herstellung einer öffentlichen Hegemonie. Humangenomforschung in der deutschen und der US-amerikanischen Presse. Wiesbaden: Verlag für Sozialwissenschaften.

Gerhards, J./Schäfer, M. S. (2007): Demokratische Internet-Öffentlichkeit? Ein Vergleich der öffentlichen Kommunikation im Internet und in den Printmedien am Beispiel der Humangenomforschung. In: Publizistik 52. S. 210-228.

Gregory, J./Miller, S. (1998): Science in Public. Communication, Culture, and Credibility. New York: Plenum.

Habermas, J. (1981a): Theorie des kommunikativen Handelns. Bd. 1: Handlungsrationalität und gesellschaftliche Rationalisierung. Frankfurt a. M.: Suhrkamp.

Habermas, J. (1981b): Theorie des kommunikativen Handelns. Bd. 2: Zur Kritik der funktionalistischen Vernunft. Frankfurt a. M.: Suhrkamp.

Habermas, J. (1990): Strukturwandel der Öffentlichkeit. Untersuchungen zu einer Kategorie der bürgerlichen Gesellschaft. Frankfurt a. M.: Suhrkamp.

Habermas, J. (1992): Faktizität und Geltung. Beiträge zur Diskurstheorie des Rechts und des demokratischen Rechtsstaats. Frankfurt a. M.: Suhrkamp.

Hucho, F./Köchy, K. (Hrsg.) (2003): Materialien für einen Gentechnologiebericht. Grundlagenforschung. Medizinische Anwendung. Ökonomische Bedeutung. Heidelberg & Berlin: Spektrum Akademischer Verlag.

Informationsgemeinschaft zur Verbreitung von Werbeträgern (2000): IVW-Praxis. Bonn: IVW.

Irwin, A./Wynne, B. (Hrsg.) (1996): Misunderstanding Science? The public reconstruction of science and technology. Cambridge: Cambridge University Press.

Joss, S. (2003): Zwischen Politikberatung und Öffentlichkeitsdiskurs - Erfahrungen mit Bürgerkonferenzen in Europa. In: Schicktanz, S./Neumann J. (Hrsg.): Bürgerkonferenz: Streitfall Gendiagnostik. Ein Modellprojekt der Bürgerbeteiligung am bioethischen Diskurs. Opladen: Leske+Budrich. S. 15-35.

Joss, S./Bellucci, S. (Hrsg.) (2002): Participatory technology assessment - European perspectives. London: CSD.

Joss, S./Brownlea, A. (1999): Considering the concept of procedural justice for public policy- and decision-making in science and technology. In: Science and Public Policy 26. S. 321-330.

Kohring, M. (1997): Die Funktion des Wissenschaftsjournalismus. Ein systemtheoretischer Entwurf. Opladen: Westdeutscher Verlag.

Kohring, M. (2005): Wissenschaftsjournalismus. Forschungsüberblick und Theorieentwurf. Konstanz: UVK.

Kohring, M./Matthes, J. (2002): The face(t)s of biotech in the nineties: how the German press framed modern biotechnology. In: Public Understanding of Science 11. S. 143-154.

Kreibich, R. (2004): Zur Organisation von Verantwortung im Dialog von Wissenschaft und Gesellschaft. In: Tannert, C./Wiedemann, P. M. (Hrsg.): Stammzellen im Diskurs. Eine Lese- und Arbeitsbuch zu einer Bürgerkonferenz. München: oekom. S. 56-66.

Lewenstein, B.V. (1995): Science and the Media. In: Jasanoff, S./Markle, G. E./ Petersen, J. C./Pinch, T. (Hrsg.): Handbook of Science and Technology Studies. Thousand Oaks, London & New Delhi: Sage. S. 343-360.

MacDonald, S. (1996): Authorising Science: Public Understanding of Science in Museums. In: Irwin, A./Wynne, B. (Hrsg.): Misunderstanding Science? - The Public Reconstruction of Science and Technology. Cambridge: Cambridge University Press. S. 152 - 171.

Miller, J.D. (1983): Scientific literacy: A conceptual and empirical review. In: Daedalus 112. S. 29-48.

Miller, S. (2001): Public understanding of science at the crossroads. In: Public Understanding of Science 10. S. 115-120.

Mittman, I.S./Penchaszadeh, V. B./Secundy, M. G. (1999): The National Dialogue on Genetics. Washington: Karger.

Nelkin, D. (1995): Selling Science. How The Press Covers Science and Technology. New York: W.H. Freeman and Company.

Schäfer, M.S. (2007): Wissenschaft in den Medien. Die Medialisierung naturwissenschaftlicher Themen. Wiesbaden: Verlag für Sozialwissenschaften.

Schulze, N. (2005): Das deutsche Humangenomprojekt. Eine netzwerkanalytische Untersuchung des Entstehungsprozesses einer Policy unter Rückgriff auf den theoretischen Ansatz des akteurszentrierten Institutionalismus. Unpublished Unveröffentlichte Magisterarbeit, Universität Leipzig.

Science (2003): From PUS to PEST, Science 298. S. 49.

Snow, D.A./Benford, R.D. (1988): Ideology, Frame Resonance, and Participant Mobilization. In: Klandermans, B./Kriesi, H./Tarrow, S. (Hrsg.): From Structure to Action: International Social Movement Research. Greenwich: Jai. S. 197-217.

Snow, D.A./Benford, R.D. (1992): Master Frames and Cycles of Protest. In: Morris, A.D./McClurg Mueller, C. (Hrsg.): Frontiers in social movement theory. New Haven, London: Yale University Press. S. 133-155.

Snow, D.A./Rochford, E.B./Worden, S.K./Benford, R.D. (1986): Frame Alignment Processes, Micromobilization, and movement participation In: American Sociological Review 51. S. 464-481.

Strydom, P. (1999): The Civilisation of the Gene: Biotechnological Risk Framed in the Responsibility Discourse. In: O'Mahony, P. (Hrsg.): Nature, Risk and Responsibility. Discourses of Biotechnology. London: MacMillan. S. 21-36.

Tambor, E.S./Bernhardt, B.A./Rodgers, J./Holtzman, N. A./Geller, G. (2002): Mapping the human genome: An assessment of media coverage and public reaction. In: Genetics in Medicine 4. S. 31-36.

Weingart, P. (2002): The moment of truth for science. The consequences of the ‚knowledge society' for society and science. In: EMBO reports 3. S. 703-706.

Weingart, P. (2003): Wissenschaftssoziologie. Bielefeld: transcript.

Weingart, P. (2005): Die Wissenschaft der Öffentlichkeit. Essays zum Verhältnis von Wissenschaft, Medien und Öffentlichkeit. Weilerswist: Velbrück.

Weingart, P./Salzmann, C./Voß, M./Wörmann, S. (2005): Molekulare Medizin und Wertewandel, Forschung in den Schlagzeilen. Bielefeld.

Weingart, P./Salzmann, C./Wörmann, S. (2006): Die gesellschaftliche Einbettung der Biomedizin: Eine Analyse der deutschen Mediendiskurse. In: Weitze, M.-D./Liebert, W.-A. (Hrsg.): Kontroversen als Schlüssel zur Wissenschaft? Wissenskulturen in sprachlicher Interaktion. Bielefeld: transcript. S. 95-112.

Wilke, J. (1999): Leitmedien und Zielgruppenorgane. In: Wilke, J. (Hrsg.): Mediengeschichte der Bundesrepublik Deutschland. Bonn: Bundeszentrale für politische Bildung. S. 302-329.

Wynne, B. (1992): Public understanding of science research: new horizons or hall of mirrors? In: Public Understanding of Science 1. S. 37-43.

Wynne, B. (1995): Public Understanding of Science. In: Jasanoff, S./Markle, G. E./Petersen, J. C./Pinch, T. (Hrsg.): Handbook of Science and Technology Studies. Thousand Oaks, London & New Delhi: Sage. S. 361-388.

Wynne, B. (1996): May the sheep safely graze? A reflexive view of the expert-lay knowledge divide. In: Szerszynski, B./Lash, S./Wynne, B. (Hrsg.): Risk, environment and modernity: towards a new ecology. London: Sage. S. 44-83.

Yearley, S. (2000): What Does Science mean in the "Public Understanding of Science". In: Dierkes, M./von Grote, C. (Hrsg.): Between Understanding and Trust. The Public, Science and Technology. Amsterdam: Harwood Academic Publishers. S. 217-236.

Wissenschaftsberichterstattung im SPIEGEL
Eine Inhaltsanalyse im Zeitverlauf [1]

Julia Bockelmann

1 Einleitung

Moderne Gesellschaften werden oftmals als „Mediengesellschaften" und als „Wissensgesellschaften" bezeichnet. Dass dies keine sich gegenseitig ausschließenden Kategorien sind, zeigt der vorliegende Artikel. So lassen sich beide Konzepte in einen Zusammenhang stellen, durch den das Verhältnis zwischen Wissenschaft und Gesellschaft näher beschrieben werden kann.

Die Funktion von Wissenschaft ist die Produktion gesicherten Wissens. Medien stellen die zentrale Informationsvermittlerinstanz zwischen Teilsystemen ausdifferenzierter Gesellschaften dar. In dieser Funktion beeinflussen Journalisten entscheidend die öffentliche Wahrnehmung wissenschaftlicher Themen und Akteure, indem sie über Auswahl, Präsentation und Bewertung in den Medien entscheiden. Die öffentliche Meinung wiederum ist relevant für das Wissenschaftssystem, da es durch seine spezifische Konstitution von externer Förderung und gesellschaftlicher bzw. öffentlicher Legitimation abhängt. Das Wissenschafts- und das Mediensystem stehen somit in einer wechselseitigen und dynamischen Beziehung.

Auf dieser Grundlage wird nachfolgend exemplarisch anhand der Wissenschaftsberichterstattung des Nachrichtenmagazin DER SPIEGEL untersucht, wie Wissenschaft in den Medien dargestellt wird. Dabei wird gefragt, ob sich die Darstellung über einen Zeitraum von 50 Jahren veränderte. Die Ergebnisse der Studie zeichnen somit die *mediale Konstruktion* von Wissenschaft nach, woraus sich Annahmen über die *öffentliche Wahrnehmung* von Wissenschaft ableiten lassen.

---

1 Der vorliegende Artikel basiert auf einer Diplomarbeit, die im September 2009 bei Prof. Gerhard Schulze an der Otto-Friedrich-Universität Bamberg eingereicht wurde.

2 Wissensgesellschaft und Mediengesellschaft

Die Bedeutung von Wissen für soziales Handeln und die Formation sozialer Gruppen ist nichts Neues in Gesellschaftstheorien (vgl. Wingens 1998: 23; Stehr 2001: 48f). Die Popularität des Begriffs „Wissensgesellschaft" als Beschreibung explizit moderner Gesellschaften kann daher kritisch hinterfragt werden. So merkt beispielsweise Heidenreich an, dass die Frage berechtigt scheint, „[...] ob eine Gesellschaft durch Wissen definiert sein kann, obwohl keine Gesellschaft ohne Wissen auskommt." (Heidenreich 2003: 1).

Wissens(chafts-)gesellschaft

Bezogen auf moderne Gesellschaften kennzeichnet der zeitdiagnostische Begriff der „Wissensgesellschaft" jedoch die Bedeutungszunahme einer besonderen Art von Wissen: Wissenschaftlichem Wissen wird heute ein höherer Wahrheitsgehalt als anderen Wissensformen zugesprochen (vgl. Carrier et al. 2007: 11). Um der Dominanz der Wissenschaft hinsichtlich ihres Definitionsmonopols, was als „wahr" anzusehen ist, Rechnung zu tragen, betiteln einige Autoren moderne Gesellschaften auch als „Wissenschaftsgesellschaft" (Kreibich 1986). An Bedeutung gewinnt wissenschaftliches Wissen, da es als zentrale Stellgröße für Fortschritt und gesellschaftlichen Wohlstand angesehen wird und zunehmend das Alltagsleben von Menschen durchdringt. Die wachsende Abhängigkeit von dieser Wissensproduktion (vgl. Braun 2004: 65) wird durch ein zunehmendes gesellschaftliches Bewusstsein über diese Abhängigkeit begleitet (vgl. Lange/Gläser 2007: 779).

Woher rührt die Sonderstellung wissenschaftlichen Wissens? Das Wissenschaftssystem bildete sich seit der Aufklärung als geschlossenes Teilsystem mit einer spezifischen Rationalität (wahr versus unwahr) heraus (vgl. Luhmann 1990a: 282). Die Mitglieder des Systems richten ihre Handlungen bei der Produktion von Wissen an (selbst-)bestimmten Regeln aus[2]. Zentrale Charakteristika sind a) die Konstitution als eine empirische Wissenschaft, b) die Publikation des Wissens (also die Output-Orientierung, vgl. Spinner 1985: 48) und die damit

---

2 Vgl. hierzu beispielsweise die Ausführungen Mertons (1942) über das "Wissenschaftliche Ethos". Die Beschreibung des Wissenschaftssystems ist idealtypisch anzusehen und erhebt keinen Anspruch auf Vollständigkeit. Wissenschaftssoziologische Studien (beispielsweise „Die Fabrikation der Erkenntnis" von Knorr-Cetina) lassen heute eher begründete Zweifel an der Autonomie und der Funktion der internen Mechanismen aufkommen. Auf diese Diskussionen kann hier jedoch nur am Rande verwiesen werden.

einhergehende zentrale Rolle der c) freien Kommunikation neuer Erkenntnisse innerhalb des Systems, d) die weltanschauliche Neutralität der Forschung, e) die Selbst-Rekrutierung der Mitglieder sowie f) wissenschaftsinterne Prüfverfahren für wissenschaftliche Behauptungen (vgl. Carrier et al. 2007: 21). Die Wissensdynamik entsteht aus der Suche nach neuer Erkenntnis (vgl. Weber 1973: 315f.) und ihrer fortwährenden Prüfung durch die Mitglieder des Systems bzw. deren zugrundeliegenden skeptischen Grundhaltung. Problemstellungen werden wissenschaftsintern definiert. Belohnt wird neue Erkenntnis durch Anerkennung der fachlichen Kompetenz durch die Wissenschaftsgemeinschaft, die „scientific community". Wissenschaftliches Wissen ist immer für ein Fachpublikum bestimmt. Der Wissenschaftler wendet sich mit seinen Erkenntnissen zunächst (und im Normalfall) an Kollegen, die diese beurteilen und weiterverwerten. Als Ergebnis dieser besonderen Arbeitsweise entsteht Wissen, das als abgesichert angesehen wird. Die Geschlossenheit des Wissenschaftssystems ist dabei eine zentrale Voraussetzung für die Funktionalität von Wissenschaft. Das Verhältnis von Wissenschaft und Gesellschaft ist und muss daher ein Verhältnis auf Distanz sein (vgl. Bühl 1974: 241).

Gleichzeitig ist wissenschaftlich produziertes Wissen aber auch ein öffentliches Gut (vgl. Riegel 1974: 13f.): Einerseits wird es der Gesellschaft zur Verfügung gestellt, andererseits ist es von öffentlicher Förderung abhängig. Das Streben nach materiellen bzw. monetären Gewinnen kann die Wahrheitssuche verfälschen und sollte daher im Funktionssystem Wissenschaft eine untergeordnete Rolle spielen (vgl. Luhmann 1990b: 638). Benötigte finanzielle Mittel müssen also von außen kommen (vgl. Lange/Gläser 2007: 776). Wissenschaft ist dadurch von öffentlichen Mitteln abhängig und wird so zu einer „öffentlichen Angelegenheit" (Neidhardt 2002: 3). Erst wenn „[...] wissenschaftliches Denken und Handeln von den jeweils über die für die Wissenschaft erforderlichen Subsistenzmittel verfügenden dominanten gesellschaftlichen Gruppen, Institutionen und Organisationen anerkannt, gebilligt und geschätzt wird [...]" (Riegel 1974: 20), wird sie, so ist anzunehmen, aus öffentlichen Geldern gefördert. Wissenschaftler sind somit von der Akzeptanz ihrer Tätigkeiten bei politischen Entscheidungsträgern abhängig und damit indirekt auch von den Wählern dieser Entscheidungsträger. Diese Wähler, „die Bürger einer Gesellschaft, unterstützen Wissenschaft auf Dauer nur in dem Maße, in dem diese ihre Sinn- und Nutzenerwartungen hinreichend befriedigt." (Neidhardt 2002: 6; vgl. Weingart 2004: 19, 22). Die Wissenschaft kann sich demnach keinen „akademischen Autismus" (Neidhardt 2002: 6) gegenüber der Anspruchsgruppe Gesellschaft leisten.

Aus der Geschlossenheit des Wissenschaftssystems ergeben sich also einerseits Vorteile für die Leistungsfähigkeit des Systems. Andererseits führt dies mitunter auch zu Integrationsproblemen, die sich auf die Förderungsbereitschaft von Wissenschaft auswirken können. Wissenschaft kann daher nicht unabhängig von der Gesellschaft agieren, sondern unterliegt einem Rechtfertigungsdruck bezüglich förderungswürdiger Ansätze. Dadurch besteht eine Abhängigkeit des Wissenschaftssystems von gesellschaftlicher Legitimation: Nur wenn diese gewahrt ist, wird die Gesellschaft bereit sein, öffentliche Mittel in die Wissenschaft fließen zu lassen. Die Funktion von Wissenschaft muss der Öffentlichkeit verständlich und bewusst sein, da diese indirekt Einfluss auf die Entscheidungsträger nimmt.

Um sich der Frage der Förderungsbereitschaft gegenüber Wissenschaft anzunähern, führt Bühl (1974) zwei Dimensionen an, die mögliche Verhältnisse zwischen Wissenschaft und Gesellschaft aufspannen: Zum einen die Funktion der Wissenschaft als Produktionsmittel, zum anderen die Eigenwertschätzung der Wissenschaft. Die vier daraus resultierenden Modelle (vgl. Tab. 1) liefern zwar keine eindeutigen Kriterien, „[…] in welcher Mittelverteilung nun Wissenschaft, Forschung und Erziehung, Grundlagenforschung und Wissenschaftsanwendung usw. zu finanzieren, wie sie mit Personal auszustatten und in welche Richtung die fähigsten Köpfe zu lenken sind, […]" (Bühl 1974: 254), sie zeigen jedoch Hintergründe für unterschiedliche Förderungsansätze:

Tabelle 1: Verhältnisbestimmung Wissenschaft und Gesellschaft

		Wertschätzung der Wissenschaft als:	
		Eigenwert	**Kein Eigenwert**
Funktion der Wissenschaft als	**Produktionsmittel**	**(3) Wissenschaft als soziale Investition** • Wissenschaft ist nicht zweckgebunden • Wissenschaft und Technologie dient potentiell allen gesellschaftlichen Zwecken • Grundlagenforschung dient der Aufrechterhaltung des Wissenschaftssystems	**(2) Wissenschaft als technische Reserve** • Wissenschaftsinvestitionen sind Investitionen für technische Erfindungen und Fortschritt
	Kein Produktionsmittel	**(1) Wissenschaft als autonomes Unternehmen** • Eingriffe schaden der Funktionalität und somit dem Nutzen, den die Gesellschaft hat • Selbstregulation	**(4) Wissenschaft als Sozialkonsum** • Wissenschaft als Konsumgut neben anderen (z. B. Kunst) • Ohne gesellschaftliche Funktion; Luxusgut

Quelle: Bühl 1974: 250; eigene erweiterte Darstellung

Der momentan zu beobachtende Trend zu Projekt- und Drittmittelförderung (vgl. Imhof et al. 2004: 15) könnte eine Verschiebung in der Wahrnehmung bzw. Wertschätzung der Wissenschaft weg von der „Funktion" (Wissenschaft als Wert an sich, Grundlagenforschung; Feld (1)), hin zu „Leistungsorientierung" (anwendungsbezogene Forschung; Feld (2)) bedeuten (vgl. Braun 2004: 70ff.).[3] Förderung von (Grundlagen-) Forschung ist also nicht selbstverständlich und statisch. Vielmehr wandelt sich die gesellschaftliche Wahrnehmung von Wissenschaft - und damit die Förderungsbereitschaft – ebenso wie das Sozialsystem Wissenschaft selbst. Um öffentlich legitimiert und öffentlich gefördert zu werden, ist für die Wissenschaft daher ein überzeugendes gesellschaftliches Image wichtig. Aufgrund der Distanz zwischen Wissenschaft und Gesellschaft sind Außenstehende jedoch auf Informationsmittler angewiesen, um die angesprochene Legitimität des Systems zu prüfen oder zu beurteilen, ob Gelder sinnvoll verteilt werden. Wer dient dabei als Vermittler zwischen Laien und Experten?

Mediengesellschaft

Hier kommt das Konzept der Mediengesellschaft ins Spiel. In einer komplexer werdenden Welt wird es für unterschiedliche Teilsysteme einer Gesellschaft immer schwieriger bis unmöglich, ihre Umwelt zu beobachten (vgl. Kohring 1997: 246f.). Gleichzeitig folgt aus der funktionalen Ausdifferenzierung ein zunehmender Orientierungsbedarf zwischen den Systemen (vgl. Marcinkowski 1993: 40; Kohring 1997: 243). Um ihr Fortbestehen zu sichern und auf Veränderungen und Umwelterwartungen reagieren zu können, sind sie auf Informationen aus ihren Umwelten angewiesen. Diesen Informationsbedarf, den die Teilsysteme in komplexen Umwelten nicht selbst decken können, übernimmt die Öffentlichkeit als eigenständiges Funktionssystem (vgl. Kohring 1997: 248). Für sie bilden Massenmedien das „organisatorische und infrastrukturelle Unterfutter" (Schäfer 2007: 13; vgl. Gerhards/Neidhardt 1990: 23f.; Kohring 1997: 244ff.). Im Zuge der Ausdifferenzierung dieses Funktionsbereiches öffneten sich die ursprünglich an politische Träger gekoppelten Medien nach und nach dem Marktprinzip. Mit der Emanzipation von diesen Bindungen (vgl. Kamber 2004: 79) einher ging die Herausbildung einer eigenen Systemrationalität (vgl. Wein-

---

3 Um Fehlinvestitionen zu verhindern und angesichts knapper Kassen wird die staatliche Zuweisung mehr und mehr an Leistungserwartungen gebunden und weniger voraussetzungslos vergeben. Bei der Überlegung, welche Gegenleistungen der Staat für die Finanzierung erwartet, merken Lange und Gläser kritisch an: „Der Staat finanziert Forschung als Quelle von Innovationen, als Potential für Problemlösungen, als Dienstleister in der Berufsausbildung und als Beitrag zur Erweiterung des Kulturgutes Wissen, das – noch! – als Wert an sich gesehen wird." (Lange/Gläser 2007: 776).

gart 2005: 20), die sich als spezifische Selektionslogik (Information/Nicht-Information, vgl. Luhmann 1996: 36) beschreiben lässt. Damit veränderte sich die Funktion von Medien weg von unselbstständigen Informationsvermittlern hin zu einer eigenlogischen Beobachtung (vgl. Kamber 2004: 92). Gerade durch die Orientierung an der Logik des Wirtschaftssystems veränderte sich aber nicht nur die Funktion von Massenmedien, sondern auch deren Zielgruppe. Massenmedien erfüllen heute nicht mehr nur eine Informationsfunktion, sondern orientieren sich an Medien*konsumenten*, werden so zu Dienstleistern und bedienen Unterhaltungsbedürfnisse (vgl. Weingart 2005: 21; Imhof 2006: 200). Dies hat Auswirkungen auf die Selektionslogik von Journalisten und die Chance eines Ereignisses, als Nachricht auf der Medienagenda aufzutauchen.

Die Wahrnehmung der Realität, die außerhalb des unmittelbaren Erfahrungshorizontes eines Menschen liegt, beruht auf ihrer Darstellung durch die Massenmedien: „Was wir über unsere Gesellschaft, ja über die Welt, in der wir leben, wissen, wissen wir durch die Massenmedien." (Luhmann 1996: 9). Da die Welt zu komplex ist und immer nur über Ausschnitte berichtet werden kann, geht der Einfluss von Medien über bloße Informationsvermittlung hinaus. Vielmehr konstruieren Journalisten bereits durch die Auswahl, worüber sie berichten, Realität (vgl. Luhmann 1996: 13f.). Medien haben durch Agenda-Setting, Framing oder Priming zwar keinen *direkten* Einfluss auf Einstellungen, können diese jedoch *aktivieren* oder *verstärken*, indem sie festlegen, über welche Themen und in welchen Kontexten nachgedacht wird[4]. Dieser prägende Einfluss ist umso stärker, je weniger Zugang und Informationen Rezipienten zu einem Thema haben. Denn wenn Bürger „[...] bei ihrer Meinungsbildung hochgradig von Vermittlungsinstanzen abhängig sind, dann wächst diesen als Informationsquelle ein Potential zu, auf [politische] Meinungen und auf Entscheidungen, die sich hierauf stützen, Einfluss auszuüben." (Schmitt-Beck 1998: 298).

Medialisierung

Dieses wachsende Einflusspotential von Medien drückt sich in der sogenannten „Medialisierungsthese" aus. Analog der Wichtigkeit wissenschaftlichen Wissens für gesellschaftliche und individuelle Handlungsbereiche in der Wissensgesellschaft beschreibt der Begriff der Mediengesellschaft die Medialisierung dieser Handlungsbereiche. Ganz allgemein kennzeichnet dies die steigende Relevanz

---

4 Siehe zu den zentralen Annahmen der Agenda-Setting-Theorie beispielsweise Dearing/Rogers 1996; zu Agenda Setting, Priming und Framing beispielsweise Price/Tewksbury 1997; Scheufele/Tewksbury 2007.

von Medien für gesellschaftliche Prozesse (vgl. Donges/Imhof 2001: 122; Dahinden 2004: 159) und nimmt Ursachen und Folgen der medialen Konstruktion
der Wirklichkeit in den Blick (vgl. Imhof et al. 2004: 11). Da Informationen über
das Mediensystem diffundieren, ist es beispielsweise für das Wissenschaftssystem wichtig, welche wissenschaftlichen Ereignisse wie dargestellt werden. „Medialisierung" beschreibt daraus ableitend eine zunehmende Orientierung und
Anpassung anderer Teilsysteme an die Logik des Mediensystems, wodurch die
funktionale Ausdifferenzierung der Medien zu einem Neuarrangement zwischen
Teilsystemen führt (vgl. Dahinden 2004: 159; Kamber 2004: 90). Hierbei wird
angenommen, dass das Mediensystem sogar zu einem beherrschenden Teilsystem wird, da es die anderen Teilsysteme verbindet (vgl. Imhof et al. 2004: 11f.).
Für das politische System, für das die Rückwirkungen des Mediensystems viel-
fach untersucht wurden, kann dies etwa zur „Neukonstitution der politischen
Kommunikation" wie einer „mediendramaturgischen Umwertung der politischen
Agenda" führen (Imhof 2006: 207).

Weiter beschreibt „Medialisierung" eine strukturelle Anpassung von Organisationen an Anforderungen des Mediensystems. Beispiele hierfür sind die Orientierung an neuen, der Medienlogik angepassten Auswahlkriterien bei Personalfra-
gen oder die Ausbildung und Professionalisierung von Schnittstellen, die die
Kommunikation zwischen Teilsystemen und Medien erleichtern (vgl. Imhof et
al. 2004: 13; Imhof 2006: 207). Letzteres kann sicherlich als Versuch gewertet
werden, die strikte Trennung von Publikums- und Produzentenrollen umzukeh-
ren, welche sich im Zuge der fortgeschrittenen Professionalisierung der Medien-
anstalten ausbildeten.

Die Abhängigkeit der Bevölkerung von Vermittlungsinstanzen ist in besonderem
Maße für Informationen aus und über die Wissenschaft relevant, da es wenig
direkte Kontaktstellen gibt. Informationen aus der Welt der Wissenschaft gelangen vorwiegend vermittelt über Presse, Rundfunk und World Wide Web an die
Öffentlichkeit, die sich so ein Bild von dem Wissenschaftssystem machen kann.
(Wissenschafts-) Journalisten fungieren hier als „Übersetzer" der oftmals komp-
lizierten Fachsprache und Vermittler von komplexem Wissen. Die dargestellten
Annahmen zum Zusammenhang zwischen der Bedeutung medialer Berichterstattung für die öffentliche Meinung, der Beobachtungs- und Vermittlungsfunktion
von Medien und den Förderungsbedingungen des Wissenschaftssystems lassen
sich anhand unterschiedlicher Forschungsfelder mit entsprechenden Fragestellungen systematisieren (vgl. Abb. 1).

Für das Forschungsfeld der „Medialen Konstruktion von Wissenschaft" sind
relevante Fragestellungen, wie Wissenschaft medial konstruiert wird, in welcher
Art und Weise die argumentativen Strukturen ausgeprägt sind und welche the-

matischen und akteursbezogenen Selektionskriterien Journalisten anlegen. Das zweite Forschungsfeld bezieht sich auf die Frage, welche Auswirkungen die mediale Konstruktion auf andere Teilsysteme hat. Hier erscheinen insbesondere die Wirkungen auf die öffentliche Meinung, auf die Rezipienten sowie auf das politische System relevant. Das dritte Forschungsfeld bezieht sich schließlich auf die „Rückkopplungseffekte der medialen Konstruktion auf das Wissenschaftssystem" und fragt danach, inwieweit die mediale Konstruktion Einfluss auf wissenschaftliche Arbeitsweisen und organisatorische Prozesse hat.

Abbildung 1: Forschungsfeld Wissenschaft, Öffentlichkeit und Massenmedien

Wirkung der medialen Konstruktion

- Auswirkungen auf die Öffentlichkeit: Wie ist die öffentliche Meinung zu Wissenschaft und ihrer Legitimation?
- Auswirkung auf Verstehensleistung der Rezipienten und Verständlichkeit wissenschaftlicher Erkenntnis
- Auswirkungen auf das politische System: Wirkung auf Handlung politischer Entscheidungsträger?

Mediale Konstruktion von Wissenschaft

- Welches Bild wird in den Medien gezeigt? Wie wird es konstruiert?
- Welche Themen werden ausgewählt und erlangen öffentliche Aufmerksamkeit? Wie viel Aufmerksamkeit bekommen wissenschaftliche Themen?
- Welche Akteure kommen zu Wort?

Rückkopplungseffekte der medialen Konstruktion auf das Wissenschaftssystem

- Rückwirkungen auf die Arbeitsweise von Wissenschaftlern?
- Rückwirkungen auf organisationale Prozesse?

Die vorliegende Studie lässt sich in das Forschungsfeld „Mediale Konstruktion von Wissenschaft" einordnen. Medien werden hier als Vermittler zwischen Wissenschaft und Öffentlichkeit verstanden, die Einfluss auf die öffentliche Meinung haben können. Um Aussagen über das öffentliche Bild von Wissenschaft abzuleiten, wird eine Inhaltsanalyse der medialen Berichterstattung durchgeführt. Dabei ist vor allem von Interesse, ob sich Anzeichen einer Medialisierung erkennen lassen, ob es Veränderungen in der Berichterstattung im Zeitverlauf gibt und wenn ja, ob sie als Anzeichen einer Veränderung im Verhältnis Wissenschaft zur Gesellschaft gedeutet werden können.

3 Methodisches Vorgehen

Auf Grundlage der bisherigen Annahmen lassen sich Fragen ableiten, die das Vorgehen der Inhaltsanalyse der SPIEGEL-Artikel anleiten.

3.1 Forschungsleitende Fragen, Untersuchungsdesign und Operationalisierung

Analysiert wird, wie sich die Wissenschaftsberichterstattung des SPIEGEL über einen Zeitraum von 50 Jahren entwickelt und verändert hat. Von besonderem Interesse ist dabei:

a) Wie viel wird über wissenschaftliche Themen berichtet?
b) Welchem redaktionellen Ressort können die Artikel zugeordnet werden?
c) Über welche wissenschaftlichen Themen wird berichtet?
d) Welche Berichtsformen verwenden Journalisten?
e) Wie und in welchen Kontexten werden wissenschaftliche Themen dargestellt und bewertet?

Zur Beantwortung dieser Fragen wurde ein Längsschnittdesign mit zwei Analyseschritten gewählt. Ziel des ersten Analyseschrittes war es, die Struktur der Berichterstattung über Wissenschaft zu unterschiedlichen Zeitpunkten zu erfassen (Forschungsfrage a-d). Um diese Fragen zu operationalisieren, wurden zunächst Anzahl und Themen der Artikel erfasst. Daran ist zu erkennen, wie viel Raum dem Thema Wissenschaft gegeben wird, was als Indikator für das Interesse der Öffentlichkeit an Informationen über und aus der Wissenschaft gesehen werden kann. In diesem Kontext ist auch interessant, wo wissenschaftliche Artikel erscheinen, d. h. ob sie einen festen Ort im Sinne eines eigenen Ressorts haben. Neben Fragen auf der semantischen Ebene ist auf der syntaktischen Ebene von Relevanz, ob sich die Artikellänge und generelle Struktur der Berichtsform verändert. Um dies zu prüfen, wurde zunächst die Anzahl der Wörter der einzelnen Artikel gezählt und diese dann zu Längen-Kategorien zusammengefasst.

Ziel des zweiten Analyseschrittes war es, die Art und Weise der Berichterstattung zu untersuchen und so den Grundtenor der Berichterstattungsmuster herauszuarbeiten. Es geht um die Frage, *wie* über Themen berichtet wird und in welchen Kontexten sie angesprochen werden (Forschungsfrage e). Da zu Beginn der Inhaltsanalyse keine konkreten Vorstellungen über Bewertungsmuster und die dargestellten Inhalte existierten, wurde ein qualitatives Vorgehen gewählt. Die Kategorienbildung erfolgte induktiv. Ein solches Vorgehen strebt durch eine schrittweise Bildung von Kategorien nach „[...] einer möglichst naturalistischen,

gegenstandsnahen Abbildung des Materials ohne Verzerrung durch Vorannah-
men des Forschers, eine Erfassung des Gegenstands in der Sprache des Materials." (Mayring 2008: 75). Das theoretische Vorwissen über den Untersuchungsgegenstand sowie ähnliche Studien (vgl. dazu u. a. Kärtner 1972, Schäfer
2007 und Peters et al. 2008) leiteten die Analyse an, um dem Gütekriterium
„Relevanz" zu genügen.
In einem ersten Durchgang wurde eine Stichprobe des Materials unter besonderer Berücksichtigung folgender Kategorien analysiert[5]: Risiken und Nutzen der
Wissenschaft, Autonomie und Mechanismen des Wissenschaftssystems, Bewer-
tungsschemata sowie Verweise auf Fachzeitschriften und wissenschaftsinterne
Ereignisse. Dieses erste Codeschema wurde im Laufe der Materialsichtung durch
neue Aspekte erweitert und das Kategorienschema so nach und nach weiterent-
wickelt und verdichtet. Dabei wurde versucht, die Kategorien weitestgehend
trennscharf zu bilden. Danach folgte ein endgültiger Materialdurchgang (vgl.
Neuendorf 2002; Mayring 2003; Krippendorff 2004). Es handelt sich insofern
um einen iterativen Prozess, da nicht mit vorgefertigten Kategorien herangegan-
gen wurde, sondern vielmehr versucht wurde, durch ein Wechselspiel zwischen
Theorie und dem herangezogenen Datenmaterial neue Erkenntnisse zu gewinnen
(vgl. Schulze 2006: 7).

3.2 Untersuchungseinheit, Messzeitpunkte und Stichprobengröße

Zur Beantwortung der Forschungsfragen wurde die wissenschaftliche Berichterstattung des Nachrichtenmagazins DER SPIEGEL exemplarisch für die deutsche
Presse im Längsschnitt untersucht. Die Wahl des SPIEGEL hatte sowohl interes-
sensgeleitete als auch pragmatische Gründe.
Zunächst blickt der SPIEGEL durch Gründung im Jahr 1947 auf eine lange Tradition im deutschen Pressewesen zurück und erfüllt somit die Voraussetzungen
für eine Längsschnittuntersuchung. Dabei hat der SPIEGEL den Anspruch, verstärkt über zeittypische Themen mit unmittelbarer Gegenwartsnähe zu berichten.
Dadurch lässt sich annehmen, dass die Wahrscheinlichkeit einer adäquaten Wi-
derspiegelung der zeittypischen medialen Zuwendung zur Wissenschaft relativ
groß ist. Weiter ist durch eine hohe Auflage[6] und Überregionalität davon auszugehen, dass die im SPIEGEL angesprochenen Themen viele Menschen erreichen
und die Berichterstattung so für die öffentliche Meinungsbildung relevant ist. Bis

---

5 Um die Themendarstellung und manifeste und latente Bewertungen aufzuspüren, wurde eine
  computerunterstützte Datenanalyse mit Hilfe des qualitativen Auswertungsprogrammes MaxQDA
  durchgeführt, bei der einzelnen Textpassagen Codes zugeordnet werden.
6 Die aktuelle „Media-Analyse" attestiert dem SPIEGEL eine Reichweite von 6,16 Mio. Lesern.

zum Jahr 1993, als das Konkurrenzmagazin „Focus" startete, hatte der SPIEGEL eine Monopolstellung als einzige deutsche Zeitschrift dieses Formates (vgl.Chill/Mayn 1998: 13). Aufgrund seines Einflusses auf die öffentliche Meinungsbildung wird der SPIEGEL oft als „Leitmedium" oder „Meinungsführermedium" bezeichnet. Dies wird ihm nicht nur in Bezug auf die Bevölkerung nachgesagt, sondern gilt auch für Journalisten anderer Organe (vgl. Willke 1999: 302; Neidhardt 2002: 7; Malik et al. 2006: 359), wodurch die Themensetzung der SPIEGEL-Redaktion als doppelt beeinflussend beschrieben werden kann. Daneben stellt der SPIEGEL sein Archiv kostenlos online zur Verfügung, wodurch Artikel bis zu den ersten Ausgaben von 1947 leicht zugänglich und schon in digitaler Form vorhanden sind.

Um einen längeren Zeitraum zu erfassen und dennoch forschungspragmatischen Ansprüchen zu entsprechen, wurde – ausgehend vom aktuellsten vollständigen Jahrgang – in Zehnjahresschritten zurückgegangen. Die Stichprobe umfasst so die Jahrgänge 2008, 1998, 1988, 1978, 1968 sowie 1958. Dabei gingen alle Artikel in die Untersuchung ein, deren Inhalt sich auf wissenschaftliche Themen bezieht. Die relevanten Artikel wurden identifiziert, indem die Inhaltsverzeichnisse der einzelnen Ausgaben manuell und per Schlagwortsuche durchsucht wurden. Um einen thematischen Überblick für die quantitative Analyse zu erhalten, wurden die Artikel dann anhand eines Kategorienschemas von Göpfert (1996) klassifiziert. Tabelle 2 stellt dar, welche Themen in den jeweiligen Kategorien enthalten sind.

Aufgrund der sehr umfangreichen Stichprobe (N= 2440) konnte die qualitative Inhaltsanalyse aus Zeit- und Kapazitätsgründen nicht am gesamten Material durchgeführt werden. Daher beschränkt sich der zweite Teil der Analyse inhaltlich auf medizinische Themen und zeitlich auf die drei Erhebungszeitpunkte 1958 (N=18), 1978 (N=132) und 2008 (N=182). Das Thema „Medizin" scheint vor allem geeignet, da es über die Jahre konstant auf der Agenda des SPIEGEL ist. Aufgrund der größeren Zeitabschnitte können mögliche detaillierte Veränderungen in der Berichterstattung nicht erfasst werden. Die längeren Abstände können sich jedoch als nützlich erweisen, da Unterschiede so deutlicher sichtbar werden.

Tabelle 2: Kategorien der Wissenschaftsberichterstattung nach Göpfert

Natur	Naturgeschichte, Erdgeschichte, Lebenswissenschaften, Biologie, Ökologie, Paläontologie, Geologie, Geographie, Meteorologie
Medizin	Erforschung von Krankheit/Gesundheit, Epidemiologie, Genetik, medizinische Diagnose, Behandlungsverfahren, Medizintechnik, Gentechnik, Pharmakologie, Präventionsverfahren, Public Health, Ernährung, Veterinärmedizin, Psychologie
Technologie	Technikwissenschaften, angewandte Wissenschaften, Industrieproduktions-Technologie, landwirtschaftliche Produktionstechnologie, Biotechnologie, Energieversorgung, Informationstechnologie, Verkehrstechnologie, Militärtechnologie
Sozial-wissenschaften	Soziologie, Politikwissenschaft, Betriebs- und Volkswirtschaftslehre, Psychiatrie (soziale Aspekte), Publizistik- und Kommunikationswissenschaft, Anthropologie, Ethnologie, Archäologie, Sozialgeographie, Verkehrswissenschaft (soziale Aspekte), Technologiefolge-Abschätzung, Friedensforschung, Parapsychologie (soziale und psychologische Aspekte)
Umwelt	Naturkatastrophen, Ausbeutung von Ressourcen, Abfall- und Müllbeseitigung, Natur- und Artenschutz, Schutz der Biosphäre, Bevölkerungswachstum, Erderwärmung, Stadt- und Landschaftsplanung, gefährliche Substanzen, Strahlenrisiken
Naturwissen-schaften	Grundlagenforschung, Physik, Chemie
Wissenschaft und Gesell-schaft	Wissenschaftsgeschichte, Wissenschaftswissenschaft, Methodenlehre, wissenschaftliche Ethik, Wissenschaftspolitik, Forschungsförderung, Wissenschaftsdidaktik, Leben und Werk von Wissenschaftlern, Wissenschaftspublizistik, Wissenschaftsberichterstattung, öffentliches Verständnis von Wissenschaft
Weltraum	Kosmologie, Astronomie, Weltraumfahrt
Sonstiges	

Quelle: Göpfert 1996: 363f.

4   Ergebnisse

Die Ergebnispräsentation wird von zwei Absichten angeleitet: Deskription und Explikation. Zunächst wird die Berichterstattung über Wissenschaft im Zeitverlauf in ihrer Struktur (Kap. 4.1 und 4.2) und in ihrem Grundtenor (Kap. 4.3) beschrieben. Daran anknüpfend wird jeweils versucht, die vorgefundenen Ergebnisse zu erklären und darüber hinausgehende Schlüsse auf das Verhältnis zwischen Wissenschaft, Journalisten und gesellschaftlicher Öffentlichkeit zu ziehen.

4.1 Anzahl und Ressortentwicklung der Wissenschaftsberichterstattung im Zeitverlauf

Zur Entwicklung wissenschaftlicher Themen in den letzten 50 Jahren lässt sich zweierlei feststellen (vgl. Tab. 3): Zum einen werden unterschiedliche Wissenschaftsbereiche unterschiedlich stark thematisiert. Zum anderen ist generell eine deutliche Zunahme an wissenschaftlicher Berichterstattung über den untersuchten Zeitraum hinweg erkennbar.

Tabelle 3: Anzahl Artikel der Wissenschaftsberichterstattung im SPIEGEL nach Kategorie und Jahr

Kategorie	1958		1968		1978		1988		1998		2008		Gesamt	
	N	%	N	%	N	%	N	%	N	%	N	%	N	%
Natur	4	4%	15	5%	15	4%	21	6%	73	10%	78	14%	206	8%
Medizin	18	20%	76	26%	132	36%	122	34%	171	23%	182	32%	701	29%
Technologie	20	22%	36	12%	47	13%	47	13%	244	33%	103	18%	497	20%
Sozial-wissenschaft	15	17%	72	24%	88	25%	51	14%	84	13%	93	20%	403	18%
Umwelt	2	2%	10	3%	33	9%	66	18%	78	10%	64	11%	253	10%
Natur-wissenschaft	3	3%	5	2%	3	1%	14	4%	12	2%	10	2%	47	2%
Wissenschaft und Gesell-schaft	15	17%	66	22%	31	8%	30	8%	52	7%	28	5%	222	9%
Weltraum	13	14%	16	5%	19	5%	13	4%	34	5%	16	3%	111	5%
Gesamt	90		296		368		364		748		574		2440	

So nimmt die Anzahl der Artikel von 1958 mit 90 Artikeln über rund 370 Artikel in den Jahren 1978 und 1988 bis auf 748 Artikel 1998 zu und geht dann im Jahr 2008 auf 574 Artikel zurück. Abgesehen von dem „Ausreißer" 1998 folgt die Anzahl wissenschaftlicher Berichte insgesamt einem steigenden Trend, da das Niveau 2008 trotz des leichten Rückgangs über dem Niveau von 1988 bleibt[7].

---

7 Hierbei ist anzumerken, dass der Seitenumfang des SPIEGEL insgesamt über den untersuchten Zeitraum zunahm. So waren die wöchentlich erscheinenden Hefte 1958 meist nicht umfangreicher als 70 Seiten, 2008 dagegen bis zu 200 Seiten dick. Im Verhältnis nimmt der Umfang der wissenschaftlichen Berichterstattung aber ungleich stärker zu als die Berichterstattung beziehungsweise die Seitenzahl des SPIEGEL insgesamt. Der Anstieg der Artikelzahl, die auf wissenschaftliche

Zudem lässt sich eine Veränderung in der Platzierung der Artikel beobachten. In den ersten einbezogenen Jahrgängen 1958 und 1968 gibt es noch keine konstanten Ressorts über mehrere Ausgaben hinweg. Vielmehr wechseln die übergeordneten Kategorien, unter denen Artikel erscheinen, von Ausgabe zu Ausgabe. Wissenschaftliche Themen erscheinen hier sowohl unter Schlagworten wie „Internationales", „Kultur" oder „England" als auch unter „Forschung" und „Wissenschaft". Demgegenüber gibt es 1978 in dem Großteil der Ausgaben erstmals eine Seite, die mit „Prisma" oder „Spectrum" überschrieben ist und auf der kurze wissenschaftliche Meldungen gebündelt präsentiert werden. Längere Artikel zu wissenschaftlichen Themen sind weiterhin anderen Ressorts zugeordnet. Die Seite „Spectrum" bzw. „Prisma" hält sich bis in das Jahr 1988 und wird nun mit „Wissenschaft und Technik" überschrieben. Seit 1998 ist das Ressort „Wissenschaft und Technik" ein fester Bestandteil des Inhaltes des SPIEGEL. Mit 643 Artikeln im Jahr 1998 (N=748) und 525 in 2008 (N=574) erscheint auch der Großteil aller wissenschaftlichen Artikel in diesem Ressort.

Dass Wissenschaft als Thema über den untersuchten Zeitraum generell einen zunehmend hohen Stellenwert auf der Agenda des SPIEGEL bekommt, zeigt sich neben dem quantitativen Zuwachs an Artikeln zu Wissenschaft an der Einrichtung eines eigenen Ressorts, in dem Berichte über wissenschaftliche Themen gebündelt präsentiert werden. Hinsichtlich Forschungsfrage a und b ist demnach festzustellen: 1) Der Umfang wissenschaftlicher Berichterstattung hat sich deutlich erhöht, das Thema Wissenschaft ist also verstärkt öffentlich präsent. 2) Wissenschaft wurde durch ein eigenes Ressort zu einem festen Bestandteil der Gesamtberichterstattung des SPIEGEL.

Auch in anderen Untersuchungen zur wissenschaftlichen Berichterstattung wird der Zuwachs an Publizität bestätigt (vgl. beispielsweise Kärtner 1972: 178ff.; Schäfer 2007: 151ff.). Theoretisch hat dies vor allem Weingart (2001; 2003) beschrieben, indem er auf eine „Medialisierung der Wissenschaft" schließt, für die eine solche Extensivierung der medialen Präsenz ein Indikator ist. Daran anschließend benennt Schäfer (2008) eine zunehmende Pluralisierung der Berichterstattung sowie kontroversere Beiträge als weitere Kriterien der Medialisierung (vgl. Schäfer 2008: 316f.), worauf später näher eingegangen wird.

Da die Berichterstattung zunimmt, ist einerseits entsprechend der Agenda Setting-Theorie anzunehmen, dass vermehrt auf wissenschaftliche Themen aufmerksam gemacht wird. Durch Priming und Framing steigt damit das Potential dafür, dass durch journalistische Interpretationen und Rahmungen eines Themas die öffentliche Wahrnehmung von Wissenschaft beeinflusst wird.

Themen entfällt, ist also nicht allein durch den Umfangszuwachs des Nachrichtenmagazins zu erklären.

Bei der Frage, auf welche Themen dabei vor allem verstärkt aufmerksam gemacht wird (Forschungsfrage c), fällt auf – und dies gilt für alle Jahrgänge gleichermaßen – dass die journalistische Zuwendung zu wissenschaftlichen Disziplinen Unterschiede aufweist. Wie in Tabelle 4 sichtbar, sind die einzelnen Wissenschaftskategorien deutlich unterschiedlich besetzt. Während über Medizin
(20-36 %), technologische Fortschritte (12-33 %) und sozialwissenschaftliche
Themen (13-25 %) umfangreich berichtet wird, berichten Journalisten über andere Disziplinen wie beispielsweise Weltraumforschung (3-14 %) konstant weniger. Die mediale Zuwendung zu wissenschaftlichen Themen und Disziplinen
unterscheidet sich also deutlich zwischen den Wissenschaftskategorien. Die
Verteilungen über die Kategorien in den verschiedenen Jahrgängen weisen dabei
ähnliche Muster auf.
Anscheinend gibt es Wissenschaftsgebiete, denen der Weg auf die Agenda der
Medien offener steht, als anderen. Demnach müssten deren Themen aus journalistischer bzw. redaktioneller Sicht einen höheren Nachrichtenwert haben. Eine
solche selektive Zuwendung zu wissenschaftlichen Disziplinen zeigt sich auch in
anderen Studien (vgl. beispielsweise Schäfer 2007; Schanne/Kiener 2004).

Um eine Erklärung hierfür zu finden, zieht Schäfer (2007) das Konzept der
„Wissenskulturen" von Stefan Böschen heran. Dieses baut auf zentralen Annahmen der Studien „New production of knowledge" von Michael Gibbons et al.
(1994) sowie deren Weiterentwicklung, „Re-thinking Science" von Helga Nowotny, Michael Gibbons und Peter Scott (2002) auf (vgl. Schäfer 2007: 45).
Böschen beschreibt vier idealtypische Wissenskulturen, die sich im Grad der
Kopplung an a) die teilsystemexterne Umwelt (Kontextualisierung einer Disziplin, vgl. Nowotny et al. 2002, v. a. Kap. 4) und b) die teilsysteminterne Umwelt
(trans-disziplinäre Anschlussfähigkeit, vgl. Gibbons et al. 1994: 11) und somit
insgesamt im Grad ihrer Autonomie unterscheiden: „Science in Kontext",
„Science in Nature", „Science for technological Innovation" und „Republic of
Science" (vgl. Böschen 2004: 143ff.). Diese Unterschiede in den Kopplungen
sind es, „[...] die dem Modell der Wissenskulturen zufolge unterschiedliche
öffentliche und massenmediale Thematisierungen nach sich ziehen" (Schäfer
2007: 48). Dabei nimmt die Chance einer öffentlichen Thematisierung mit dem
Grad an Autonomie ab. Disziplinen, die dem Typ „Science of Context" zuzuordnen sind, haben die größte Chance, mediale Aufmerksamkeit zu bekommen,
gefolgt von „Science for technological Innovation" mit eher hohen Chancen,
während Disziplinen des Typs „Republic of Science" mit geringster Wahrscheinlichkeit öffentlich thematisiert werden (vgl. Schäfer 2007: 50). Damit einher
geht, dass die Wahrscheinlichkeit der Einflussnahme auf die Wissenschaftspraxis

bei stark kontextualisierten Disziplinen sehr viel höher ist als bei autonomen (vgl. Böschen 2004: 147).

Die von Böschen angeführten Dimensionen könnten somit das Selektionsverhalten von Journalisten erklären, wenn man sie als Nachrichtenfaktoren reinterpretiert. So lässt sich vermuten, dass Ereignisse aus den Disziplinen der „Science in Context" allgemein durch die Nähe und das damit einhergehende leichtere Verständnis und die – wenn auch unter Umständen nur gefühlte – höhere unmittelbarere Betroffenheit prinzipiell einen höheren Nachrichtenwert haben. Ereignisse von „Science for technological Innovation" haben meist einen unmittelbaren Nutzen und weisen damit Alltagsnähe auf. Durch die direkte Betroffenheit steigen der Nachrichtenwert und damit die Publikationschance. Im Sinne der Nachrichtenwerttheorie könnten die Aspekte „Alltagsnähe" sowie „unmittelbarer Nutzen" für wissenschaftliche Ereignisse Nachrichtenfaktoren darstellen, deren Vorhandensein die Wahrscheinlichkeit für mediale Aufmerksamkeit erhöht[8].

Betrachtet man die wissenschaftliche Berichterstattung des SPIEGEL vor diesem Hintergrund erneut, so lässt sich die ungleiche Verteilung der Zuwendung zu verschiedenen Disziplinen erklären[9]. Wie die eben angeführten Überlegungen nahelegen, ist die Artikelanzahl zu naturwissenschaftlichen Themen über die einbezogenen Jahrgänge hinweg konstant niedrig. Über Grundlagenforschung in Physik und Chemie wird wenig berichtet. Diese relativ abgeschlossenen Disziplinen scheinen wenige Ereignisse zu bieten, die journalistische Aufmerksamkeit auf sich ziehen. Auch die hohen Anteile an Berichterstattung in den Kategorien Sozialwissenschaft, Medizin und Technologie treffen sich mit den Annahmen des Wissenskultur-Modells. Sozialwissenschaften und medizinische Forschung bearbeiten - aus Sicht eines Laienpublikums - interessantere Themen als beispielsweise Physik, da sie sich mit Untersuchungsgegenständen „aus dem natürlichen Leben" beschäftigen und somit dem Laien näher und intuitiv verständlicher sind (vgl. Schäfer 2007: 47f.).

Während die bisherige Analyse die Themenentwicklung der Wissenschaftsberichterstattung insgesamt beschrieben hat, steht nachfolgend im Vordergrund, wie sich die Darstellungsformen wissenschaftlicher Artikel im Zeitverlauf unterscheiden. Die nun folgenden Aussagen beziehen sich auf die Berichterstattung zu medizinischen Themen in den Jahren 1958, 1978 sowie 2008.

---

8 Um diese These genauer zu untersuchen, müsste weitere Forschung, beispielsweise durch Befragungen von Journalisten, erfolgen. In verschiedenen Studien wurde „Nutzen", aber auch „Risiken", bereits als Nachrichtenfaktoren identifiziert (vgl. hierzu Ruhrmann/Göbbel 2007: 13).

9 Zumindest pauschalisierend, auf einem undifferenzierten Niveau, da nicht die verschiedenen Teildisziplinen innerhalb der Wissenschaftskategorien betrachtet werden können.

4.2 Berichtsform und Inhalte im Zeitverlauf

Neben der Artikelanzahl und der unterschiedlich stark ausgeprägten Präsenz wissenschaftlicher Disziplinen in den Medien ist es interessant, die Berichtsform näher zu beleuchten (Forschungsfrage d). Die Berichterstattung zu medizinischer Forschung im SPIEGEL erfolgt überwiegend durch informationsvermittelnde Darstellungsformen, wozu Meldungen, Berichte, Reportagen oder Interviews zu zählen sind. Die einbezogenen Artikel wurden je nach Wortanzahl unterschiedlichen Kategorien zugeordnet[10]. Neben der Veränderung der Artikelanzahl sowie konstanten Mustern in der Verteilung der Artikel zeigt sich hier eine deutliche Veränderung in der Darstellungsform über den Untersuchungszeitraum (vgl. Abb. 2).

Abbildung 2: Verteilung der Artikel nach Länge in verschiedenen Jahren

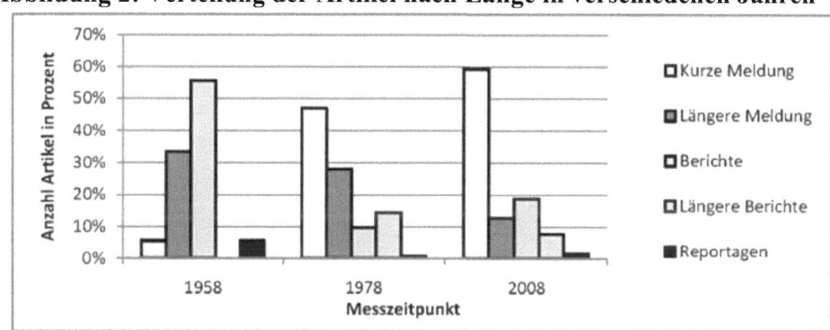

Während neue Erkenntnisse der medizinischen Forschung im ersten untersuchten Jahrgang 1958 meist in Berichts- oder Reportage-Formaten aufgearbeitet wurden, nimmt vor allem die Anzahl kurzer Meldungen in den neueren Jahrgängen zu. Da über die Jahre zum einen die Artikelanzahl steigt, gleichzeitig vermehrt kurze Artikel zu finden sind, wird die Berichterstattung zur medizinischen Forschung insgesamt vielfältiger. So wird dem Leser ein zunehmend differenzierteres Bild dieser Disziplin geboten.
Kurze Meldungen haben zu allen Zeitpunkten die Funktion, über eine Neuigkeit und deren Nutzen für die Leser knapp und bündig zu berichten. Meist wird hier die Arbeit eines Forschers kurz porträtiert, ohne sie jedoch zu hinterfragen oder

---

10 Weniger als 500 Wörter: kurze Meldungen; 501-1000 Wörter: längere Meldungen, die über die einfache Darstellung eines Sachverhaltes hinausgehen; 1001-2000 Wörter: Berichte, die ausführlichere Informationen zu einem Thema vermitteln; 2001-5000 Wörter: lange Berichte; 5000+ Wörter: Reportagen, Titelgeschichten.

in Bezüge zu setzen. Im Gegensatz dazu zeigt sich bei längeren Artikeln, Berichten und Reportagen ein inhaltlicher Unterschied zwischen den Jahren. Die Berichte im Jahr 1958 weisen große Ähnlichkeiten bezüglich des Aufbaus der Artikel auf. So wird einleitend fast immer auf eine Fachtagung oder vergleichbare Ereignisse wie beispielsweise die Veröffentlichung neuer Forschungsergebnisse in Fachzeitschriften verwiesen. Ereignisse, die im Wissenschaftssystem zu verorten sind, waren hier anscheinend größtenteils der „Anlass" der Berichterstattung. Dieses Muster, ein konkretes wissenschaftsinternes Ereignis als Aufhänger des Artikels zu verwenden, ist in den späteren Jahrgängen selten zu finden. Weiter wird vor allem 1958, aber auch 1978, in diesen längeren Beiträgen meist ein konkretes Forschungsvorhaben dargestellt, das nötige Hintergrundwissen erklärt und Nutzen oder Risiken der Arbeit dargelegt. Vergleiche, Bezüge zu anderen Forschungsarbeiten oder außerwissenschaftlichen Kontexten werden kaum hergestellt; stattdessen wird die Forschungsarbeit, beispielsweise eine Experimentanordnung, sehr detailliert nachgezeichnet. Die Vermittlung von Informationen aus der *Welt der Wissenschaft* scheint hierbei im Vordergrund der Berichterstattung zu stehen.

Im Jahr 2008 werden Informationen zur medizinischen Forschung hauptsächlich in kurzen Beiträgen vermittelt. Vermehrt werden hier jedoch wissenschaftliche Ergebnisse und nicht die Forschungsarbeit selbst thematisiert. Journalisten scheinen im letzten untersuchten Jahr verstärkt auf wissenschaftliche Ergebnisse zurückzugreifen, um einen Sachverhalt aus verschiedenen Perspektiven zu erörtern. Dies erweckt den Eindruck, dass Wissenschaft verstärkt als Dienstleistung zur Erklärungshilfe von Sachverhalten sowie als *„Methode der Berichterstattung"* genutzt wird (vgl. Belz et al. 1999: 124). Mit dieser Veränderung einher geht ein Anstieg des Anforderungsniveaus an die Leser. Da in den späteren Jahren nicht mehr nur Informationen vermittelt, sondern wissenschaftliche Ergebnisse als Erklärungen herangezogen werden, sind die Berichte teilweise recht komplex und für einen Laien unter Umständen schwer verständlich. Wissenschaftliche Ergebnisse werden auch hier stark vereinfacht wiedergegeben. Insgesamt scheint es jedoch, dass heute ein größeres Grundverständnis der Leser vorausgesetzt wird. Dies zeigt sich beispielsweise an dem vermehrten und selbstverständlichen Gebrauch von Fachwörtern, die in früheren Jahrgängen noch detailliert erklärt wurden.

Neben neuesten Erkenntnissen bekommen Laien durch die journalistische Aufbereitung der Themen auch Informationen zu den *spezifischen Arbeitsbedingungen* eines Forschers vermittelt. Journalisten stellen nicht nur das Ergebnis von Forschungsprojekten dar, sondern sprechen dabei auch Charakteristiken wissenschaftlichen Arbeitens an. So finden sich beispielsweise Anmerkungen, dass wissenschaftliche Projekte oft langwierig sind, der Ausgang von Forschungsprojekten meist nicht absehbar ist, wissenschaftliches Wissen fragil, also vorläufig und unsicher ist (vgl. Collins 1987) und welche Mechanismen das Wissenschaftssystem benutzt, um Wissen abzusichern. Letzteres ist der einzige Aspekt, der in den hier untersuchten Artikeln auch in einem kritischen Licht dargestellt wird. Wie diese Informationen tatsächlich bei Laien ankommen und wie diese sie verstehen, aufnehmen und weiterverarbeiten sind wichtige Fragen, die hier jedoch nur aufgeworfen werden können (vgl. hierzu Milde 2009). Festzuhalten bleibt, dass Laien auch Aspekte der spezifischen wissenschaftlichen Arbeitsweise vermittelt bekommen.

Überspitzt formuliert könnten diese Feststellungen zu der Hypothese führen, dass sich das Blatt wendet: Während Journalisten früher Dienstleister für Wissenschaftler – im Sinne reiner Informationsvermittler – waren, nutzen Journalisten heute verstärkt die Wissenschaft als Dienstleister für ihre Berichterstattung.

4.3 Themen und Bewertungen

Eine „Zweckprogrammierung" der Journalisten als bloße Informationsvermittler, wie gerade angesprochen, ist aus systemtheoretischer Perspektive – so stellt Kohring (1997) in seiner Analyse des Wissenschaftsjournalismus heraus – nicht erstrebenswert. Denn: „Eine Bewertung der Wissenschaftsberichterstattung nach Kriterien wissenschaftlicher Rationalität verfehlt die gesellschaftliche Funktionalität einer journalistischen Beobachtung von Wissenschaft und Gesellschaft." (Kohring 1997: 271; vgl. Kohring 1997: 197f.) und stellt die teilsystemspezifische Leistung (für das Wissenschaftssystem) anstelle der übergeordneten Funktion von Journalismus in den Vordergrund (vgl. Kohring 2005: 280f.). Die Zunahme von Bewertungskontexten, die Journalisten hinsichtlich eines Themas ihren Lesern anbieten, stellt ein weiteres Charakteristikum von „Medialisierung" dar. Ist eine solche Pluralisierung in der Berichterstattung zur medizinischen Wissenschaft im SPIEGEL zu beobachten (Forschungsfrage e)?
Das Interesse eines Wissenschaftlers ist – bei enger Auslegung der wissenschaftlichen Rationalität (vgl. Kap. 2) – die Suche nach Wahrheit und neuer Erkenntnis. Ethische Gesichtspunkte der Forschungsarbeit spielen dabei streng genommen keine Rolle. Die Legitimation von Wissenschaft in der Öffentlichkeit hängt jedoch auch von dem Vertrauen in die Integrität der Forscher ab. Eisenegger und Imhof sprechen hier von „sozialer Reputation". Diese „[…] hält sich nicht an die Vorgaben und Logiken der verschiedenen Funktionssysteme, sondern unterliegt gesamtgesellschaftlichen Bewertungsmaßstäben. Der Beurteilungsmaßstab der

Sozialreputation gilt der Frage, inwieweit Akteure sich an gesamtgesellschaftlich
regulierte, kodifizierte und nicht kodifizierte normative Standards halten, also
sozialverträglich und moralisch integer agieren." (Eisenegger/Imhof 2008: 79).
Zunächst ist daher interessant, ob sich in den Berichten des SPIEGEL ein moralischer Bewertungsmaßstab findet und diesbezüglich Unterschiede zwischen den
Jahren festzustellen sind.

Eine moralische Kontextsetzung in der Berichterstattung zu medizinischer Forschung hat über die Jahre deutlich zugenommen. So fällt bei der Analyse der
Artikel auf, dass Verbindungen zu ethischen Gesichtspunkten im ersten untersuchten Jahrgang 1958 sehr selten zu finden sind. 1978 konzentrieren sich
ethisch-moralische Anmerkungen auf die Berichterstattung zu Tierversuchen.
2008 finden sich kritische Anmerkungen zu moralischen Aspekten des Forschungshandelns vermehrt bei Genetik und Hirnforschung. Dass im Jahr 2008
Artikel unter dem expliziten Überthema „Bioethik" oder „Ärztliche Ethik" erscheinen, kann als weiterer Hinweis auf die zunehmende Ansprache moralischer
Fragen gedeutet werden. Andere Studien kommen zu ähnlichen Ergebnissen. So
stellen beispielsweise Eisenegger und Imhof bei der Analyse von Kommunikati-
onsereignissen mit Wissenschaftsbezug von 1945-2006 fest, dass die soziale
Reputation gegenüber funktionaler Reputation (Bewertung nach systeminternem
Zweck) in der Berichterstattung an Bedeutung gewinnt (vgl. Eisenegger/Imhof
2008: 79f.). Weingart spricht in diesem Zusammenhang von einer „Externalisie-
rung der Forschungsethik" (Weingart 2001: 15) in der Berichterstattung.

Dabei fallen jedoch zwei Dinge auf: Zum einen zeigen die Ergebnisse, dass selten die Forschungsarbeit selbst moralisch bewertet wird, sondern erst eine mögliche Anwendung der Erkenntnisse kritische Fragen aufwirft. Dies hängt unmit-
telbar zusammen, macht jedoch insofern einen Unterschied, als in dem einen Fall
die Handlungsfreiheit des Forschers direkt betroffen ist, im anderen Fall erst die
des Verwerters. Zweitens fällt auf, dass die Kritik hierzu oftmals durch Verweise
auf Experten angesprochen wird: Während der Sinn und die ethische Komponente bei Tierversuchen im Jahr 1978 durch Journalisten selbst angesprochen werden, finden sich bei den Themen 2008 oftmals Verweise auf Juristen, Moraltheo-
logen oder Ethikexperten. Anscheinend ist die moralische Bewertung von Forschung ein Thema, zu dem sich Journalisten zwar durch kritische (Nach-) Fragen
äußern, jedoch selbst wenige Lösungsvorschläge anbieten. Geht die Berichterstattung auch über das Aufwerfen von Fragen hinaus? Inwiefern führt die Ansprache moralischer oder ethischer Bedenken von journalistischer Seite beispielsweise dazu, politische Regulierung des Forschungshandelns zu fordern?

Im Vergleich der Ergebnisse zu ethisch-moralischen Anmerkungen sind Forderungen nach politischen Eingriffen generell deutlich weniger aufzufinden und erneut kaum im ersten untersuchten Jahrgang, jedoch 1978 sowie 2008. Beispiele hierfür sind Sätze wie: „Präzise Rechtsvorschriften, die solche Experimente regulieren oder eingrenzen könnten, sind ausgeblieben." Auch finden sich 2008 explizite Überthemen wie „Biopolitik" oder „Medizinrecht", die diese Kontextsetzung verdeutlichen. Dabei fällt aber wiederum auf, dass rechtliche Aspekte zwar angesprochen werden, aber selten politisches Handeln gefordert wird. Dies gilt besonders für an sich risikoreiche Themen, die verstärkt 2008 auftreten. Themen wie Gentechnik oder Stammzellforschung bieten großes Potential für ethische Fragen. Die Notwendigkeit eines Eingriffs durch den Gesetzgeber wird aber in den Berichten in allen Jahren nur sehr selten explizit angeführt. Insgesamt ist also eine gewisse Zurückhaltung hinsichtlich konkreter Handlungsaufforderungen durch Journalisten zu bemerken.

Am deutlichsten treten Unterschiede der wissenschaftsexternen Deutungsschemata zwischen den Jahren bei ökonomischen Aspekten auf. 1958 wurde von journalistischer Seite die Finanzierung der dargestellten Forschung mit keinem Wort erwähnt. Über die Jahre änderte sich dies. 1978 finden sich eher sporadisch Anmerkungen zu finanziellen Aspekten, während im Jahr 2008 häufig thematisiert wird, woher Gelder für bestimmte Forschungsprojekte kommen und wie teuer diese sind. Geld als Kopplungsfaktor zwischen Wissenschaft und anderen Teilsystemen wird heute deutlich häufiger angesprochen als noch in den 1950er Jahren. In den untersuchten Artikeln wird dabei von Journalisten insbesondere genannt, was Forschungsprojekte kosten und woher die Gelder kommen, ob Forschung staatlich oder privat finanziert wurde. Dabei hat es den Anschein, dass die Journalisten Forschungsförderung generell positiv gegenüber stehen. Kritische Fragen, beispielsweise ob Gelder sinnvoll eingesetzt werden oder ob so viel Geld nötig ist, finden sich kaum. Demgegenüber wird des Öfteren thematisiert, dass staatliche Ausgaben nicht ausreichen, um im internationalen Vergleich wettbewerbsfähig zu bleiben. So werden explizit „Fehlende Milliarden" von politischer Seite oder der Kampf um Gelder aus dem Steuertopf kritisiert: „Der eigentliche biopolitische Großkampftag steht noch bevor – bei den Haushaltsberatungen für 2009". Diese Zunahme an sich lässt sich mit einem gestiegenen öffentlichen Interesse an der Verteilung von Steuergeldern erklären (vgl. Weingart 2005: 140f.). Eine Verschiebung in der Wissenschaftsdarstellung durch Journalisten, weg von einem „Wert an sich", hin zu einem reinen „Produktionsmittel" (vgl. Tabelle 1), ist in den hier herangezogenen Artikeln jedoch nicht zu erkennen. Dass Finanzierung heute ein zentraler Drehpunkt für Forschung ist, der Staat sich dabei zunehmend zurückhält und somit Forscher mehr denn je auf

Drittmittel angewiesen sind, wird vielmehr eher kritisch angeführt. Beispiele hierfür sind Sätze wie: „Langsam jedoch scheinen die Verantwortlichen aufzuwachen. So will das Bundesforschungsministerium in den kommenden Jahren mehr als 80 Mio. Euro für die Erforschung ausgeben.".
Die Analyse zeigt, dass im Zeitverlauf wissenschaftliche Themen im SPIEGEL zunehmend mit außerwissenschaftlichen Bewertungsmaßstäben verknüpft werden. Die schon geäußerte Vermutung, dass Journalisten in späteren Jahrgängen nicht mehr nur Informationen aus der *Welt der Wissenschaft* bereitstellen, sondern Folgen, mögliche Konsequenzen und Rahmenbedingungen von Forschung aufzeigen und somit zunehmend eine Kontrollfunktion erfüllen, wird durch die stärkere Kontextsetzung wissenschaftlicher Themen gestützt. Am deutlichsten tritt dies hinsichtlich ökonomischer Aspekte, gefolgt von ethisch-moralischen Bewertungskontexten, hervor. Dabei ist aber kein Wandel zu einer verstärkt utilitaristischen Bewertung, also zu einer Wahrnehmung der Wissenschaft als reine Produktivkraft, zu bemerken.

Was lässt sich aus den bisherigen Ergebnissen schließen? Im Sinne des oben angesprochenen Medialisierungsverständnisses (vgl. Kap. 4.1; vgl. Schäfer 2008: 316f.) kann zunächst von einer zunehmenden Medialisierung medizinischer Forschung über den Untersuchungszeitraum gesprochen werden. Zum einen nimmt der Umfang der medialen Zuwendung zu, zum anderen sind neben wissenschaftsorientierten Bewertungsangeboten mit den Jahren zunehmend andere, wissenschaftsexterne Deutungsschemata zu finden. Bleibt die Frage, ob das Bild, das gezeichnet wird, eher positiv oder negativ ist, ob also eine Problematisierung der Wissenschaft – als drittes Kennzeichen einer Medialisierung (vgl. Schäfer 2008: 316) – zu beobachten ist. Muss sich die Wissenschaft durch eine zunehmend kritische und kontroverse Berichterstattung Sorgen um ihre Legitimation in der Öffentlichkeit machen?

Diese Frage kann durch die vorliegende Analyse nicht eindeutig beantworten werden. Negative Aspekte von wissenschaftlichem Fortschritt, wie beispielsweise Risiken durch unabsehbare Folgen, werden in allen herangezogenen Jahrgängen hauptsächlich zur Praxis der Medikamentenforschung sowie neuronaler und genetischer Forschung angesprochen. Jedoch werden in allen untersuchten Jahrgängen sowohl Nutzen als auch Risiken von Forschung thematisiert, wobei positive Aspekte, der Nutzen neuer Erkenntnisse sowie die Herausstellung der Problemlösungskompetenz der Wissenschaft überwiegen. Selten ist das Bild jedoch einseitig, vielmehr scheinen Journalisten ein Interesse daran zu haben, beide Seiten der Medaille zu erwähnen. Anzumerken ist hier allerdings, dass das Bild durch die thematische Beschränkung auf medizinische Forschung – und deren „naturgegebener" Nutzen für die Bevölkerung – verzerrt sein kann.

5 Zusammenfassung und Ausblick

Ziel der Analyse war es, die öffentliche Wahrnehmung von Wissenschaft zu untersuchen. Dazu mussten zunächst zwei Fragen geklärt werden: Wie lässt sich Wissenschaft charakterisieren und wie kommen Außenstehende mit ihr in Berührung? Die Ergebnisse lassen sich in sieben Punkten festhalten:

1. Die moderne Wissenschaft bildete sich als autonomes Teilsystem mit eigener Systemrationalität heraus. Da Wissenschaftler so abgeschieden von der Gesellschaft nach eigenen Regeln Wissenschaft betreiben können, wird gewährleistet, dass Wissenschaft ihrer Funktion, der Produktion gesicherten Wissens, nachkommen kann. Gleichzeitig ist Wissenschaft aber in eine Umwelt eingebettet, die beispielsweise über die Vergabe von Forschungsgeldern Einfluss auf sie hat. Insofern ist die gesellschaftliche Umwelt, die „Öffentlichkeit", relevant für die Wissenschaft.

2. Was bedeutet „Öffentlichkeit"? In modernen Gesellschaften wird Öffentlichkeit über Medien hergestellt. Diese bildeten sich ebenfalls als autonomes Teilsystem heraus, mit der Aufgabe, andere Funktionssysteme zu beobachten und ihnen die für sie nötigen Informationen zur Verfügung zu stellen. Hier liegt ein kritischer Punkt für die übergeordnete Frage nach dem Verhältnis zwischen Wissenschaft und Gesellschaft: Da Medien nach einer Eigenlogik funktionieren und heute gleichzeitig ein Kommunikationsmonopol haben, beeinflussen sie als Vermittler entscheidend, wie sich unterschiedliche Systeme wahrnehmen. Aufgrund der Geschlossenheit des Wissenschaftssystems kommen Laien selten direkt mit diesem in Berührung. Für die vorliegende Untersuchung ist daher anzunehmen, dass Medien die öffentliche Wahrnehmung der Wissenschaft beeinflussen.

3. Journalisten konstruieren dabei ein Bild von Wissenschaft. Da die (Wissenschafts-) Welt zu komplex ist, finden immer nur Ausschnitte aus dieser den Weg auf die mediale Agenda. Bei der Themenauswahl folgen Journalisten spezifischen Regeln und beeinflussen über die Art der Aufarbeitung dieser die Wahrnehmung von Wissenschaft in der Öffentlichkeit.

Hier setzt der empirische Teil der Arbeit an. Ziel der Analyse der Wissenschaftsberichterstattung im SPIEGEL war zum einen, die Struktur der Berichterstattung
im Zeitverlauf zu beschreiben, zum anderen nachzuzeichnen, welches Bild von
Wissenschaft in der Öffentlichkeit entsteht.

4. Wissenschaft ist – das zeigen die Ergebnisse der Untersuchung – heute
   unter stärkerer medialer Beobachtung als früher. Der Nachrichtenwert
   wissenschaftlicher Ereignisse ist anscheinend gestiegen, die Artikelanzahl nahm deutlich zu.

5. Mit dieser Zunahme geht ein Trend zu kürzeren Artikeln einher, so dass
   das vermittelte Bild im SPIEGEL differenzierter wird. Weiter zeigte die
   Analyse, dass sich die Berichterstattung zu verschiedenen Disziplinen
   deutlich unterscheidet. Wissenschaftsbereiche, die einen unmittelbaren
   Nutzen für Leser hervorbringen, wie beispielsweise „die neue Heil-
   kunst", oder deren Untersuchungsgegenstand nahe am Alltagsleben
   liegt, werden von Journalisten verstärkt beachtet. Die Höhe des Nach-
   richtenwerts wissenschaftlicher Ereignisse scheint von diesen Faktoren,
   „Nähe" und „Nutzen", beeinflusst zu sein. Der Nutzen wissenschaftlicher Forschung wird von Journalisten bei der Berichterstattung deutlich
   häufiger als die damit verbundenen Risiken angesprochen. Eine einsei-
   tige mediale Problematisierung von Wissenschaft ist in den hier untersuchten Artikeln also nicht auszumachen.

6. Dennoch ist eine Pluralisierung der Deutungsschemata, in denen Journalisten Ereignisse aus der Welt der Wissenschaft darstellen, zu beobachten. Damit geht jedoch kein Trend zu einer zunehmend kritischen
   Darstellung einher. So ist beispielsweise keine förderungskritische
   Grundhaltung zu erkennen, wie im Zusammenhang rückgängiger Forschungsförderung und der vermehrten Forderung von Anwendungs-
   orientierung vermutet werden kann (vgl. Imhof et al. 2004: 15). Die
   These einer Medialisierung der Wissenschaft kann insofern für medizinische Forschung nur in Teilen als bestätigt angesehen werden.

7. Die Sorge der Wissenschaft um ihren Ruf in der Öffentlichkeit erscheint
   aus dieser Perspektive unbegründet. Dennoch ist die Situation, dass
   wissenschaftsexterne Akteure eigene Bewertungsmaßstäbe an wissenschaftliche Handlungen anlegen, neu. Diese „Beobachtung"[11] von Wissenschaft durch Journalisten ist aus systemtheoretischer Sicht funktional; eine Reduktion von Wissenschaftsjournalisten auf reine Informationsvermittler würde die Leistung des Mediensystems über dessen Funk-

---

11 Beobachtung meint hier, dass nicht nur quantitativ mehr Informationen aus der Welt des untersuchten Wissenschaftsbereichs an die Öffentlichkeit dringen, sondern dass Journalisten die Themen heute vermehrt mit neuen, außerwissenschaftlichen Deutungsrahmen verknüpfen.

tion stellen (vgl. Kohring 2005: 280f.). Wenn Medien die öffentliche Meinung beeinflussen, verstärkt über Wissenschaft berichten und gleichzeitig dabei nicht als reine Informationsvermittler für Wissenschaftler fungieren, sondern neue Bewertungsmaßstäbe an Forschung herantragen, erscheint es aus wissenschaftlicher Perspektive wichtig, das Verhältnis zwischen Wissenschaft und Öffentlichkeit, die Rolle der Medien dabei und eventuelle Rückwirkungen auf das Wissenschaftssystem zukünftig genauer zu untersuchen.

In der vorliegenden Studie wurde die mediale Konstruktion von Wissenschaft im SPIEGEL untersucht. Die Ergebnisse sind daher immer vor dem Hintergrund dieser Stichprobenziehung zu lesen. Um die Reichweite diesbezüglich genauer zu spezifizieren, müssten weitere Untersuchungen angestellt werden: Da nur ein Medium stellvertretend für die deutsche Presse herangezogen wurde, wäre beispielsweise zu prüfen, ob die hier vorgefundenen Tendenzen auch in der Berichterstattung anderer Medien zu finden sind. Auch erscheint es möglich, dass durch spezifische Ereignisse in einem der untersuchten Jahre die Berichterstattung über wissenschaftliche Themen in bestimmte Bahnen gelenkt wurde und sich in den jeweils angrenzenden Jahren ein anderes Bild zeigen würde. Daneben kann die Beschränkung auf medizinische Themen kritisch sein. Ob die Berichterstattung über andere wissenschaftliche Themen ähnliche Muster wie die zu medizinischen Themen aufweist, müsste daher überprüft werden.

Auch konnten über die Auswirkungen der Berichterstattung auf die tatsächliche Bevölkerungsmeinung lediglich Vermutungen angestellt werden. Somit erscheint es lohnenswert, das Verhältnis von Wissenschaft und Öffentlichkeit aus weiteren Perspektiven genauer zu betrachten: Zunächst wäre zu untersuchen, welche Wirkung Medien auf die Wahrnehmung der Wissenschaft bei Laien und das Verständnis wissenschaftlicher Vorgänge tatsächlich haben. Dazu müssten beispielsweise zum einen Bevölkerungsumfragen herangezogen werden, zum anderen Wahrnehmungsexperimente mit Rezipienten durchgeführt werden, um das Entstehen des Wissenschaftsbildes genauer zu verstehen. Näher zu klären wäre auch, warum welche Themen verstärkt medial thematisiert werden. Durch Befragungen von Wissenschaftlern und Journalisten könnten beispielsweise die hier nur angerissenen Problemstellungen beantwortet werden, an welchen Faktoren sich Journalisten bei der Auswahl der Themen orientieren und inwiefern der Anlass zur Berichterstattung durch Wissenschaftler selbst initiiert wird.

Darüber hinaus erscheint aus wissenschaftssoziologischer Sicht vor allem die Frage nach der Rückwirkung einer Medialisierung auf das Wissenschaftssystem selbst relevant. Das Wissenschaftssystem ist einer evolutionären Entwicklung unterworfen, die durch ihre Umwelt mit beeinflusst wird (vgl. Luhmann 1990b:

627). Welche Auswirkungen hat die verstärkte mediale Zuwendung auf die Verhaltensweisen von Wissenschaftler? Verändern sich die handlungsleitenden Normen, und wenn ja, welche Auswirkungen hat dies auf die Qualität des Wissens? Unter der Annahme einer zunehmenden Demokratisierung im Sinne Weingarts (vgl. Weingart 2005: 140f.) ist besonders interessant, welchen Einfluss die durch Medien geprägte öffentliche Meinung auf die Vergabe von Forschungsgeldern hat. Dazu müsste, neben der gesellschaftlichen Umwelt, vor allem auch die Wirkung der Medien auf die tatsächlichen Entscheidungsträger näher untersucht werden.

Hinter all dem steht eine zentrale Frage: Sind durch eine Medialisierung negative Rückkopplungseffekte auf die Wissenschaft zu befürchten? Ist die Herausbildung eigener PR-Strategien, wie momentan viel zu beobachten, notwendig, um die Öffentlichkeit unmittelbarer zu erreichen? Oder darf sich die Wissenschaft „den Medien" ausliefern und ihnen die Kommunikation mit Laien überlassen? Um dies zu beantworten, muss das Verhältnis zwischen Wissenschaft und Öffentlichkeit zukünftig aus weiteren, unterschiedlichen Blickwinkeln betrachtet werden.

Literatur

Belz, C./Haller, M./Sellheim, A. (1999): Berufsbilder im Journalismus: Von den alten zu den neuen Medien. Konstanz: UVK Medien.

Böschen, S. (2004): Science Assessment: Eine Perspektive der Demokratisierung von Wissenschaft. In: Böschen, S./Wehling, P. (Hrsg.): Wissenschaft zwischen Folgenverantwortung und Nichtwissen. Wiesbaden: Verlag für Sozialwissenschaften. S. 107-182.

Braun, D. (2004): Governance und Integration der Wissenschaft. In: Lange, S./Schimank, U. (Hrsg.): Governance und gesellschaftliche Integration. Wiesbaden: VS Verlag für Sozialwissenschaften. S. 65-87.

Bühl, W. L. (1974): Einführung in die Wissenschaftssoziologie. München: Verlag C.H. Beck.

Carrier, M./Krohn, W./ Weingart, P. (2007): Historische Entwicklungen der Wissensordnung und ihre gegenwärtigen Probleme. In: Weingart, P./Carrier, M./Krohn, W. (Hrsg.): Nachrichten aus der Wissensgesellschaft. Weilerswist: Velbrück Wissenschaft. S. 11-34.

Chill, H./Meyn, H. (1998): Massenmedien. Bonn: Bundeszentrale für Politische Bildung. In: Informationen zur politischen Bildung. Heft 26.

Collins, H.M. (1987): Certainty and the Public Understanding of Science: Science on Television. In: Social Studies of Science. Vol. 17. Nr. 4. S. 689-713.

Dahinden, U. (2004): Steht die Wissenschaft unter Mediatisierungsdruck? Eine Positionsbestimmung zwischen Glashaus und Marktplatz. In: Imhof, K./ Blum, R./ Bonfadelli, H./ Jarren, O. (Hrsg.): Mediengesellschaft. Strukturen, Merkmale, Entwicklungsdynamiken. Wiesbaden: VS Verlag für Sozialwissenschaften, S. 159-175.

Dearing, J. W./Rogers, E. M. (1996): Communication Concepts 6: Agenda-Setting. Thousand Oaks, CA : Sage.

Donges, P./Imhof, K. (2001): Öffentlichkeit im Wandel. In: Jarren, O./Bonfadelli, H. (Hrsg.): Einführung in die Publizistikwissenschaft. Bern u. a.: UTB. S. 101-133.

Eisenegger, M./Imhof, K. (2008): Die Wissensproduktionsstätte Wissenschaft unter Druck - Regularitäten medialisierter Wissenschaftsberichterstattung. In: Raabe, J./Stöber, R./Theis-Berglmair, A. M./Wied, K. (Hrsg.): Medien und Kommunikation in der Wissensgesellschaft. Kostanz: UVK Verlagsgesellschaft mbH. S. 74-86.

Galtung, J./Ruge, M. H. (1965): The Structure of Foreign News. The Presentation of the Congo, Cuba and Cyprus Crisis in Four Norwegian Newspapers. In: Journal of Peace Research 2. S. 64-91.

Gerhards, J./Neidhardt, F. (1990): Strukturen und Funktionen moderner Öffentlichkeit. Berlin: WZB.

Gibbons, M./Limoges, C./ Nowotny, H./ Schwartzman, S./Scott, P./Trow, M. (1994): The new production of knowledge. London, Thousand Oaks: SAGE.

Göpfert, W. (1996): Scheduled science: TV coverage of science, technology, medicine and social science and programming policies in Britain and Germany. In: Public Understanding of Science. Jahrgang 5. Heft 4. S. 361-374.

Imhof, K. (2006): Mediengesellschaft und Medialisisierung. In: Medien & Kommunikationswissenschaft. 54. Jahrgang. Heft 2. S. 191-215.

Imhof, K./Blum, R./ Bonfadelli, H./ Jarren, O. (2004): Einleitung. In: Imhof, K./ Blum, R./Bonfadelli, H./Jarren, O. (Hrsg.): Mediengesellschaft. Strukturen, Merkmale, Entwicklungsdynamiken. Wiesbaden: VS Verlag für Sozialwissenschaften. S. 9-19.

Kamber, E. (2004): Mediengesellschaft - der Gesellschaftsbegriff im Spannungsfeld der Modernetheorie. In: Imhof, K./Blum, R./Bonfadelli, H./Jarren, O. (Hrsg.): Mediengesellschaft. Strukturen, Merkmale, Entwicklungsdynamiken. Wiesbaden: VS Verlag für Sozialwissenschaften. S. 79-99.

Kepplinger, H. M. (1998): Der Nachrichtenwert der Nachrichtenfaktoren. In: Holtz-Bacha, C./Scherer, H./Waldmann, N. (Hrsg.): Wie die Medien die Welt erschaffen und wie die Menschen darin leben. Opladen/Wiesbaden: Westdeutscher Verlag. S. 19-38.

Kärtner, G. (1972): Wissenschaft und Öffentlichkeit. Göppingen: Verlag Alfred Kümmerle.

Kohring, M. (1997): Die Funktion des Wissenschaftsjournalismus: Ein systemtheoretischer Entwurf. Opladen: Westdeutscher Verlag.

Kohring, M. (2005): Wissenschaftsjournalismus. Forschungsüberblick und Theorieentwurf. Konstanz: Universitätsverlag.

Kreibich, R. (1986): Die Wissenschaftsgesellschaft. Von Galilei zur High-Tech-Revolution. Frankfurt a.M.: Suhrkamp.

Krippendorff, K. (2004). Content Analysis. An Introduction to Its Methodology. Thousand Oaks, CA: Sage.

Lange, S./Gläser, J. (2007): Governance der Wissenschaft. In: Schützeichel, R. (Hrsg.): Handbuch Wissenssoziologie und Wissensforschung. Konstanz: UVK Verlagsgesellschaft. S. 773-782.

Luhmann, N. (1990a): Wissenschaft als System. In: Luhmann, N.: Die Wissenschaft der Gesellschaft. Frankfurt a.M.: Suhrkamp. S. 271-362.

Luhmann, N. (1990b): Wissenschaft und Gesellschaft. In: Luhmann, N.: Die Wissenschaft der Gesellschaft. Frankfurt a.M.: Suhrkamp. S. 616-701.

Luhmann, N. (1996): Die Realität der Massenmedien. Opladen: Westdeutscher Verlag.

Malik, M./Scholl, A./Weischenberg, S. (2006): Journalismus in Deutschland. In: Media Perspektive 7. S. 346-361.

Marcinkowski, F. (1993): Publizistik als autopoetisches System. Opladen: Westdeutscher Verlag.

Mayring, P. (2003): Qualitative Inhaltsanalyse. In: Flick, U./Kardoff, E. von/ Steinke, I. (Hrsg.): Qualitative Forschung. Ein Handbuch. Reinbek: Rowohlts Taschenbuchverlag, S.468-475.

Merton, R. K. (1942): Science and Technology in a democratic order. In: Journal of Legal and Political Sociology. Heft 1. S. 115-126.

Milde, J. (2009): Vermitteln und Verstehen. Zur Verständlichkeit von Wissenschaftsfilmen im Fernsehen. Wiesbaden: VS Verlag für Sozialwissenschaften.

Neidhardt, F. (2002): Wissenschaft als öffentliche Angelegenheit. WZB-Vorlesungen 3. Berlin: Wissenschaftszentrum Berlin.

Neuendorf, K. (2002): Content Analysis Guidebook. London, New Dehli: Sage.

Nowotny, H./Scott, P./Gibbons, M. (2002): Re-Thinking science. Cambridge: Polity Press.

Peters, H. P./Heinrichs, H./Jung, A./Kallfass, M./Petersen, I./ Brossard, D./de Cheveigné, S./Dunwoody, S./Miller, S./Tsuchida, S./Cain, A./Paquez, A.-S. (2008): Das Verhältnis von Wissenschaft und Massenmedien und die politische Relevanz öffentlicher Kommunikation über Wissenschaft am Beispiel der Biomedizin; Abschlussbericht des Projekts INWENDIS. Jülich: Forschungszentrum Jülich.

Price, V./Tewksbury, D. (1997): News Values and Public Opinion: A Theoretical Account of Media Priming and Framing. In: Barnet, G.A./Boster, F.J. (Hrsg.): Progress in Communication sciences. Vol. 13. Grennwich, C.T: Ablix. S. 173-212.

Riegel, K.-G. (1974): Öffentliche Legitimation von Wissenschaft. Stuttgart: Kohlhammer.

Ruhrmann, G./Goebbel, R. (2007): Veränderung der Nachrichtenfaktoren und Auswirkungen auf die journalistische Praxis in Deutschland. Online einsehbar unter http://www.netzwerk-recherche.de/docs/ruhrmann-goebbel-veraenderung-der-nachrichtenfaktoren.pdf , abgerufen am 28.06.2009.

Schäfer, M. S. (2007): Wissenschaft in den Medien. Wiesbaden: Verlag für Sozialwissenschaften.

Schäfer, M. S. (2008): Medialisierung der Naturwissenschaft in den Massenmedien? Eine themenvergleichende Analyse. In: Raabe, J./Stöber, R./Theis-Berglmair, A. M./Wied, K. (Hrsg.): Medien und Kommunikation in der Wissensgesellschaft. Kostanz: UVK Verlagsgesellschaft. S. 315-325.

Schanne, M./Kiener, U. (2004): Wissenschaft und Öffentlichkeit: multiple Grenzziehungen. In: Imhof, K./Blum, R./Bonfadelli, H./Jarren, O. (Hrsg.): Mediengesellschaft. Strukturen, Merkmale, Entwicklungsdynamiken. Wiesbaden: VS Verlag für Sozialwissenschaften. S. 195-207.

Scheufele, D. A./Tewsbury, D. (2007): Framing, Agenda Setting, and Priming: The Evolution of Three Media Effects Models. In: Journal of Communication. Nr. 57. S. 9-20.

Schmitt-Beck, R. (1998): Wähler unter Einfluss. Massenkommunikation, interpersonale Kommunikation und Parteipräferenz. In: Sarcinelli, U. (Hrsg.): Politikvermittlung und Demokratie in der Mediengesellschaft. Beiträge zur politischen Kommunikationskultur. Wiesbaden: Westdeutscher Verlag. S. 297-325.

Schulze, G. (2006): Offene Verfahren als Wissenschaft. Reihe: Bamberger Beiträge zur empirischen Sozialforschung. Hauptseminar: Daten und Theorie II. paper 10.

Schulz, W. (1976): Die Konstruktion von Realität in den Nachrichtenmedien. Freiburg, München: Alber.

Spinner, H. (1985): Das wissenschaftliche Ethos. Tübingen: Mohr.

Stehr, N. (2001): Wissen und Wirtschaften. Frankfurt a.M.: Suhrkamp.

Weber, M. (1973): Vom inneren Beruf zur Wissenschaft. In: Winckelmann, J. (Hrsg.): Soziologie. Universalgeschichtliche Analysen. Politik. Stuttgart: Alfred Kröner. S. 311-339.

Weingart, P. (2001): Die Stunde der Wahrheit. Weilerswist: Velbrück Wissenschaft.

Weingart, P. (2003): Wissenschaftssoziologie. Bielefeld: transcript.

Weingart, P. (2004): Welche Öffentlichkeit hat die Wissenschaft? In: Zetzsche, I. (Hrsg.): Wissenschaftskommunikation. Streifzüge durch ein ‚neues' Feld. Bonn: Lemmens Verlags- und Mediengesellschaft. S. 15-21.

Weingart, P. (2005): Die Wissenschaft der Öffentlichkeit. Weilerswist: Velbrück Wissenschaft.

Wilke, J. (1999): Leitmedien und Zielgruppenorgane. In: Willke, J. (Hrsg.): Mediengeschichte der Bundesrepublik Deutschland. Köln: Böhlau. S. 302-329.

Wingens, M. (1998): Wissensgesellschaft und Industrialisierung der Wissenschaft. Wiesbaden: Deutscher Universitäts-Verlag.

„Das Bild ist stärker als das Wort" - Selektions- und Darstellungskriterien von TV-Wissenschaftsjournalisten beim Thema „Molekulare Medizin"

Jutta Milde und Sascha Hölig

1 Die Rolle von TV-Wissenschaftsjournalisten in der Wissenschaftskommunikation

Seit rund einem Vierteljahrhundert rücken Wissenschaftsjournalisten mehr und mehr in den Fokus kommunikationswissenschaftlicher Untersuchungen. Die Gründe dafür stützen sich üblicherweise auf drei Argumente, die die gesellschaftliche Relevanz der Wissenschaftsberichterstattung in den Massenmedien hervorheben. Zum einen wird angenommen, dass wissenschaftliches Wissen einen praktischen Nutzen für das Publikum haben kann. So können Informationen über neue medizinische Behandlungsverfahren oder technische Entwicklungen einen hohen *Gebrauchswert* im Alltag der Rezipienten einnehmen und mitunter handlungsweisend werden. Des Weiteren wird angeführt, dass Wissenschaft *Teil unserer Kultur* sei und jeder Bürger das Recht habe, von wissenschaftlichen Entwicklungen und neusten Erkenntnissen zu erfahren. Das dritte Argument bezieht sich auf den *Demokratiegedanken.* Hier wird angenommen, dass Wissenschaftsberichterstattung hilfreich dabei ist, über strittige Themen wie z. B. Gentechnik zu informieren und es dadurch dem Rezipienten möglich wird, an politischen Entscheidungsprozessen partizipieren zu können (vgl. Göpfert 2002).[1] Damit wird den Wissenschaftsjournalisten eine zentrale Stellung in der Wissenschaftskommunikation zugewiesen. Das bleibt nicht immer konfliktfrei. Insbesondere Wissenschaftler kritisieren, dass oftmals faktisch falsch, ungenau oder verzerrt über ihre Forschung berichtet wird. Dieser Konflikt lässt sich auf zum Teil gegensätzliche Erwartungen von Wissenschaftlern und Journalisten zurückführen. Häufig fordern Wissenschaftler eine ihre Forschung unterstützende Berichterstattung, während Journalisten autonomen Zielen und medienimmanenten Gesetzen der Themenselektion und -darbietung folgen (vgl. Peters/Jung 2006).

---

1 Vgl. kritisch zum Kultur- und Demokratieargument Kohring 1998; 2005.

Mittlerweile gibt es zahlreiche empirische Studien, die sich mit dem Berufsfeld der Wissenschaftsjournalisten befassen (vgl. z. B. Hömberg 1989; Göpfert/Schanne 1998; Blöbaum et al. 2004; Lublinski 2004; Meier/Feldmeier 2005). Die Studien belegen, dass neben gesellschaftlichen auch redaktionelle und individuelle Faktoren Einfluss auf die Selektions- und Darstellungsweisen wissenschaftlicher Themen nehmen können.[2] Damit werden sie auch für das Thema Molekulare Medizin relevant[3].

Molekulare Medizin gilt als eine der Schlüsseltechnologien unserer Zeit und befasst sich mit grundlegenden Fragen des menschlichen Lebens. In den Medien wird das Thema häufig in einen wissenschaftlichen und medizinischen Kontext gestellt, oft wird aber auch über politische, rechtliche und ethische Kontroversen berichtet, die das Thema mitunter dominieren (vgl. Gerhards/Schäfers 2006; Schäfers 2007;Voss 2010). Während die Darstellung in den Printmedien mittlerweile umfassend untersucht wurde (vgl. u. a. Ruhrmann 1992; Görke et al. 2000; Bauer et al. 2001; Hampel et al. 2001; Bauer 2005; Gerhards/Schäfer 2006; Listermann 2010), liegen für die TV-Berichterstattung vergleichsweise wenige Studien vor (vgl. Leonarz 2006; Milde/Ruhrmann 2006). So zeigt sich beim Fernsehen (ähnlich wie in der Presseberichterstattung), dass die rote Gentechnik[4] bzw. Molekulare Medizin ambivalent dargestellt werden. Einerseits werden positive Aspekte betont, andererseits Forderungen nach Regulierungen thematisiert. Zudem wird die TV-Berichterstattung von einem ethisch-moralischen Diskurs begleitet.[5] Die Bebilderung der Themen erfolgt vor allem über klassische Interviewsituationen mit Wissenschaftlern oder anhand von Laborbildern. Das verwendete Bildmaterial ist dabei oftmals wenig exklusiv, da gleiche Bilder häufig für unterschiedliche Themen verwendet werden. Darüber hinaus werden Montagebilder eingesetzt, die den Fernsehbericht positiv oder negativ konnotieren (vgl. Leonarz 2006). Somit ermöglicht insbesondere das Fernsehen vielfältige Darstellungsweisen, so dass Wissenschaftsjournalisten vor die besondere Herausforderung gestellt sind, Informationen mit Sprache, Ton und Bildern zu einer einheitlichen Aussage zu verbinden (vgl. Plangger 2006).

---

2 Vgl. zu den Einflussfaktoren im Journalismus Weischenberg 1994; 1998 sowie Esser 1998.
3 Die Molekulare Medizin führt Erkenntnisse aus der Biochemie, Zellbiologie, Molekularbiologie und Genomforschung mit denen aus der Medizin und Pharmakologie zusammen und entwickelt molekulare Therapien (BMBF 2001).
4 Unter Gentechnik versteht man Methoden zur Isolierung, Charakterisierung, Konservierung, Synthese sowie Veränderung genetischen Materials und seiner Übertragung auf andere Organismen. Die Gentechnik ist insbesondere in der Grundlagenforschung (Genetik, Entwicklungsbiologie, Biomedizin) und für industrielle Anwendungen (Pharmazie, Landwirtschaft, Lebensmittelindustrie, Umwelttechnik) relevant. Als „rote Gentechnik" werden Methoden und Produkte bezeichnet, die für *humanmedizinische* Zwecke eingesetzt werden (Statistisches Bundesamt 2006).
5 Vgl. dazu auch Ruhrmann/ Milde 2010 sowie Zillich 2010 in diesem Band.

Wie dabei vorgegangen wird und welche Aspekte für das Thema Molekulare Medizin relevant sind, soll in der vorliegenden Studie untersucht werden.

2 Frühere Forschung

Studien, die sich mit Selektions- und Darstellungskriterien von Wissenschaftsjournalisten befassen, untersuchen vor allem das redaktionelle Profil, das journalistische Selbstverständnis sowie Themenfindungsprozesse. Im Folgenden werden die zentralen Befunde dazu vorgestellt.

Strukturelles und berufliches Profil von TV-Wissensschaftsredaktionen

Bezeichnete Hömberg das Wissenschaftsressort in den Massenmedien noch als Marginalressort (1987: 297), zeigen neuere Studien, dass sich die Anzahl der beim Fernsehen beschäftigten Journalisten über den Zeitraum von 1993 bis 2005 fast verdoppelt hat (vgl. Weischenberg et al. 2006: 42f). Allerdings rangiert der Anteil der Wissenschafts- und Umweltjournalisten im Vergleich zu anderen Ressorts auf den unteren Rängen, so dass auch heute noch von einem Randressort gesprochen werden kann. Laut Göpfert gibt es in Deutschland rund 2000 hauptberufliche Wissenschaftsjournalisten, was einen Anteil von drei Prozent aller in dem Metier Tätigen ausmacht (vgl. Göpfert 2004: 208). Als Wissenschaftsjournalist können diejenigen bezeichnet werden, die „Themen aus der Wissenschaft journalistisch aufbereiten und an ein fachlich nicht vorgebildetes Publikum richten" (ebd.).

Die genaue Berufsbezeichnung von Wissenschaftsjournalisten regelt sich über deren Vertragsverhältnisse mit den Fernsehsendern. So kennzeichnen sich Wissenschafts*redakteure* durch eine Festanstellung (vgl. Göpfert 2004). Während in öffentlich-rechtlichen Fernsehanstalten vermehrt freie Mitarbeiter beschäftigt werden, arbeiten bspw. in der ProSieben-Redaktion von Galileo rund 30 Festangestellte (vgl. Meier 2006). Eine der größten Wissenschaftsredaktionen der ARD-Sendergruppe ist die des Westdeutschen Rundfunks (WDR) mit zehn Festangestellten, die kleinste bildet mit nur einem Fernsehredakteur die Redaktion des Hessischen Rundfunks (HR). Beim ZDF werden wissenschaftliche Themen von insgesamt drei Redaktionen bearbeitet, die jeweils unterschiedliche Wissenschaftsformate ihres Fernsehprogramms beliefern (vgl. Meier 2006: 51f). Der wesentliche Unterschied zu den Arbeitsabläufen in den Printmedien ist also, dass man beim Fernsehen in einem Team zusammen arbeitet, das sich aus festen Wissenschaftsredakteuren und freien Autoren zusammensetzt (vgl. Götz-Sobel 2006).

Die Redaktionen sind jeweils für mindestens eine Wissenschaftssendung verantwortlich. In der Regel sind dies Wissenschaftsmagazine, da mittlerweile jedes
Vollprogramm des deutschen Fernsehens ein solches Format im Programm hat.
Der Sende-Rhythmus des jeweiligen Magazins ist allerdings ganz unterschiedlich und reicht von „täglich" bis „einmal pro Monat" und wird entweder ganzjäh-
rig oder staffelweise gesendet (vgl. dazu Milde/Ruhrmann 2006; Milde 2009;
Lehmkuhl 2010). Zunehmend wird aber auch ressort- und spartenübergreifend
produziert. Vor allem bei aktuellen Ereignissen liefern Wissenschaftsredakteure
anderen Redaktionen wissenschaftsjournalistisches Hintergrundmaterial (vgl.
Sucher 2004; Göpfert 2004; Meier/Feldmeier 2005).
Wissenschaftsjournalisten verfügen häufig über hohe Bildungsabschlüsse. Nach
einer Studie von Blöbaum et al. (2004) weist die Studienfachausrichtung eine
stark geisteswissenschaftliche Orientierung auf. Dies widerspricht allerdings
älteren Studien. So kommen Hömberg (1989) und auch Göpfert und Schanne
(1998) zu dem Ergebnis, dass die von ihnen befragten Journalisten vor allem
Naturwissenschaften, Mathematik und Medizin studiert haben. Die Studie von
Schenk und Šonje (1998) bestätigt die naturwissenschaftliche Fächerausrichtung
insbesondere für Journalisten, die über Gentechnik berichten. Die unterschiedlichen Ergebnisse lassen sich damit begründen, dass Blöbaum et al. in ihrer Befragung sowohl Haupt- als auch Nebenfächer erfasst haben, was die Rangfolge
beeinflusst. Insgesamt ist also davon auszugehen, dass die Mehrheit der Wissenschaftsjournalisten eine ausgeprägte Nähe zur „Welt der (Natur-) Wissenschaft"
hat (vgl. Göpfert 2004).
Die journalistische Grundausbildung erhalten die Wissenschaftsredakteure zusätzlich zur Journalistenschule über Volontariate, Praktika oder über ein Trainee-
Jahr. Zu Beginn ihrer Journalistenlaufbahn arbeiten viele zunächst als freie Mitarbeiter und werden später als fester Mitarbeiter in einer Redaktion übernommen (vgl. Göpfert/Schanne 1998; Blöbaum 2004).
Insgesamt zeigt sich, dass beim Fernsehen beschäftigte Wissenschaftsredakteure
innerhalb eines Teams arbeiten. Es sind also immer mehrere Mitarbeiter an der
Produktion einzelner Beiträge oder ganzer Sendungen beteiligt. Häufig verfügen
sie über hohe Bildungsabschlüsse. In der Regel handelt es sich dabei um naturwissenschaftliche Universitätsabschlüsse. Inwieweit solche redaktionellen Gege-
benheiten Einfluss auf die Darstellung der Molekularen Medizin nehmen, wird in
der vorliegenden Studie untersucht.

Journalistisches Selbstverständnis und Einstellungen zur Gentechnik

Generell scheint bei Wissenschaftsjournalisten das Rollenverständnis eines neutralen Informationsvermittlers zu dominieren. Das zentrale Anliegen dabei ist,

Sachverhalte zu erklären und über den Stand wissenschaftlicher Entwicklungen zu informieren. Allerdings scheint sich das Selbstverständnis der Wissenschafts-journalisten langsam zu verändern. Während für Journalisten, die in einer Studie von Schenk/Šonje (1998) explizit zu Ihrem Verständnis von Gentechnikbericht-erstattung befragt wurden, die Orientierungs- und Kritikfunktion der Berichters-tattung von nur mittlerer Bedeutung ist[6], zeigt sich in neueren Studien ein ande-res Selbstverständnis. So geben in der Studie von Meier/Feldmeier 94 Prozent der befragten Wissenschaftsjournalisten an, „aktuelle politische, ethische oder wirtschaftliche Debatten zu wissenschaftlichen Themen in ihre Beiträge einzube-ziehen" (2005: 19). Weitere 89 Prozent sehen sich in der Pflicht, wissenschaftli-che Institutionen und Projekte kritisch zu analysieren und zu bewerten (ebd.)[7]. Anscheinend rückt die Wahrnehmung der Orientierungs- und Kritikfunktion zunehmend ins Bewusstsein der Wissenschaftsjournalisten.

Darüber hinaus scheint es Wissenschaftsjournalisten wichtig zu sein, ihr Publi-kum zu unterhalten. Ziel ist es, auch auf emotionaler Ebene anzusprechen. Dies lehnt allerdings die Mehrheit der Journalisten in der Studie von Schenk und Šonje ab (vgl. Schenk/Šonje 1998: 96). Dabei geht es insbesondere Fernsehre-dakteuren darum, Wissen über alltägliche Dinge und Begebenheiten zu vermit-teln und somit einen Bezug zur Alltagswelt des Zuschauers herzustellen (vgl. Blöbaum et al. 2004). Zudem gaben hier die meisten der befragten Wissen-schaftsjournalisten an, sich mit ihrer Berichterstattung vor allem an ein Laien-publikum ohne besondere Vorkenntnisse zu wenden.[8]

Die Einstellungen von Wissenschaftsjournalisten zur Gentechnik scheinen eher positiv zu sein (vgl. Kepplinger et al. 1991; Schenk/Šonje 1998). Dabei unter-scheiden sich die Beurteilungen jedoch nach dem jeweiligen Anwendungsgebiet. Gentechnische Anwendungen aus dem Human- und Mikrobenbereich werden vorwiegend positiv bewertet, Anwendungen der grünen Gentechnik und bei Nutztieren stoßen hingegen eher auf Ablehnung. Nur eine Minderheit der Jour-nalisten betrachtet sich als Gegner der Gentechnik, die meisten befürworten diesen Forschungsbereich (vgl. Schenk 1999). Auffallend ist, dass die Einstel-lungen der Gentechnik-Journalisten kaum im Zusammenhang mit deren Interesse für das Thema, deren Wissensstand oder der Ressortzugehörigkeit zu stehen

---

6 In der Studie wurden 119 Journalisten aus den Bereichen Fernsehen, Hörfunk und Print zu ihren persönlichen Einstellungen und Recherche- und Informationsverhalten über Gentechnik befragt (vgl. Schenk/Šonje 1998; Schenk 1999).

7 In der Studie wurden 35 Wissenschaftsjournalisten befragt, die bei populären Wissenschaftszeit-schriften, Tageszeitungen, Publikumszeitschriften, Wochenzeitungen, ARD-Hörfunk-Anstalten sowie bei öffentlich-rechtlichen und privaten Fernsehsendern arbeiten (vgl. Meier/Feldmeier 2005: 12).

8 In der Studie wurden 21 Journalisten befragt, die in ihren Medien über Wissenschaft, Life Science und Medizin berichten. Die Journalisten stammen aus Presse-, Hörfunk- und Fernsehredaktionen.

scheinen. Schenk führt dazu zwei mögliche Erklärungen an. Er vermutet, dass individuelle Wertentscheidungen zum einen durch die persönliche Biographie beeinflusst werden, zum anderen durch das berufliche Umfeld in Form von Kontakten zu universitären Naturwissenschaftlern (vgl. Schenk 1999). So zeigt sich auch in der Studie von Kepplinger et al. (1991), dass Wissenschaftsjournalisten, die *kein* naturwissenschaftliches Studium absolviert haben, der Gentechnik ein erhöhtes Gefahrenpotenzial zuschreiben.

Themenfindung und thematischer Stellenwert des Themas „Gentechnik"

Blöbaum et al. (2003; 2004) zeigen, dass die Themenideen der Wissenschaftsjournalisten aus einer Vielzahl von Quellen bezogen werden. So umfasst die Bandbreite möglicher Quellen vor allem eigene Ideen oder Ideen aus dem redaktionellen Umfeld. Meldungen über Fachveröffentlichungen, Kongresse oder Tagungen von Nachrichtenagenturen, aus dem Internet oder den Printmedien sind ebenso relevant wie persönliche Gespräche mit Wissenschaftlern, Informationsdienste oder Pressemitteilungen (vgl. auch Stamm 1995: 17; Göpfert 2006b). Für die Gentechnikberichterstattung werden das Expertengespräch, gefolgt von Fachliteratur oder Fachzeitschriften als wichtigste Quelle genannt. Besonders bedeutend sind hier internationale Fachzeitschriften wie „Science" oder „Nature". Geringe Bedeutung haben dagegen Anregungen durch das Publikum und Gespräche mit Kollegen. Insgesamt zeigt sich also eine hohe Wertschätzung von fachspezifischen Quellen (vgl. Kepplinger et al. 1991; Schenk/Šonje 1998).

Im Rahmen der Gentechnikberichterstattung steht vor allem die Humangenetik im Mittelpunkt des journalistischen Interesses (vgl. Schenk 1999). Überdurchschnittlich viele der Journalisten beziehen sich dabei speziell auf medizinische Aspekte (vgl. Schenk/Šonje 1998). So zeigen auch Meier/Feldmeier (2005), dass insbesondere Berichte über Biotechnologie und Medizin/Gesundheit an Bedeutung gewinnen. Und auch die Studie von Blöbaum et al. (2003) belegt, dass nach Einschätzung der Wissenschaftsjournalisten *Gentechnik* und *Klonen* unter den Life-Science-Themen dominieren. Es lässt sich also annehmen, dass die Molekulare Medizin als ein relevantes Thema wahrgenommen wird.

Folgendes lässt sich damit festhalten:

1. Wissenschaftsjournalisten bevorzugen noch eine faktenorientierte, informierende Berichterstattung. Ziel ist es, wissenschaftliche Kenntnisse zu vermitteln und dem Zuschauer damit in bestimmten Bereichen Orientierung zu geben. Dabei werden unterhaltende Elemente und der Bezug zur Alltagswelt zunehmend relevanter. Einige Studien deuten darauf hin, dass zunehmend eine kritische Position in den Vordergrund tritt.

2. Die Einstellungen der Wissenschaftsjournalisten zum humanmedizinischen Bereich der Gentechnik scheinen vorwiegend positiv zu sein. Dies lässt sich auf das berufliche und redaktionelle Umfeld sowie die persönliche Biographie der Wissenschaftsjournalisten zurückführen und äußert sich insbesondere darin, dass die Humangenetik und deren medizinische Anwendungen im Mittelpunkt des Interesses stehen. Dabei zeigt sich, dass Wissenschaftsjournalisten, die vor allem über Gentechnik berichten, sich vom durchschnittlichen Wissenschaftsjournalisten unterscheiden. Bei ihnen wird verstärkt die Nähe zur *scientific community* festgestellt, was sich sowohl in der Themenfindung als auch in den Recherchemethoden niederschlägt.

Auf der Grundlage der zuvor beschriebenen Befunde lassen sich nun Forschungsfragen ableiten, die für das Untersuchungsziel der vorliegenden Studie relevant sind. Es wird danach gefragt, welche strukturellen und thematischen Kriterien Einfluss auf die Darstellung der Molekularen Medizin im Fernsehen nehmen. Dazu sollen medienimmanente Faktoren herausgearbeitet werden, die insbesondere für das Fernsehen von Bedeutung sind.

3   Forschungsfragen und Methode

Insgesamt werden sieben Forschungsfragen formuliert, die sich sowohl auf die redaktionelle Struktur und das journalistische Selbstverständnis als auch auf formale und inhaltliche Aspekte der Berichterstattung über Molekulare Medizin beziehen. Folgende Fragen sollen mit der Untersuchung beantwortet werden:

1. Welche beruflichen *Voraussetzungen* bringen die Redakteure mit?
2. Wie setzt sich die *redaktionelle Infrastruktur* zusammen?
3. Welches *Rollenverständnis* haben Wissenschaftsredakteure?
4. Wie werden die *Themen* ausgewählt?
5. Welchen *Stellenwert* schreiben die Redakteure dem Thema Molekulare Medizin bei der Gestaltung einzelner Sendungen zu?
6. Wie setzen die Redakteure das Thema *inhaltlich* und *stilistisch* um?
7. Wie hat sich die Berichterstattung über Molekulare Medizin nach Einschätzung der Redakteure in den letzten zehn Jahren *verändert* und wie wird sie sich *zukünftig verändern*?

Stichprobe

Im Sommer 2003 wurden leitfadengestützte Experteninterviews mit insgesamt zwölf TV-Wissenschaftsredakteuren durchgeführt, wovon zwei Redakteure weiblich waren.[9] Bei den Befragten handelt es sich jeweils um die Redaktionsleiter eines Wissenschaftsmagazins, wobei die Redakteure der öffentlich-rechtlichen Sendungen mehrere Wissenschaftsmagazine gleichzeitig verantworten.[10] Alle befragten Redakteure verfügen über eine mindestens zehnjährige Berufserfahrung im wissenschaftsjournalistischen Sektor. In Tabelle 1 sind die Wissenschaftsmagazine aufgeführt, für die die Redakteure verantwortlich sind.[11] Es zeigt sich, dass die Befragung viele der im Jahr 2003 ausgestrahlten Wissenschaftsmagazine berücksichtigt. Aufgrund der Weiterentwicklungen des Formats in den letzten Jahren stimmen sie allerdings zum Teil nicht mehr mit dem heutigen Angebot überein.

Tabelle 1: Redaktionelle Zugehörigkeit der Befragungsteilnehmer

Fernsehsender	Wissenschaftsmagazin
ARD/ Das Erste	W wie Wissen/ Globus
ZDF	Abenteuer Wissen
ZDF	Abenteuer Forschung
RTL	Future Trend (Magazin)
Kabel 1	Abenteuer Leben
3sat	nano
Arte	Archimedes
NDR	Prisma (Magazin)
MDR	LexiTV
WDR	Quarks & Co.
SWR	Sonde/ Wieso Weshalb Warum?
HR	Abenteuer Erde

---

9   Vgl. zur Erhebungsmethode *qualitatives Interview*, insbesondere zum *Leitfadeninterview*, Lamnek 2005; zur Erhebungsmethode *Experteninterviews* Hoffmann 2005.

10 Der Grund dafür liegt in der Struktur des öffentlich-rechtlichen Rundfunks. Da das Magazin ,nano' eine Gemeinschaftsproduktion ist, an der sich auch die Redaktionen der Dritten Programme beteiligen, zirkuliert die Leitungsposition. Daher kann ein Redakteur für mehrere Magazine bzw. verschiedene Redakteure für dasselbe Magazin verantwortlich sein.

11 Die Redaktionsleiter der Wissenschaftsredaktionen von SAT.1 und ProSieben konnten aus zeitlichen Gründen nicht an der Befragung teilnehmen.

Erhebungsinstrument, Durchführung und Analysemethode

Für die Untersuchung der Forschungsfragen wurden halbstrukturierte Leitfadeninterviews durchgeführt, um die zentralen Dimensionen der Forschungsfragen
erfassen zu können (vgl. Gläser/Laudel 2009). Die Reihenfolge der Fragen konnte bei Bedarf dem Gesprächsverlauf angepasst werden, um eine möglichst natürliche Gesprächssituation zu schaffen. Die Interviews wurden mit Einverständnis
der Redakteure auf Tonband aufgezeichnet.

Der Interviewleitfaden setzt sich aus fünf Fragekomplexen zusammen (vgl. im
folgenden Tab. 2): Zunächst wurde nach dem *beruflichen Hintergrund* des Re-
dakteurs gefragt (Teil A). In Teil B wurden magazinspezifische Fragen zum
Selbstverständnis, zu *redaktionellen Abläufen, Zielsetzungen* und zur *thematischen Struktur* geklärt. Teil C bezieht sich auf das Thema Molekulare Medizin
und erläutert Fragen zum *Stellenwert des Themas, Selektionsmechanismen, Darstellungsformen* und *Publikumserwartungen*. Im vierten Teil D wurden die Redakteure gebeten, eine Einschätzung der *gesellschaftlichen Relevanz*, wahrgenommenen *Veränderungen in der Berichterstattung* sowie mögliche *Einflüsse
auf das Fernsehpublikum* zu formulieren. Teil E schließt die Befragung ab. Die
Dauer des Interviews war auf 65 Minuten angelegt. In Tabelle 1 ist die geplante
Dauer der einzelnen Fragekomplexe dargestellt. In der Durchführung dauerten
die Interviews zwischen 60 und 90 Minuten.

Tabelle 2: Leitfadenstruktur mit Zeitansätzen

Frage-komplex	Ziel der Fragestellung	Dauer (Min.)
A	Beruflicher Hintergrund des Redakteurs	5
B	Journalistisches Selbstverständnis, Ablauf und Planung des TV-Magazins, Themenstruktur, Zielsetzung und Ausrichtung	10
C	Molekulare Medizin im Wissenschaftsmagazin: Thematischer Stellenwert, Selektionsmechanismen, Darstellungsformen, Publikumserwartungen	30
D	Einschätzungen zur Berichterstattung über Molekulare Medizin: Gesellschaftliche Relevanz, Veränderungen der Bericht-erstattung, Einflüsse auf das Publikum	15
E	Klärung von noch offenen Aspekten, Verabschiedung	5

Nach einer intensiven Schulung über Ziele und Durchführung des Forschungsprojekts wurde das Marktforschungsinstitut TNS Emnid mit der Kontaktaufnah-
me, Rekrutierung, Durchführung und Transkription der Leitfadeninterviews
betraut. Die Redakteure wurden im Rahmen einer bewussten Auswahl auf den
jeweiligen Onlineseiten der Wissenschaftsmagazine ermittelt. Die Befragung
führten zwei geschulte Interviewer im Zeitraum von Juli bis September 2003
face-to-face im redaktionellen Umfeld der Wissenschaftsredakteure durch. Die
Transkription der Interviews erfolgte wörtlich, ohne Füllwörter oder nonverbale
Auffälligkeiten zu berücksichtigen, da die Untersuchung auf die inhaltlich-
thematischen Informationen fokussiert.

Die Auswertung der Transkripte erfolgte mittels qualitativer Inhaltsanalyse, die
eine systematisch orientierte Textanalyse und Textinterpretation ermöglicht.
Dabei wurde teils deduktiv, teils induktiv vorgegangen. Einerseits wurden Kategorien entwickelt, die sich thematisch auf die inhaltlichen Schwerpunkte der
Forschungsfragen beziehen, andererseits wurden anhand eines regelgeleiteten
und prozesshaften Vorgehens weitere Kategorien neu gebildet (vgl. Mayring
2008). Der Vorteil des zusätzlichen induktiven Vorgehens war, dass angesprochene Themen, die der Leitfaden nicht enthielt, ebenfalls berücksichtigt und
ausgewertet werden konnten. Die ermittelten Ergebnisse werden im folgenden
Kapitel 4 vorgestellt.

4 Ergebnisse

Die Darstellung der Ergebnisse erfolgt nach der Struktur des Interviewleitfadens.
Daher werden im Kapitel 4.1 zunächst organisatorische und personelle Strukturen der TV-Wissenschaftsredaktionen erläutert, Kapitel 4.2 widmet sich anschließend den Befunden zum Thema Molekulare Medizin.

4.1 Organisatorische und personelle Strukturen in TV-Wissenschafts-
redaktionen

Die folgenden Abschnitte stellen die Ergebnisse zum *beruflichen Profil* der Redakteure, zur *redaktionellen Infrastruktur* sowie das *journalistische Selbstverständnis*, *Publikumsvorstellungen* und das *Rechercheverhalten* der Redakteure
vor.

Berufliches Profil und redaktionelle Infrastruktur

Zunächst wurden die Redakteure nach ihren formalen Ausbildungswegen befragt. Mit einer Ausnahme absolvierten alle Redakteure ein Hochschulstudium, wobei naturwissenschaftliche Fächer im Vergleich zu Geistes- und Sozialwissenschaften knapp überwiegen. Zwei der Befragten absolvierten ein journalistisches Studium. Die Wege in den Wissenschaftsjournalismus gestalteten sich sehr unterschiedlich. Viele begannen ihre journalistische Laufbahn in den Printmedien oder kamen über den Hörfunk zum Fernsehen. Häufig arbeitete man anfangs in anderen Ressorts. Die meisten sind eher *„...so reingewachsen...* "[12]. Viele produzierten zu Beginn ihrer Tätigkeit beim Fernsehen zunächst Berichte über verschiedene Themen, um sich dann später auf die Wissenschaftsberichterstattung zu spezialisieren. Zu ihrer Leitungsposition kamen die meisten *„...wie die Jungfrau zum Kind..."* oder waren einfach nur *„...zur richtigen Zeit am richtigen Ort..."*.

In den für die Wissenschaftsmagazine verantwortlichen Redaktionen arbeiten durchschnittlich zwei bis vier Festangestellte. Den Redakteuren der öffentlich-rechtlichen Wissenschaftsredaktionen steht eine große Zahl an freien Autoren zur Seite, die privaten Sender arbeiten (mit Ausnahme von Future Trend/RTL) ausschließlich mit Festangestellten. Die Gründe liegen in firmeninternen Strukturen und Regelungen. Man möchte dem vorbeugen, dass sich *„...Freie [...] irgendwie einklappen könnten"* – es soll also verhindert werden, dass sich freie Autoren einklagen können. Einige Redaktionen geben Aufträge an externe Produktionsfirmen ab. Dies geschieht insbesondere in den Fällen, in denen es sich um Themen aus dem Ausland handelt und die Redaktion über kein weltweites Netz von Journalisten verfügt.

> *„Und Teams in Deutschland, also freie Kamerateams ins Ausland zu schicken, ist nicht finanzierbar für uns und deswegen ergibt sich die Notwendigkeit mit Produktionsfirmen, die ohnehin im Ausland drehen und für uns dann mitproduzieren, zusammenzuarbeiten."*

Insbesondere bei den ARD-Anstalten ist es üblich, mit Journalisten aus anderen Redaktionen zusammenzuarbeiten. Man nutzt die Organisationsstruktur für Synergie-Effekte, indem Beiträge untereinander ausgetauscht werden. Darüber hinaus sind einige der Sendungen von vornherein als Gemeinschaftsproduktion konzipiert (z.B. „nano", „W wie Wissen", „Globus").

---

12 Die aus den Leitfadengesprächen wörtlich übernommenen Zitate werden kursiv in Anführungszeichen dargestellt. Um die Anonymität der befragten Redakteure zu wahren, werden Angaben, die Rückschlüsse auf die Herkunft der Aussagen zulassen, so weit wie möglich vermieden.

> *"...das ist ja in der ARD üblich, sicher auch sinnvoll, dass wir Beiträge austauschen. D.h. was wir [...] produzieren, sendet der NDR in seiner Sendung Prisma irgendwann auch mal oder nano in 3sat."*

Generell bedauern die Redakteure, dass sie finanziell sehr eingeschränkt sind. Themen, Drehorte und die gesamte Produktion müssen streng nach finanziellen Gesichtspunkten abgewogen werden. Der Grundtenor der meisten Aussagen ist, dass leider nicht alles möglich ist, was man sich vorstellen kann.

Der Zeitraum von der Themenidee über die Produktion bis zur tatsächlichen Ausstrahlung beträgt ca. zwei bis drei Monate. Eine Ausnahme bildet „nano". „Nano" verfügt als einziges Magazin über einen Newsblock, in dem tagesaktuelle Meldungen aus der Wissenschaft präsentiert werden. Die Sendung wird mittags aufgezeichnet und am Abend ausgestrahlt. Im Normalfall werden die Themen jedoch langfristig geplant, wobei im Ausnahmefall ein Beitrag auch mal kurzfristig aus aktuellem Anlass produziert werden kann. Der Planungszeitraum unterliegt der Produktion der Fernsehzeitschriften. Diese fordern ca. sieben bis acht Wochen *vor* Sendetermin eine Beschreibung der Themen und die Bereitstellung von Bildmaterial. Dies ist deswegen wichtig, weil „*...die Sendungen auch sehr stark nach dem Thema eingeschaltet werden*".

Die Entscheidung, *welche* Themen im Magazin berücksichtigt werden, wird in allen befragten Redaktionen ähnlich getroffen. In der Regel kommen die Vorschläge und Ideen aus dem kompletten Redaktionsteam.

> *„Und dann diskutieren wir diese Themen auf Redaktionskonferenzen. [...] Und daraus entstehen dann Entscheidungen, diese Themen wollen wir zu dem und dem Zeitpunkt."*

Letztendlich hat aber immer der Redaktionsleiter das letzte Wort und die Möglichkeit, die Entscheidung zu treffen.

Journalistisches Selbstverständnis und Publikumsvorstellungen

Der Grundtenor der journalistischen Eigenwahrnehmung ist, dass sich die Redakteure in erster Linie als *„partnerschaftliche Wissensvermittler"* betrachten. Dabei versuchen sie sowohl in den Beiträgen als auch in der Moderation von der Zuschauerperspektive auszugehen. Die Beiträge sollen also nicht auf das *„Lehren von Wissen"* zielen, vielmehr möchte man stellvertretend für die Zuschauer gut nachvollziehbare Erkenntnisse gewinnen. Dies geschieht möglichst nicht aus der Perspektive eines *„höhergestellten Lehrers"*, sondern in Form einer symmetrischen Kommunikationssituation. Dabei soll das Thema mit eindeutigen Aussagen über Grenzen und Möglichkeiten neutral und beobachtend wiedergegeben werden. Eine deutliche Mehrheit der Redakteure sieht sich hier nicht als moralische Institution, die dem Zuschauer sagt, was richtig oder falsch ist. Die Beurteilung soll vielmehr dem Publikum überlassen werden. Nach Aussagen der Redakteure hat sich diese Art der Wissensvermittlung erst in den letzten Jahren entwickelt. Eine lehrerhafte Vermittlung „*...von oben herab"* weicht somit der stellvertretenden Informationssuche aus Zuschauersicht.

Thematisch dominieren Beiträge aus Technik und Naturwissenschaft. Zwei Drittel der Redakteure gaben an, dass Themen aus dem Bereich „Alltagswissen" ebenfalls wichtig sind. Da neun der zwölf Magazine multithematisch strukturiert sind, können so in jeder Sendung unterschiedliche Themen realisiert werden. Dabei zielen die Redakteure nicht darauf, tagesaktuelle Themen aufzugreifen. Ihr Anspruch besteht eher darin, „*relativ"* oder „*latent"* aktuelle Themen mit ausführlichen Hintergrundinformationen zu behandeln:

> „*Wobei wir uns bemühen, nicht...ich sage mal, tagesaktuell zu reagieren, weil wir immer der Überzeugung sind, wir müssen eine gewisse Wertschöpfung haben...*"

Diese latente thematische Aktualität wird von den Redakteuren in einen wissenschaftlichen und einen gesellschaftlichen Kontext differenziert. Einerseits werden aktuelle Ereignisse aus der Wissenschaft in einen gesellschaftlichen Bezugsrahmen eingeordnet:

> „*Also die Einordnung der Vielfalt an neuen wissenschaftlichen Informationen für den Zuschauer und daraus eine optimale Sendung zu machen, die dicht an dem aktuellen Geschehen ist...*"

Andererseits werden aktuelle gesellschaftliche Ereignisse vor dem Hintergrund wissenschaftlicher Erkenntnisse betrachtet:

> „*...Was so an Phänomenen in der Welt draußen den Zuschauer interessieren könnte und wir sagen dann was die Wissenschaft dazu zu sagen hat [...] das sind halt oft auch Dinge, die durchaus in der Wissenschaft schon länger bekannt sind.*"

Diese unterschiedliche Kontextualisierung führt nach Ansicht der Wissenschaftsredakteure zu der Differenzierung von Wissens- und Wissenschaftsmagazinen. Magazine, die sich eher an gesellschaftlichen Themen orientieren, werden als *Wissens*magazine klassifiziert, während solche, die primär über Wissenschaft berichten, als *Wissenschafts*magazine bezeichnet werden. Die Grenzen sind hier jedoch nach Aussagen der Redakteure fließend.

Unabhängig davon, welche Auffassung die Redakteure vertreten, gilt, dass die Lebenswelt der Zuschauer die Themenwahl und Darstellung grundlegend beeinflusst. Deren Bedürfnisse stehen im Vordergrund. Die Prämisse „*...nicht am Zuschauer vorbei senden*" gilt sowohl bei den privaten, als auch bei den öffentlich-rechtlichen Magazinen. Die Art und Weise, wie man dem Zuschauer gerecht werden möchte, unterscheidet sich allerdings. Während *Wissenschafts*magazine ihren Fokus auf die Präsentationsart legen, selektieren *Wissens*magazine eher nach thematischen Gesichtspunkten.

Nach Einschätzung der Redakteure handelt es sich bei ihrem Publikum in erster Linie um informationsorientierte Zuschauer, die gleichzeitig aber auch unterhaltungsorientiert sind. Allerdings bewerten die Redakteure ihre Kenntnisse über das Publikum eher als spärlich. Nur sieben der Redakteure verfügen über Informationen der quantitativen Fernsehzuschauerforschung, zwei Magazine erhalten keinerlei Begleitforschung. Sie vermuten jedoch, dass ihr Publikum im Vergleich zum Altersdurchschnitt des Gesamtprogramms etwas jünger ist. Dabei geht man von einem durchschnittlichen und zur späten Sendezeit eher gering aufnahmebereiten Publikum aus. Vereinzelt zeigt sich aber auch ein gewisses Desinteresse hinsichtlich des Publikums:

> *„Die Untersuchung gibt es ja nicht. Gut wir wissen so ein bisschen... aber ich glaube diesen Grundzahlen sowieso nicht, also brauche ich mich damit gar nicht auseinander zu setzen."*

> *„... wie viel Arbeitslose das gucken und wie viele bügelnde Hausfrauen. Das will ich nicht wissen. Das ist mir auch egal."*

Rechercheverhalten

Für die Ideenfindung eines Beitrags werden vielfältige Quellen verwendet. Höchste Priorität haben persönliche Kontakte durch befreundete Journalisten, Privatpersonen oder Wissenschaftler sowie die Beobachtung des allgemeinen Geschehens. Wörtlich ist diese Kategorie verbunden mit Aussagen, wie „*...generell die Augen und Ohren offen halten...*", „*...wenn was brodelt*" oder „*...interessante Themen, über die wir stolpern*". Themen, über die in anderen TV- und Printmedien wie z. B. im „Spiegel" berichtet wird, werden ebenfalls gerne aufgegriffen.

Die Mehrheit der (öffentlich-rechtlichen) Redakteure gab an, dass eine enge Vernetzung mit anderen Magazinredaktionen und Fernsehsendern besteht. So werden die Redakteure zum Teil auf schon produziertes Material hingewiesen:

> „...Man weist sich auch gegenseitig auf Dinge hin, die man produziert hat und sagt Mensch, das könnte auch was für euch sein."

> „Wir haben auch eine gute Vernetzung mit dem Nachbarmagazin..."

Die Vernetzung betrifft aber auch Kontakte zu international agierenden Journalisten und Forschern, da die Redakteure der Ansicht sind, dass es in der Forschung keine nationalen Grenzen gibt. Während die Themenfindung häufig international ausgerichtet ist, wird die Darstellung jedoch verstärkt auf nationale Ereignisse bezogen. Die Gründe liegen einerseits in den schon beschriebenen engen finanziellen Möglichkeiten, zum anderen ist ein Beitrag so „...viel reeller und näher an den Leuten".

Weniger relevante Quellen stellen wissenschaftliche Informationsdienste oder Fachzeitschriften dar. Nicht einmal die Hälfte der befragten Redakteure lässt sich durch Zeitschriften wie ‚Science' oder ‚Nature' inspirieren. Lediglich ein Drittel gab an, Pressestellen von Universitäten oder Forschungsinstitute zu kontaktieren. Zusammenfassend lassen sich die Forschungsfragen 1 bis 4 in der folgenden Weise beantworten:

1. Die journalistische Laufbahn begann auf der Grundlage von naturwissenschaftlichen oder geistes- und sozialwissenschaftlichen Universitätsabschlüssen oftmals in anderen Medien oder Ressorts (Forschungsfrage 1).

2. An der Planung und Realisierung einer Sendung sind bei den öffentlich-rechtlichen Redaktionen sowohl Festangestellte als auch freie Autoren beschäftigt, bei den privaten hingegen nicht. Mitunter werden auch externe Produktionsfirmen beauftragt. Die ARD-Anstalten nutzen ihre Organisationsstruktur für Synergie-Effekte (Forschungsfrage 2).

3. Die befragten Redakteure betrachten sich als Partner des Zuschauers, für den sie sich auf die Suche nach relevanten Informationen begeben. Dabei gilt, dass das Beitragsthema einen deutlichen Bezug zur Lebenswelt des Zuschauers haben muss (Forschungsfrage 3).

4. Relevant sind vor allem Themen, auf die die Redakteure durch befreundete Journalisten, Privatpersonen oder Wissenschaftler hingewiesen werden. Dabei ist man um eine latent aktuelle Berichterstattung bemüht, die entweder in einen wissenschaftlichen oder einen gesellschaftlichen Kontext gestellt wird (Forschungsfrage 4).

4.2   Molekulare Medizin in TV-Wissenschaftsmagazinen

Im zweiten Teil der Leitfadeninterviews wurden die Redakteure danach befragt, welchen *Stellenwert* das Thema Molekulare Medizin in TV-Wissenschaftsmagazinen einnimmt, wie es *stilistisch* umgesetzt wird und wie sie die vergangene und zukünftige thematische *Entwicklung* einschätzen.

Stellenwert der Molekularen Medizin

Die Redakteure bewerten (mit einer Ausnahme) das Thema Molekulare Medizin aus persönlicher und auch aus gesellschaftlicher Perspektive als ein äußerst relevantes Thema. Allerdings ist der Stellenwert im eigenen Wissenschaftsmagazin eher gering. Lediglich drei Redakteure gaben an, häufiger über Molekulare Medizin zu berichten. Für weitere drei besitzt sie eine mittelmäßige und für die verbleibenden sechs eine geringe oder gar keine Relevanz innerhalb der Sendungen. Ein Hauptgrund liegt in der (angenommenen) Ablehnung des Themas durch die Zuschauer.

> *„Wir berichten darüber, aber leider Gottes schalten die Zuschauer aus."*

> *„Es ist ein absoluter Quotenkiller."*

Einige Redakteure bedauern das Desinteresse, wobei nicht angenommen wird, dass generell *alle* Zuschauer das Thema vermeiden möchten. Vielmehr wird davon ausgegangen, dass das Thema zu komplex und abstrakt sei, so dass es das Publikum überfordert.

> *„Ich denke schon, dass es sie interessiert. Aber es ist doch schon recht abstrakt."*

> *„Das heißt, dass das ein Thema ist [...], das wir gerne bedienen würden. Das aber erstens schwer rüber zu bringen ist und zweitens sehr wenig nachgefragt wird von den Zuschauern."*

Insgesamt wird Molekulare Medizin als ein äußerst sperriges, komplexes und schwer verständliches Thema beschrieben. Besonders, wenn es um die *„Entwicklung von effektiven Medikamenten und spezifischen Behandlungsmethoden"* geht, bleibt Molekulare Medizin für den Laien *„....sehr erklärungsbedürftig und schwer nachvollziehbar"*. Größtenteils handelt es sich nach Ansicht der Redakteure immer noch um Grundlagenforschung. Das bedeutet für die Berichterstattung, dass oftmals nicht genau gesagt werden kann, welche Möglichkeiten eröff- net werden und welche Krankheiten auf diesem Weg bekämpft werden können. Zum einen *„...ist viel Spekulation dabei..."* und zum anderen handelt es sich generell *„...um einen sehr intimen Bereich..."*, speziell wenn es um Fortpflan- zung und Embryonen geht: *„Das ist Gott gegeben und da bummelt nicht irgend- jemand rein."* Allgemein wird die Gentechnik für den Zuschauer als wenig *„fan- tasieanregend"* betrachtet – eher als etwas Beängstigendes: *„Was geschieht mit mir...was hab ich falsch gemacht...wie bin ich bedroht?"* sind Fragen, die sich nach Meinung der Redakteure die Zuschauer stellen. Angenommen wird, dass die Bevölkerung hier sehr unsicher ist: *"Was weiß man wirklich und was stimmt daran?"* Daher gestaltet sich die fachliche Vermittlung und fernsehgerechte Darstellung als sehr anspruchsvoll und schwierig.

Formale und inhaltliche Darstellung der Molekularen Medizin

Die einhellige Meinung der Redakteure ist, dass man mit Fernsehbeiträgen über Molekulare Medizin in Bereiche vordringt, die der Erfahrungswelt der Zuschauer fremd sind. Um diese Themen im Fernsehen zu transportieren, sehen sich die Redakteure *„...immer gezwungen, das ganze ABC mitzuliefern damit man es wirklich versteht".* Inhaltlich erfordert die Berichterstattung ein hohes Abstrak- tionsniveau, was zur Folge hat, dass die Thematik leicht unverständlich wird. Dies ist auch deswegen schwierig, weil

> *„...die meisten Menschen immer noch nicht den Unterschied zwischen ei- nem Chromosom, einem Gen und dem Erbgut wissen. Es ist ganz schwer, da auf einer Basis anzufangen, die unsere Zuschauer verstehen..."*

Als größtes Problem gilt jedoch das Fehlen von attraktiven Bildern. Die Motive sind immer wieder dieselben: Labore, Kanülen, Zellen unter dem Mikroskop und Wissenschaftler in weißem Kittel.

> *„Das hat leider im Bereich Molekularbiologie, Genetik, Gentechnik zu so einer fast schon ikonographischen Darstellung geführt."*

Die Bebilderung nimmt bei den Redakteuren eine sehr hohe Priorität ein: *„Das Bild ist immer stärker als das Wort".* Fehlt es an attraktivem Bildmaterial, wird im Zweifelsfall auf den Beitrag verzichtet.

> *„Die allererste Frage, gerade bei Molekularer Medizin, wie kann ich es so bebildern, dass ich über die Bilder diese Geschichte erzählen kann, die ich*

erzählen will. Das wird dann schon schwierig. Weil Laborbilder sind für jeden Zuschauer einfach nur langweilig. [...] Das wäre bei dieser Thematik der absolut springende Punkt, ob wir es machen oder ob wir es nicht machen."

„Und wenn ich was zu sagen habe, dann muss ich es zeigen oder ich muss es sein lassen."

Attraktive, noch nie gesehene Bilder gelten als absolute Notwendigkeit. Allerdings können Vorgänge in Zellen oder angewandte Techniken oft nur mit Hilfe von Animationen oder Grafiken dargestellt werden. Diese Art der Visualisierung stößt bei den Redakteuren auf geteilte Meinungen. Von der Mehrheit werden sie als uninteressant eingestuft. Nur ein geringer Anteil hält Animationen und Grafiken für sinnvoll und notwendig, wobei eine hohe Qualität Voraussetzung ist. Die Erfahrung zeigt, dass alles, was simuliert wirkt, von den Zuschauern nicht angenommen wird. Animationen gelten weder als informativ noch als unterhaltend, sondern vermitteln eher

„...ein Gefühl der Informiertheit. Wenn ich genau frage, weiß ich überhaupt nicht, was diese drei komischen Modelle bedeuten. Da dockt irgendwas an und geht wieder weg - da weiß ich eigentlich überhaupt nicht, was das bedeutet."

Animationen oder Grafiken werden dementsprechend als *„...ein mehr oder weniger hilfloser Versuch etwas, was man nicht sehen und nicht so zeigen kann, dann doch zu visualisieren"* betrachtet. Sie dienen in den meisten Fällen zur detailgenauen Darstellung von biologischen, chemischen oder technischen Methoden und Vorgängen. In den meisten Magazinen wird jedoch der Anspruch gar nicht vertreten, solche innerzellularen Details zu vermitteln. Vielmehr interessiert die Zuschauer nach Ansicht der Redakteure das Erzählen von Geschichten, die dann mit den tatsächlichen Möglichkeiten verbunden werden, mehr, als einzelne molekularbiologische Vorgänge.

„Der Zuschauer will auch nicht wissen, wie es geht. Der will wissen, können die das und wenn ja, was bedeutet das dann? Für mich und meine Umwelt? Ist das gefährlich oder nicht? Ist es nützlich und wenn ja, wofür? Das will der wissen und nicht, wie geht das?"

Redakteure, die in ihren Magazinen vor allem einen Überblick über den wissenschaftlichen Forschungsstand geben möchten, vertreten hingegen eine andere Sichtweise. Hier werden sehr oft aufwendige und zeitgemäße 3D-Animationen verwendet, die für ein tieferes Verständnis sorgen sollen. Man legt dabei mehr

Wert auf technische Details, als auf euphorische und emotionale Geschichten. Grafik und Trickanimationen sollen auch trotz hoher Produktionskosten stets optisch und inhaltlich den aktuellen Ansprüchen entsprechen. Einige der Redakteure geben an, Material zu verwenden, das von der Industrie zur Verfügung gestellt wird. Dabei handelt es sich um professionell erstellte Animationen, die ursprünglich zu PR-Zwecken produziert wurden. Dies hat zur Folge, dass es je nach industriellen Nutzen „*...für das eine Thema tolles Bildmaterial gibt und für das andere überhaupt nicht*". Je nachdem, wie sich das Angebot gestaltet, erhöhen sich dadurch die Chancen, dass ein Ereignis in den Wissenschaftsmagazinen präsentiert wird oder nicht.

Obwohl die Molekulare Medizin demnach weder ein darstellungsfreundliches noch zuschauerbegeisterndes Thema ist, wird sie aufgrund der empfundenen wissenschaftlichen und gesellschaftlichen Relevanz dennoch zumindest teilweise in Fernsehbeiträgen berücksichtigt. Dabei steht nicht ein aktueller wissenschaftlicher Überblick im Vordergrund, sondern die reale Lebenswelt der Zuschauer.

> *„Aber jetzt rein den Forschungsstand zu präsentieren, das würden wir nicht mehr tun."*

> *„Grundlagenforschung im molekularbiologischen Bereich ist ganz, ganz schwer. Wenn man nicht den ganzen Rattenschwanz dran hat wofür es gut sein könnte."*

Sichtbare und fühlbare persönliche Ereignisse werden für die Darstellung als wesentlich erachtet. Reine Faktenvermittlung funktioniert nicht. Damit der Zuschauer erreicht wird, müssen persönliche und emotionale Geschichten mit einfachen Zusammenhängen erzählt werden. Anhand dieser Storys muss der Zuschauer erkennen können, dass auch er involviert ist bzw. sein kann (hier z. B. Alzheimer):

> *„...dann haben wir auch das Interesse der Zuschauer, denn jeder kennt bestimmt einen der betroffen ist. Eltern, Bekannte, was auch immer, wir werden alle älter und werden auch zunehmend betroffen sein von solchen Krankheiten."*

> *„Also das Labor zu verlassen und wirklich zeigen, was sind die Auswirkungen, was wird da gemacht."*

Nicht im Vordergrund steht, was die Wissenschaft kann, sondern was der Zuschauer davon hat. Die Berichte sollen einen Mehrwert in Form von neuen Informationen, neuen Perspektiven oder Einordnungsmöglichkeiten der technischen Potentiale und Grenzen liefern. Aber auch über *„große"*, *„folgenschwere"* und *„ganz wichtige"* Ereignisse wird berichtet. So geht es in Beiträgen wie *„Sekte klont Menschen"* oder *„Modifizierter Virus außer Kontrolle"* hauptsächlich um die gesellschaftlichen Konsequenzen; wissenschaftliche und politische Aspekte werden eher am Rande aufgegriffen.

Die Sprache ist ein wichtiger Punkt in den Beiträgen. So wird darauf geachtet, dass die Formulierungen nicht zu abstrakt sind. Die überwiegende Mehrheit der Befragten hält eine klare, präzise Ausdrucksweise für erforderlich. Optimal wird der Zuschauer erreicht, indem so *„...umgangssprachlich wie möglich"* berichtet wird, also in *„...der Sprache, die die Zuschauer sprechen"*. Zwei Redakteure schlossen die Verwendung von Fachtermini nicht aus, da das komplexe Thema auch spezielle Begriffe verlangt. Allerdings werden in diesem Fall zusätzlich metaphorische Erklärungen notwendig.

Um den Zuschauern einen leichteren thematischen Zugang zu ermöglichen, wird in der Regel ein Moderator eingesetzt. Dessen Profil hat sich in den vergangen Jahren stark gewandelt. So entwickelte er sich nach Ansicht der Redakteure von der Figur des allwissenden Fachmanns, der die Welt erklärt, zum Spiegelbild des Zuschauers. Er macht sich stellvertretend auf die Suche nach Informationen, versucht Interesse zu wecken und zu zeigen, dass das Thema lohnenswert ist. Zusätzlich leitet er in die Themen ein und zeigt verschiedene Interpretationsperspektiven auf.

> *„Die Moderationsfigur sollte eben eher eine sein [...] die für den Zuschauer neugierig auf die Suche geht und zeigt was es alles gibt. [...] der für den Zuschauer stellvertretend interessante Dinge auftut."*

> *„Unser Moderator ist eigentlich eine Art Spiegelbild der Zuschauer. Es ist nicht der allwissende Erzähler, der sagt, kommt her, jetzt zeige ich euch was, was ihr noch nicht kennt, sondern es ist der neugierige Zuschauer selbst. [...] Also er steht mit dem Zuschauer auf einer Ebene."*

Weitere gestalterische Elemente sind Studiogäste und Interviewpartner, Experimente oder Studioaktionen sowie eine thematisch orientierte Studiodekoration. Die Ansichten über diese Möglichkeiten sind allerdings geteilt. Dementsprechend werden sie auf sehr unterschiedliche Art und Weise verwendet. Insgesamt ist ihre Relevanz eher gering. Wissenschaftler als Interviewpartner implizieren zum Beispiel immer zwei Seiten: Einerseits stehen sie für Glaubwürdigkeit und Kompetenz, andererseits sind sie oft nicht in der Lage, sich so auszudrücken, wie es nach Meinung der Redakteure die Zuschauer verlangen. Insgesamt gelten Forscher als eher langweilig. Einige der Redakteure weisen jedoch darauf hin, dass sich die Zusammenarbeit, das Auftreten und die Sprache der Wissenschaftler heutzutage wesentlich verbessert haben.

Insgesamt werden Berichte über Molekulare Medizin, sofern es sich um ein multithematisches Magazin handelt, nicht als Einstiegsthema gewählt. Die Platzierung des Beitrags in der Mitte der Sendung wird für sinnvoller erachtet, da man dann beim Zuschauer „...bereits eine gewisse Beharrlichkeit erreicht hat". Als Aufmacher eignen sich eher leichtere Inhalte.

Zusammenfassend lässt sich damit festhalten, dass die Molekulare Medizin als ein sperriges, komplexes und schwer verständliches Thema betrachtet wird. Dementsprechend stehen die Redakteure vor besonderen Herausforderungen der sprachlichen und bildlichen Umsetzung. Dies führt mitunter dazu, dass der Stellenwert des Themas innerhalb der Magazine als eher mittelmäßig bis niedrig eingeschätzt wird, da man im Zweifelsfall auf einen Beitrag verzichtet. Dennoch finden auch Beiträge über Molekulare Medizin Eingang in die Sendungen, sofern sie zuschauerfreundlich und attraktiv aufbereitet werden können.

Wandel und Auswirkungen der Berichterstattung

Die einhellige Meinung der Redakteure ist, dass die Anzahl der Beiträge über molekularmedizinische Themen in den vergangenen Jahren leicht zugenommen hat. Allerdings entspricht die Häufigkeit der Berichte noch nicht der jeweils subjektiv wahrgenommenen gesellschaftlichen Relevanz. Ob sich dies in Zukunft ändert, wird unterschiedlich eingeschätzt. Man ist sich jedoch darüber einig, dass sich die Berichterstattung zunehmend fokussieren wird. Dabei wird es dann mehr um konkrete medizinische Anwendungen und deren Erfolge gehen; Grundlagenforschung und methodische Details treten in den Hintergrund. Schon heute zeigen sich Unterschiede in der Darstellung und Themenwahl im Vergleich zu den vergangenen Jahren. Zwar haben Wissensformate insgesamt zugenommen, jedoch erwarten zwei Drittel der Redakteure, dass der thematische Wechsel weg von wissenschaftlichen Inhalten hin zu alltäglichem Wissen weiter fortgeführt wird: „Alles geht nur in Richtung Wissen. Wissen, Wissen irgendwas." Der Trend geht nach Ansicht der Redakteure eindeutig zu Themen aus der und für die Lebenswelt des Zuschauers. Die Basis der Berichterstattung bilden dessen Bedürfnisse, Voraussetzungen und Kontexte.

Konkrete Vorstellungen über Einflüsse oder Folgen einer wie auch immer gearteten Berichterstattung hat keiner der Redakteure. Insgesamt wird davon ausgegangen, dass zwar Effekte vorhanden, diese aber eher gering sind. Das einzige, was auffällt, ist, dass ein allgemein gewecktes Interesse an Wissensinhalten festgestellt wird. Als Beleg werden die Erfolge und die steigende Anzahl der Wis-

sensformate im Fernsehen angeführt. Nach Ansicht der Redakteure ist anscheinend „...*ein Bedürfnis gewachsen, mehr zu lernen, mehr zu erfahren*".
Den Magazinen wird die Fähigkeit zugesprochen, Interesse an einem Thema zu wecken und Denkperspektiven aufzeigen zu können. Ein direkter Einfluss auf die Meinungsbildung wird aufgrund der neutralen Präsentation ausgeschlossen. Die Redakteure weisen in diesem Zusammenhang darauf hin, dass wissenschaftliche Aufklärung nicht automatisch zu Akzeptanz führt. So gehen sie davon aus, dass bestimmte Themen oder Technologien im Laufe der Zeit als „normal" angesehen werden. Problematisch erscheint ihnen aber, dass speziell im Bereich der Molekularen Medizin viele Hoffnungen geschürt wurden, die sich im Nachhinein als falsch erwiesen oder aber zurzeit noch nicht realisierbar sind. Eine umfangreiche und differenzierte Berichterstattung kann dem Zuschauer jedoch helfen zu akzeptieren, dass es dahingehend Grenzen gibt.
Insgesamt schätzen die Redakteure also den Einfluss auf die Meinungsbildung ihres Publikums eher gering ein. Dies führen sie auf ihre Bemühungen zurück, möglichst neutral über Molekulare Medizin zu berichten. Sie sehen sich aber sehr wohl in der Lage, ein generelles Interesse wecken und verschiedene Denkperspektiven eröffnen zu können. Für die Zukunft prophezeien sie, dass sich die Berichte eher auf konkrete medizinische Anwendungen fokussieren werden.
Die Forschungsfragen 5 bis 7 lassen sich nun in der folgenden Weise beantworten:

1. Der Stellenwert des Themas Molekulare Medizin ist in TV-Wissenschaftsmagazinen eher mittel bis gering, da es als zu komplex, sperrig und schwer verständlich wahrgenommen wird. Es wird nur dann präsentiert, wenn ein Bezug zur Lebenswelt des Zuschauers hergestellt werden kann (Forschungsfrage 5).

2. Attraktives Bildmaterial wird als absolute Notwendigkeit für die Umsetzung des Themas angesehen. Ebenso wichtig ist die Darstellung persönlicher und emotionaler Geschichten sowie ein Moderator, der sich als Stellvertreter des Zuschauers versteht (Forschungsfrage 6).

3. Die Berichterstattung über Molekulare Medizin hat in den letzten zehn Jahren leicht zugenommen. Zukünftig wird sich das Thema nur dann weiterhin etablieren können, wenn es auf konkrete medizinische Anwendungen und Erfolge fokussiert (Forschungsfrage 7).

5   Zusammenfassende Diskussion und Fazit

Ziel der vorgestellten Studie ist, die Auswahl und Darstellung der Molekularen Medizin im Fernsehen aus der Perspektive von Wissenschaftsredakteuren zu untersuchen. Dazu wurden zwölf Redaktionsleiter befragt, die für die jeweiligen Wissenschaftsmagazine ihrer TV-Sender verantwortlich sind. Unter der Annahme, dass insbesondere redaktionelle und individuelle Faktoren Einfluss auf die Art und Weise der Darstellung nehmen, wurde in Leitfadeninterviews nach der redaktionellen Struktur, dem journalistischen Selbstverständnis sowie nach formalen und inhaltlichen Darstellungsaspekten der Molekularen Medizin in Wissenschaftsmagazinen gefragt.

Die Ergebnisse der Befragung zeigen, dass sowohl Gemeinsamkeiten als auch Unterschiede zu anderen Untersuchungsbefunden bestehen. Beispielsweise verfügen die befragten Fernsehredakteure über hohe Bildungsabschlüsse. Eine rein naturwissenschaftliche Ausrichtung wird indes nicht bestätigt. Zwar überwiegen auch hier naturwissenschaftliche Fächer, sozial- und geisteswissenschaftliche sind aber gleichwohl vertreten (vgl. Blöbaum et al. 2004).

Insgesamt wurde deutlich, dass die Berichterstattung über Molekulare Medizin in Wissenschaftsmagazinen in der Regel keine tagesaktuellen Ereignisse aufgreift, sondern vielmehr über Themen berichtet, die längere Zeit latent aktuell in der öffentlichen Diskussion zu stehen scheinen. Dies kann letztendlich auch auf den relativ langen Planungsvorlauf von zwei bis drei Monaten zurückgeführt werden. Ein wesentlicher Unterschied zu den Printmedien ist, dass die Redaktion aus mehreren Redakteuren besteht. So ist es den einzelnen Redakteuren zwar möglich, die von ihnen präferierten Themen vorzuschlagen, die letztendliche Entscheidung wird jedoch häufig im Team getroffen.

Die Recherchemethoden zur Themenfindung unterscheiden sich erheblich von denen, die Schenk und Šonje (1998) vorgestellt haben. Während bei ihnen wissenschaftliche Quellen dominieren, zeigt sich in der vorliegenden Studie, dass vor allem persönliche Kontakte wichtig sind.

Die grundlegende Überzeugung, Wissenschaftsberichterstattung habe der Informationsfunktion zu dienen, dominiert auch in dieser Untersuchung. Betont wird ebenfalls, dass man Orientierung geben möchte. Während in der Meier/Feldmeier-Studie (2005) jedoch eine zunehmende Kritikfunktion hervorgehoben wird, setzen die hier befragten Redakteure ihre Schwerpunkte vor allem auf die beiden erstgenannten Funktionen. Dabei wird insbesondere Wert auf eine neutrale Berichterstattung gelegt, um die Zuschauer in ihrer Meinungsbildung nicht zu beeinflussen. Die Redakteure bemühen sich, kritische Äußerungen und Bewertungen weitestgehend zu vermeiden. Im Vordergrund der Berichterstattung steht

daher auch die wissenschaftliche und gesellschaftliche Einordnung der Beitragsinhalte.

Die dominierende Meinung der Redakteure, dass die Beiträge über Molekulare
Medizin weitestgehend neutral gehalten werden, kann indes anhand vorliegender
Inhaltsanalysen nicht bestätigt werden. Sowohl für die Presse- als auch für die
Fernsehberichterstattung zeigt sich, dass insbesondere die Molekulare Medizin
vorwiegend positiv dargestellt und bewertet wird. Nachteile und Risiken werden
weitaus weniger genannt (vgl. Merten 1999; Leonarz 2006; Dahinden 2006;
Milde/Ruhrmann 2006; Ruhrmann/Milde 2010; Zillich 2010). Die Diskrepanz
zwischen Redakteursmeinungen und der Berichterstattung lassen sich auf folgende Gründe zurückführen: In Anbetracht der knappen Zeit- und Finanzres-
sourcen der Redaktionen ist es nicht immer möglich, mehrere Akteure zu einem
Thema zu interviewen. Daher kommen mehrheitlich Wissenschaftler mit O-
Tönen zu Wort, die in der Regel eher positive Aussagen treffen. Auch wenn der
Text des Sprechers aus dem Off weitestgehend neutral gehalten ist, kann so ein
positiv konnotierter Beitrag entstehen. Ein weiterer Grund könnte sein, dass es in
den Beiträgen immer häufiger um konkrete medizinische Anwendungen geht.
Ziel ist hier nicht, Risiken und Schäden der jeweiligen Forschung zu diskutieren.
Vielmehr geht es darum – wie die Redakteure immer wieder betonen - den Nut-
zen für die Zuschauer herauszustellen.

Aus den Ergebnissen der Leitfadeninterviews ist eines deutlich geworden: Der
Berichterstattung über Molekulare Medizin liegen zwei zentrale Prämissen zugrunde: (1) die alltägliche Relevanz für den Zuschauer und (2) das Vorhandensein von interessantem Bildmaterial. Beide Aspekte bilden den Maßstab für die
Entscheidung, ob ein Bericht realisiert wird oder nicht. Damit scheinen die TV-
Wissenschaftsredakteure das zu erfüllen, was der Kommunikationswissenschaft-
ler Matthias Kohring seit Jahren fordert: eine Distanzierung von der „Zweckprogrammierung des Wissenschaftsjournalismus" (vgl. Kohring 2005). Während
in den neunziger Jahren der Wissenschaftsjournalismus als eine Art „Hofberich-
terstatter" angesehen wurde, zeigt sich hier ein anderes Selbstverständnis. So
richten sich die Wissenschaftsredakteure nicht an ihrem Berichtsgegenstand,
sondern an den Erwartungen der Zuschauer aus. Damit einher geht, dass die
Themen zunehmend emotionalisierend und in Geschichten verpackt dargestellt
werden. Wie die vorliegende Befragung zeigt, führt dies jedoch gleichzeitig
dazu, dass die Redakteure über bestimmte Themen der Molekularen Medizin
nicht mehr berichten möchten, da sie als zu komplex und nicht darstellbar angesehen werden. Insgesamt zeigt sich, dass sich die TV- Wissenschaftsredakteure
nicht durch eine starke Nähe zur „scientific community" charakterisieren, höchste Priorität haben vielmehr die (vermuteten) Erwartungen der Zuschauer und die

damit einhergehenden Möglichkeiten, das Thema bildlich interessant und verständlich umzusetzen.

Literatur

Bauer, M. W./Kohring, M./Allansdottir, A./Gutteling, J. (2001): The dramatisation of biotechnology in elite mass media. In: Gaskell, G./ Bauer, M. W. (Hrsg.): Biotechnology 1996-2000. The years of controversy. Science Museum: London. S. 35-52.

Blöbaum, B./Görke, A./Hettwer, H./Machill, M./Zotta, F. (2003): Wissenschaftsjournalismus bei Regional- und Boulevardzeitungen. Befragung, Inhaltsanalyse und Ausbildungsperspektiven. URL: http://www.bertelsmann-stiftung.de/cps/rde/xchg/SID-0A000F14AAB7ACE5/bst/hs.xsl/6762_6772.htm. Stand: 27.08.2007.

Blöbaum, B./Görke, A./Wied, K. (2004): Quellen der Wissenschaftsberichterstattung. Inhaltsanalyse und Befragung. Endbericht. Münster. URL: http://www.bertelsmann-stiftung.-de/cps/rde/xchg/SID-0A000F14-AAB7ACE5/bst/hs.xsl/6762_6772.htm. Stand:27.08.2007.

Esser, F. (1998): Die Kräfte hinter den Schlagzeilen. Englischer und deutscher Journalismus im Vergleich. Freiburg & München: Alber-Reihe Kommunikation.

Gerhards, J./Schäfer, M. S. (2006): Die Herstellung einer öffentlichen Hegemonie: Humangenomforschung in der deutschen und der US-amerikanischen Presse. Wiesbaden: Verlag für Sozialwissenschaften.

Gläser, J./Laudel, G. (2009) Experteninterviews und qualitative Inhaltsanalyse. 3. überarbeitete Auflage. Wiesbaden: VS-Verlag für Sozialwissenschaften.

Göpfert, W. (2002): Wissenschaftsjournalismus im Wissenstransfer. Ist der Wissenschaftsjournalismus das Sprachrohr der Wissenschaft? In: Deutsches Institut für Erwachsenenbildung. Nr. 2. URL: http://www.die-bonn. de/doks/goepfert0201.pdf. Stand: 31.07.2007.

Göpfert, W. (2004): Wissenschaftsjournalismus innerhalb des Fachjournalismus. In: Deutscher Fachjournalisten-Verband (Hrsg.): Faschjournalismus. Expertenwissen professionell vermitteln. Konstanz: UVK. S. 207-232.

Göpfert, W. (2006b): Recherche: Themen, Quellen und Experten. In: Göpfert, W. (Hg.): Wissenschafts-Journalismus. Ein Handbuch für Ausbildung und Praxis. 5. vollständig aktualisierte Auflage. Berlin: Econ. S. 93-98.

Göpfert, W. (2006c): Wissenschaftsjournalismus heute. In: Götz-Sobel, C./Mock, W. (Hrsg.): Wissenschaftsjournalismus heute. Ein Blick auf 20 Jahre WPK. Düsseldorf: VDI Verlag. S. 29-36.

Göpfert, W./Schanne, M. (1998): Das Förderprogramm Wissenschaftsjournalismus der Robert Bosch Stiftung GmbH. Evaluation. Zusammenfassender Bericht. Berlin & Zürich.

Görke, A./Kohring, M./Ruhrmann, G. (2000): Gentechnologie in der Presse. Eine internationale Langzeitanalyse von 1973 bis 1996. In: Publizistik. 45. Jg.. Nr. 1. S. 20-37.

Götz-Sobel, C. (2006): Öffentlich-rechtliches Fernsehen II: Von der Dramatik langweiliger Labors. In: Wormer, H. (Hrsg.): Die Wissensmacher. Profile und Arbeitsfelder von Wissenschaftsredaktionen in Deutschland. Wiesbaden: VS Verlag. S. 113-129.

Hampel, J./Pfenning, U./Kohring, M./Görke, A./ Ruhrmann, G. (2001): Biotechnology boom and market failure: two sides of the German coin. In: Gaskell, G./Bauer, M. W. (Hrsg.): Biotechnology 1996 - 2000. The years of controversy. Science Museum: London. S. 191-203.

Hömberg, W. (1987): Wissenschaftsjournalismus in den Medien. Zur Situation eines Marginalressorts. In: Media Perspektiven 5. S. 297-310.

Hömberg, W. (1989): Das verspätete Ressort. Die Situation des Wissenschaftsjournalismus. Konstanz: Universitätsverlag.

Hoffmann, D. (2005): Experteninterviews. In: Mikos, L./Wegener, C. (Hrsg.): Qualitative Medienforschung. Ein Handbuch. Konstanz: UVK. S. 268-278.

Kepplinger, H. M./Ehmig, S. C./Ahlheim, C. (1991): Gentechnik im Widerstreit. Zum Verhältnis von Wissenschaft und Journalismus. Frankfurt & New York: Campus Verlag.

Kohring, M. (1998): Der Zeitung die Gesetze der Wissenschaft vorschreiben? Wissenschaftsjournalismus und Journalismus-Wissenschaft. In: Rundfunk und Fernsehen. 46. Jg.. Nr. 2-3. S. 175-192.

Kohring, M. (2005): Wissenschaftsjournalismus. Forschungsüberblick und Theorieentwurf. Konstanz: UVK.

Kohring, M. (2007): Vertrauen statt Wissen – Qualität im Wissenschaftsjournalismus. In: Kienzlen, G./Lublinski, J./Stollorz, V. (Hrsg.): Fakt, Fiktion, Fälschung. Konstanz: UVK. S. 25-38.

Lamnek, S. (2005): Qualitative Sozialforschung. Lehrbuch. 4., vollst. überarb. Aufl. Weinheim: Beltz.

Lehmkuhl, M. (2010): Wissenschaft im deutschen Fernsehen. Eine vergleichende Analyse spezialisierter Sendungen. In: Arbeitsgemeinschaft der Landesmedienanstalten in der Bundesrepublik Deutschland (Hrsg.): Fernsehen in Deutschland 2009. Berlin: Vistas, S. 60-67.

Leonarz, M. (2006): Gentechnik im Fernsehen. Eine Framing-Analyse. Konstanz: UVK.

Listermann, T. (2010): Framing of science issues in opinion-leading news: international comparison of biotechnology issue coverarge. In: Public Understanding of Science, 19. Jg. Nr. 1. S. 5-15.

Lublinski, J. (2004): Wissenschaftsjournalismus im Hörfunk. Redaktionsorganisation und Thematisierungsprozesse. Konstanz: UVK.

Mayring, P. (2008) Qualitative Inhaltsanalyse. Grundlagen und Techniken. 10. neu ausgestattete Aufl. Weinheim: Beltz.

Meier, K. (2006): Medien und Märkte des Wissenschaftsjournalismus. In: Göpfert, W. (Hg.): Wissenschafts-Journalismus. Ein Handbuch für Ausbildung und Praxis. 5. vollständig aktualisierte Auflage. Berlin: Econ. S. 36-54.

Meier, K./Feldmeier, F. (2005): Wissenschaftsjournalismus und Wissenschafts-PR im Wandel. Eine Studie zu Berufsfeldern Marktentwicklung und Ausbildung. In: Publizistik. 50. Jg. Nr. 2. S. 201-224.

Merten, K. (1999): Die Berichterstattung über Gentechnik in Presse und Fernsehen – eine Inhaltsanalyse. In: Hampel, J./Renn, O. (Hrsg.): Gentechnik in der Öffentlichkeit. Wahrnehmung und Bewertung einer umstrittenen Technologie. Frankfurt a.M. S. 317-339.

Milde, J. (2009): Vermitteln und Verstehen. Zur Verständlichkeit von Wissenschaftsfilmen im Fernsehen. Wiesbaden: Verlag für Sozialwissenschaften

Milde, J./Ruhrmann, G. (2006): Molekulare Medizin in deutschen TV-Wissenschaftsmagazinen. Ergebnisse von Journalisteninterviews und Inhaltsanalysen. In: Medien & Kommunikationswissenschaft. 54. Jg. Nr. 3. S. 430-456.

Parastar, A. (2006): Wissenschaft im Fernsehen. In: Göpfert, W. (Hg.): Wissenschafts-Journalismus. Ein Handbuch für Ausbildung und Praxis. 5. vollständig aktualisierte Auflage. Berlin: Econ. S. 186-201.

Peters, H. P./Jung, A. (2006): Wissenschaftler und Journalisten – ein Beispiel unwahrscheinlicher Co-Orientierung. In: Göpfert, W. (Hg.): Wissenschafts-Journalimus. Ein Handbuch für Ausbildung und Praxis. Berlin: Econ. S. 25-36.

Plangger, G. (2006)7: In Bildern erzählen. Ein Nachrichtenfilm als Beispiel. In: Schult, G./Buchholz, A. (Hrsg.): Fernseh-Journalismus. Ein Handbuch für Ausbildung und Praxis. Berlin: Econ. S. 13-23.

Ruhrmann, G. (1992): Genetic Engeneering in the press: a review pf research and some implication for biotechnology. In: Durant, J. (Hrsg.): Biotechnolgoy in public - a review of recent research. London. S. 169 – 201.

Ruhrmann, G./Milde, J. (2010): Zum Nachrichtenwert von Molekularer Medizin. Inhaltsanalyse von TV-Meldungen 1995-2004. In: Ruhrmann, G./Milde, J./Zillich, A. F. (Hrsg.): Molekulare Medizin und Medien. Zur Darstellung und Wirkung eines kontroversen Wissenschaftsthemas. Wiesbaden: Verlag Sozialwissenschaften. In diesem Band.

Schäfer, M. S. (2007): Wissenschaft in den Medien. Die Medialisierung naturwissenschaftlicher Themen. Wiesbaden: Verlag für Sozialwissenschaften.

Schenk, M. (1999): Gentechnik und Journalisten. In: Hampel, J./Renn, O. (Hrsg.): Gentechnik in der Öffentlichkeit. Wahrnehmung und Bewertung einer umstrittenen Technologie. Frankfurt am Main. S. 257-291.

Schenk, M./Šonje, D. (1998): Journalisten und Gentechnik. München: Verlag Reinhard Fischer.

Stamm, U. (1995): Recherchemethoden von Wissenschaftsjournalisten und –journalistinnen. Forschungsbericht. Berlin. URL: www.wissenschaftsjournalismus.de/stam_fobe.pdf. Stand: 27.08.2007.

Sucher, W. (2004): Die Götter sichtbar machen. In: Mast, C. (Hg.): ABC des Journalismus. Ein Handbuch. 10. völlig neue Auflage. Konstanz: UVK. S. 458-463.

Voss, M. (2010): Gesunde Gene. Die mediale Diskussion um die Gentherapie. Bielefeld: Transkript-Verlag.

Weischenberg, S. (1994): Journalismus als soziales System. In: Merten, K./Schmidt, S. J./Weischenberg, S. (Hrsg.): Die Wirklichkeit der Medien. Opladen: Westdeutscher Verlag. S. 427-454.

Weischenberg, S. (1998)2: Journalistik. Medienkommunikation: Theorie und Praxis. Band 1: Mediensysteme, Medienethik, Medieninstitutionen. Wiesbaden: Opladen.

Weischenberg, S./Malik, M./ Scholl, A. (2006): Die Souffleure der Mediengesellschaft. Report über die Journalisten in Deutschland. Konstanz: UVK.

Zillich, A. F. (2010): Frames in der Berichterstattung über Molekulare Medizin. Eine Inhaltsanalyse von Wissenschaftsmagazinen im Fernsehen. In: Ruhrmann, G./Milde, J./Zillich, A. F. (Hrsg.): Molekulare Medizin und Medien. Zur Darstellung und Wirkung eines kontroversen Wissenschaftsthemas. Wiesbaden: Verlag Sozialwissenschaften. In diesem Band.

Zum Nachrichtenwert von Molekularer Medizin – Eine Inhaltsanalyse von TV-Meldungen 1995 bis 2004

Georg Ruhrmann und Jutta Milde

1 Einleitung

Die Öffentlichkeit erfährt von den Fortschritten der Molekularen Medizin eher selten. Sie nimmt stattdessen die politischen und ethischen Debatten über dieses Forschungsfeld wahr. Vor allem dann, wenn sie kontrovers verlaufen und dabei die Positionen von Befürwortern und Kritikern oder Entscheidern und Betroffenen klar markiert sind (vgl. Gaskell u. a. 2001a; 2001b). Ein wesentlicher Teil dieser Kontroversen findet in und über die Medien statt und wird von ihnen forciert. Exemplarisch ist hier nicht nur die Wissenschafts-[1], sondern auch die Politikberichterstattung zu nennen. Die Kommunikationswissenschaft hat diese Kontroversen bisher vor allem in der Presseberichterstattung, sowohl im Längsschnitt als auch international vergleichend untersucht (vgl. Görke u. a. 2000). Das Fernsehen blieb dabei meist unberücksichtigt. Ziel der nachfolgenden Ausführungen ist es vor dem Hintergrund der TV-Nachrichtenforschung zu ermitteln, wie Themen der Molekularen Medizin in TV-Nachrichten dargestellt werden und welche journalistische Aufmerksamkeit ihnen zugewendet wird.
Eine derartige Zielstellung ist aus drei Gründen relevant: Zunächst ist Fernsehen noch immer das Leitmedium der politischen Kommunikation, an dem sich die Politik und die Mehrheit der Bevölkerung orientiert. Weiterhin repräsentieren gerade TV-Nachrichten über wissenschaftliche und medizinische Themen in besonderer Weise die Aktualität dieses Zeitgeschehens. Nachrichten repräsentieren journalistische Beobachtungen und Beschreibungen von Ereignissen. Wesentliches Kriterium dabei ist ein selektiver Ereignisbezug.

---

[1] Siehe dazu Meier/Feldmeier 2005. Die Diskussion über Funktion und Leistungen des Wissenschaftsjournalismus kommt erst allmählich in Gang (vgl. Dornan 1990; Hansen 1994; Görke/Ruhrmann 2003; Kohring 2005 sowie Dahinden/Schanne 2009). Siehe auch aus öffentlichkeitstheoretischer und wissenschaftssoziologischer Sicht: Gerhards/Schäfer 2006; 2010 und Schäfer 2007.

2 Selektivität als zentrales Kriterium der Nachrichtenauswahl

Selektivität ist ein wesentliches Kriterium von Nachrichten. Von jeher unterscheidet man dabei extrinsische Selektionskriterien (u. a. Einflüsse von wirtschaftlichen und politischen Interessengruppen, Linie des Verlegers) von intrinsischen Kriterien (professionelle Normen, organisatorische Zwänge, Gesamtnachrichtenlage, Aufmachung von Meldungen) (vgl. Donsbach 2004). Nachfolgend geht es vor allem um die intrinsischen Faktoren.

2.1 Aktualität

Aktualität des Geschehens ist das vielleicht wichtigste journalistische Auswahlkriterium in der Medienberichterstattung, auch der Wissenschaftsberichterstattung. Schon Luhmann (1981: 317) betont, dass es „ein Irrtum [...] [wäre] anzunehmen, dass [...] [das] Aktualitätsprinzip nur für die Nachrichten im engerem Sinne gilt; es gilt für nahezu jede Selektion zur Massenkommunikation, vor allem für den gesamten Bereich der Wissenschaft und Kultur". Grundsätzlich lässt sich Aktualität als die Aufmerksamkeit definieren, die Journalisten bestimmten Ereignissen zukommen lassen. So kann Aktualität als Produkt von Information und Relevanz operationalisiert werden (vgl. Merten 1999; Ruhrmann 2005).

Unter Information versteht man dabei die Überraschung als Abweichung (im Sinne von Deviance) von bisherigem Geschehen (vgl. Shoemaker 1996: 41). Relevanz (oder auch Social Significance) bedeutet die individuelle und soziale Betroffenheit, die von dem Ereignis ausgeht. „Relevanz" stellt sich her über den journalistischen Bezug zwischen Thema und dem vermuteten Alltagswissen der Rezipienten, für den die Meldung eine persönliche Bedeutung gewinnt (vgl. White 2005).

Shoemaker und Cohen (2006: 7 ff.) betonen, dass erst das Produkt von „Deviance" und „Social Significance" die journalistische Selektivität von Nachrichten ausmachen: „In the interest of developing a more theoretical explanation of how news is defined, we propose that people – and journalists! – are more interested in two general pieces of information about an event: how intensely deviant and socially significant it is". Fehlt eine der beiden Dimensionen von Aktualität kann aus einem Ereignis keine Nachricht werden.

Die Aktualität des Themas Molekulare Medizin rührt u. a. aus der seit den 1980er Jahren weltweit und vor allem in Deutschland kontroversen Debatten um neue und neuartige Chancen und Risiken der Gentechnologie (vgl. Ruhrmann

1992). Der Chancen- und Risikobegriff verbindet dabei zwei Dimensionen einer Entscheidung. Einerseits ist die (Un-)Wahrscheinlichkeit einer bestimmten Entscheidungsfolge angesprochen. Zugleich geht es um ihre Bewertung, d. h. den potentiellen Nutzen oder Schaden. Journalisten berichten vor allem über neue Chancen und Risiken wissenschaftlicher Entdeckungen und technologischer Innovationen (vgl. Renn et al. 2007; Ruhrmann 2008). Thematisiert wurden u. a. zukunftsträchtige Anwendungen der molekularbiologischen Forschung und der Humanmedizin.[2] Zugleich erörtern Journalisten ethische Risiken molekularmedizinischer Innovationen, bewerten sie aktuell und setzen damit wiederholt gesellschaftliche Debatten in Gang. Mit anderen Worten: Die journalistische Selektivität fokussiert die Vielfalt aktueller Aussagen und Wertungen.[3] Beim allgemeinen Themenvergleich zeigt sich: Politik dominiert noch immer die Meldungen, wird jedoch zunehmend als Human Touch präsentiert;[4] man kann sogar von Boulevardisierung sprechen (vgl. Donsbach/Büttner 2005). Es kommt zu einer stärkeren Ausrichtung an Emotionen und Sensationen (vgl. Graber 2005).

2.2   Nachrichtenframes

Die kognitive Struktur journalistischer Auswahlentscheidungen bei Nachrichten wird wesentlich durch das Konzept des Framing beschrieben und erklärt (vgl. Scheufele 2006; Scheufele/Tewksbury 2007; Scheufele/Scheufele 2010). Im Unterschied zu Nachrichtenfaktoren operieren Frames a) inhalts- und kontextspezifisch und beziehen sich jeweils auf bestimmte Ereignisse und Themen. Journalisten beziehen sich bei ihrer Nachrichtenselektion b) meistens auf gelernte Interpretationen bzw. frühere Auswahlentscheidungen. Frames können schließlich den Nachrichtenwert c) positiv und negativ beeinflussen, je nachdem, ob der journalistische Frame den Merkmalen des Ereignisses entspricht oder widerspricht (vgl. Scheufele 2006: 68).

---

2 Hierzu zählen etwa die Gentherapie bei Krebserkrankungen oder die Diagnose von genetisch bedingten Krankheiten. Bedeutsam war und ist hier vor allem die Genomanalyse in Form des Human Genome Projektes und die Technik der künstlichen Befruchtung u. a. als Voraussetzung für die Präimplantationsdiagnostik (PID). Siehe dazu international vergleichende Medien-, Policy- und Politics-Analysen von Durant et al. 1998; Hampel/Renn 1999; Gaskell et al. 2001a. Siehe auch zu Einzelstudien statt anderer: Ruhrmann 1998; Dahinden 2002; Kohring/Matthes 2002; Bauer 2005a; 2005b, Bonfadelli 2005 und Matthes/Kohring 2008.

3 Siehe dazu exemplarisch Iyengar 1996; Conrad 1999 und Maier 2003. „Most researchers conclude, that news stories are unbalanced, narrowly focused on limited aspects (...)" (Graber 2005: 484).

4 Human-Touch-Themen lassen sich weiter unterteilen in „Zerstreuungsthemen" (Personality u. a.) und „Angstthemen" (Gewalt, Kriminalität, Katastrophen und Krieg) (vgl. Winterhoff-Spurk et al. 2005; Maier et al. 2008; Maier/Ruhrmann 2008).

Für das Thema Molekulare Medizin heißt das: In Bezug auf riskante und/oder chancenreiche Ereignissen werden bestimmte Wahrscheinlichkeiten und Schadens/Nutzenbewertungen ausgewählt und in bestimmter Weise hervorgehoben. Zugleich wird in der Berichterstattung nach den verantwortlichen Situationen bzw. Verursachern gefragt bzw. kausal zugerechnet. Ein drittes Frame-Element ist die moralische Bewertung von Themen und Akteuren. Schließlich wird typischerweise vorgeschlagen, wie sich das angesprochene Problem lösen lässt (vgl. Entman 1993; D´Angelo 2002; Gutteling 2005; Matthes 2007; Matthes/Kohring 2008).

In TV-Nachrichten über Molekulare Medizin zeigen sich diese einzelnen Elemente, auch wenn sie an dieser Stelle nicht weiter empirisch bearbeitet wurden[5]: So heben die Meldungen häufig die spektakulären Chancen und Risiken hervor (=Problemdefinition). Meistens enthalten die Nachrichten pauschale Bewertungen von realen, aber auch vermeintlich riskanten Sachverhalten. Im Falle der Gentechnik äußerte sich diese Tendenz in der Verallgemeinerung von Einzelproblemen: Man kritisiert bestimmte Risiken der „grünen" Gentechnik und projiziert sie gleichzeitig auf die „rote" Gentechnik (vgl. Bauer 2005b). Diese Urteile sind nicht nur vom Thema, sondern auch vom jeweiligen Wissen sowie von den Normen und Werten der Journalisten abhängig (vgl. Bonfadelli 2005; Nisbet 2005). Sie entsprechen also moralischen Bewertungen. Man vermutet daher, dass die Presse (vgl. Ruhrmann 1992; 1998) und vor allem das Fernsehen die öffentliche Akzeptanz einzelner Aspekte negativ beeinflusst (vgl. Robins 2001) und rechnet ihnen die Verantwortung zu. Es wird demnach eine kausale Interpretation vorgenommen. Schließlich berichten die Meldungen über Forderungen, Innovationen zu fördern, zu regulieren oder zu re-regulieren, meistens verbunden mit einer positiven oder negativen Prognose, wie sich die Molekulare Medizin in den nächsten Jahren nach Einschätzung der Experten entwickeln wird (vgl. Matthes/Kohring 2008).

2.3 Visualisierung

Damit einher geht ein Trend zur Visualisierung: Vor allem Fernsehnachrichten zu politischen Konflikten und Krisen werden zunehmend mit Filmsequenzen präsentiert (vgl. Maier/Ruhrmann/Stengel 2008). Beispiele sind hier Berichte von symbolträchtigen Aktionen und Demonstrationen, bei denen militante Protestierende, aber auch prominente Spitzenpolitiker von den Nachrichten regelrecht ins Bild gesetzt werden (vgl. Wolf 2006; Maier/Ruhrmann 2008).

---

5 Zum Framing der Berichterstattung von Wissenschaftsmagazinen vgl. Zillich 2010 in diesem Band.

In der quantitativ zunehmenden Wissenschaftsberichterstattung werden mit Hilfe von Visualisierungen nicht nur „fictions" mit „facts" vermischt (vgl. Görke/Ruhrmann 2003); zugleich dienen formal anregende Darstellungen auch der optimaleren journalistischen Vermittlung bzw. dem besseren Verständnis der Rezipienten (vgl. Milde 2009). Unterhaltungsfilme dienen als variantenreiche Beispiele bzw. Vorbilder (vgl. Weingart et al. 2003), gerade auch um die für die Wissenschaftsberichterstattung lange beklagte Bilderarmut zu kompensieren.

In Deutschland bestätigen Befragungen von Journalisten (vgl. Ruhrmann/Göbbel 2007; Diehlmann 2010) einen für die Wissenschaftsberichterstattung relevanten Befund: Der Nachrichtenfaktor „Visualität" differenziert sich hinsichtlich mehrerer Dimensionen weiter aus. Zu unterscheiden sind formale Dimensionen wie die Belebtheit und Dynamik (Graber 2005)[6] und inhaltliche Dimensionen wie Emotionalität, Bildmotive, Bildstereotype bzw. die Valenz (vgl. Leeuwen/Carey 2001; Wolf 2006).

3 Objektivität als Selektivitätsproblem

Ausgehend von der Selektivität der Nachrichtengebung gelten Nachrichten zugleich als „objektiv". Sie verkörpern mehr als andere Berichterstattungsformen eine wesentliche berufliche, gruppenbezogene und institutionelle Norm im Journalismus. Objektivität hat sich dabei in dem sich international herausbildenden modernen Nachrichtenparadigma[7] als ein entscheidendes Element erwiesen (vgl. Donsbach 2003; Stephens 2007). Das Konzept der Objektivität lässt sich hinsichtlich vier verschiedener in der bisherigen umfangreichen Diskussion etablierten Dimensionen von Selektivität analysieren:[8]

---

6 Im Sinne von „vividness" von Bildern: Diese kann hergestellt werden über die Verwendung von dynamischen Bild- und Filmmaterial in Verbindung mit konkreter und bildhafter Beschreibung konkreter Fallbeispiele (vgl. Brosius 1998: 223) mit weiteren Verweisen. Siehe auch Wolf 2006: 196 ff. sowie 232 ff.

7 Hoyer (2005) spricht von einem sich seit Beginn des 19. Jahrhundert herausbildenden modernen Nachrichtenparadigma, das a) aus einem Ereignis mit Nachrichtenwert besteht, der b) von Nachrichtenfaktoren beeinflusst wird. Hinzu kommen c) „news interview as a method of cross-examining information source who are expected to answer, not to ask questions" (Hoyer 2005: 11). Essentiell ist ferner d) das Prinzip der "inverted pyramid", das die klassischen W-Fragen sowie die letzten und wichtigsten Nachrichten an den Beginn der Meldung (Lead) stellt. Schließlich konstituiert sich die Nachricht über e) die journalistische Objektivität als Prinzip einer genauen, ausgewogenen, fairen und neutralen Berichterstattung. Siehe dazu auch Stephens 2007: 256 f. sowie Schulz 2009: 392 f.).

8 Vgl. weitere Hinweise und Diskussionen bei Tuchman 1972; Shoemaker/Reese 1996: 112 ff.; Kohring 2004; Schudson 2005; Stephens 2007: 251 ff. sowie Brooks et al. 2008: 14 ff.; Hackett 2008 und Schulz 2009: 392 ff.

1. *Inhaltliche Ausgewogenheit* bei der Auswahl und Darstellung: Themen werden in ihrer Vielfalt aufgegriffen und entsprechend gewichtet. Das Querschnittsthema Molekulare Medizin wird unter mehreren Aspekten dargestellt. Die Häufigkeit, mit der über ein Thema berichtet wird, erscheint als angemessen und erfolgt regelmäßig. Für das Thema Molekulare Medizin bedeutet dies, dass die Differenzierung der Themen, ihre Kontinuität und Präsentation der Themen über einen längeren Zeitraum untersucht werden kann.

2. *Faktenorientierung:* Die Nachrichten beschreiben Sachverhalte, d. h. sie nennen Akteure, Themen, Ursachen und Folgen eines realen Ereignisses, aber auch mögliche Hintergrundbedingungen – etwa in Form der Darstellung organisierter Interessen eines Industrieverbandes. Wertungen, interpretative Erweiterungen, aber auch die bei Wissenschaftsberichterstattung häufig auftretenden Spekulationen und Vermutungen werden als solche kenntlich gemacht bzw. als Aussage einem Autor eindeutig zugeordnet.

3. *Richtigkeit der Beschreibung:* Die mitgeteilten Informationen sind wahr und geben die Fakten so wieder, wie sie sind. Der Rezipient erhält korrekte Daten, die überprüfbar sind. Die Nachrichten stimmen mit Erfahrungen, etwa seitens der beteiligten Experten überein.[9] Zunehmend spielt dabei eine Rolle, ob und inwieweit die Prozesshaftigkeit von Wissenschaft, ihre konfligierenden Perspektiven auch in Bezug auf die jeweilige Vorläufigkeit des Wissens bzw. ihre fragile Evidenz von Journalisten bemerkt und beschrieben wird.

4. *Explizite Bewertungen:* Nachricht und Kommentar sind deutlich voneinander getrennt (vgl. Donsbach 2003), Kritik und Meinungen sind angemessen und gut begründet. Die Einhaltung dieser Norm bei der Nachrichtengebung kann inhaltsanalytisch überprüft werden, etwa über die Untersuchung des journalistischen Formats der Berichterstattung.

Die Dimensionen der Objektivität lassen sich inhaltsanalytisch untersuchen. Beobachtet und verglichen werden dabei Nachrichtenmeldungen a) unterschiedlicher Sender, b) zu unterschiedlichen Themen c) in unterschiedlichen Zeitphasen der Entwicklung. Objektivität ist als Norm der Berichterstattung auch ein empirisch zu ermittelndes multidimensionales Konstrukt, das sich für relationale Analysen von Aussagen und Bewertungen eignet.

---

9 Diese Dimension ließe sich u. a. durch den Vergleich medizinischer Aussagen mit journalistischen Aussagen in der Nachrichtenberichterstattung direkt überprüfen. Da sich die hier vorgestellte Studie auf die Inhaltsanalyse der Wissenschaftsberichterstattung beschränkt, kann dieser Aspekt nicht berücksichtigt werden. Zur kritischen Problematisierung dieses Vorgehens siehe Ruhrmann 1998, Görke/Ruhrmann 2003 und Kohring 2005.

Zusammenfassend lässt sich somit festhalten, dass *Selektivität* und *Objektivität* hier als die zentralen Elemente des Nachrichten-Paradigmas angesehen werden. Sie stellen wesentliche Kriterien der Wissenschaftsberichterstattung dar. Daraus lässt sich das zentrale Anliegen der vorliegenden Studie ableiten. Ziel ist es, die vorgestellten Dimensionen zu operationalisieren, um damit die Nachrichtenberichterstattung über Molekulare Medizin empirisch zu untersuchen.

4 Empirische Untersuchung

Anhand einer Inhaltsanalyse wird ermittelt, an welchen strukturellen und thematischen Kriterien sich Journalisten orientieren, damit bestimmte Ereignisse zu einer Nachrichtenmeldung werden. Darüber hinaus wird gezeigt, wie diese Ereignisse dargestellt werden, welche Faktoren der Themenwahl und –präsentation relevant sind.[10] Folgende Fragen sind dabei für die Untersuchung forschungsleitend:

1. Welche Akteure und Themen lassen sich in der Berichterstattung identifizieren und wie verläuft deren Darstellung über einen Untersuchungszeitraum von zehn Jahren?

2. Wie häufig werden Nutzen und Risiken genannt und in welchem Verhältnis stehen diese Bewertungen zueinander?

3. Welche Relevanzbezüge werden in den Fernsehnachrichten hergestellt?

4. Tauchen risikobezogene Kontroversen in den Fernsehnachrichten auf und gibt es einen typischen Verlauf dieser Kontroversen?

5. Welchen Einfluss haben die in Forschungsfrage 1 bis 4 formulierten Faktoren auf den journalistischen Beachtungsgrad, also den Nachrichtenwert der Fernsehnachricht?

Zur Beantwortung dieser Fragen werden mit dem Verfahren der semantisch-pragmatischen Inhaltsanalyse (vgl. Neuendorf 2002; Krippendorff 2004) die Akteure und Themen der Nachrichtenberichterstattung, die Relevanz, die Nutzen- und Risikobewertungen, die Kontroversen, der Nachrichtenfaktor „Visualität" sowie der Beachtungsgrad (Nachrichtenwert) der jeweiligen Meldung untersucht.

---

10 Die Studie bildet eine Teil-Untersuchung des Forschungsprojekts „Molekulare Medizin und Fernsehen", die als ein Mehrmethoden-Design (vgl. Brewer/Hunter 2006) angelegt wurde: Berücksichtigt werden der Kommunikator (Wissenschaftsjournalisten), die Medieninhalte (TV-Nachrichten und TV-Wissenschaftsmagazine) und die Rezipienten (Zuschauer) dieser Medieninhalte (siehe auch Milde/Ruhrmann 2006 sowie Milde 2009).

Stichprobe und Datenerhebung

Analysiert wurden die Hauptnachrichtensendungen der vier größten nationalen Fernsehsender ARD, ZDF, SAT.1 und RTL. Für die Stichprobe werden alle verfügbaren Beiträge zum Thema Molekulare Medizin über den Zeitraum vom 1. Januar 1995 bis 31. Dezember 2004 berücksichtigt. Voraussetzung für die Auswahl war, dass in der jeweiligen Nachrichtenmeldung ein expliziter (z. B. Forschungsergebnisse) oder impliziter Bezug (z. B. Preisverleihungen) zur Molekularen Medizin hergestellt wurde. Dazu zählen demnach diejenigen Beiträge, die sich mit Methoden und Erkenntnissen aus den Bereichen Genetik, Molekularbiologie, Zellbiologie und Biochemie befassen, sofern sie sich auf Fragestellungen der Humanmedizin beziehen.

Insgesamt konnten 314 Meldungen ermittelt werden, die sich auf die vier berücksichtigten Sender wie folgt verteilen: Tagesschau (ARD) 119 Meldungen (37,9 %), heute (ZDF) 89 Meldungen (28,3 %), RTL aktuell 75 Meldungen (23,9 %) sowie SAT.1 18:30 Uhr 31 Meldungen (9,9 %).

Die Codierung der Medienaussagen wurde auf Beitragsebene vorgenommen (vgl. Neuendorf 2002: 204 f.). Dazu wurden einerseits formale Variablen verwendet, die aus früheren Analysen bekannt sind (vgl. Ruhrmann et al. 2003; Maier et al. 2008). Es handelt sich dabei u. a. um die Länge des Beitrages, seine Platzierung und das journalistische Format. Weiterhin wurden inhaltliche Variablen berücksichtigt, die bereits in früheren Arbeiten zur Darstellung der Bio- und Gentechnik Verwendung fanden und für die Beantwortung der Forschungsfragen relevant sind (vgl. Gaskell u. a. 2001a; 2001b; Matthes/Kohring 2008). Dazu zählen Akteure, Themen, Kontroversen, Risiko- und Nutzenbewertung, die Relevanz des Beitrages und der Nachrichtenfaktor Visualität.

5 Ergebnisse

Nachfolgend werden die Ergebnisse vorgestellt, deren Darstellung sich an der Reihenfolge der in Kapitel 4 formulierten Forschungsfragen orientiert. Kapitel 5.1 stellt zunächst die Ergebnisse zur Verteilung der Themen und Akteure im Zeitverlauf dar. Daran anschließend werden die Risiko- und Nutzenverteilungen (vgl. Kap. 5.2), die Relevanz der Berichterstattung und der dargestellten Kontroversen (vgl. Kap. 5.3) sowie der Einfluss von ausgewählten Selektionsmerkmalen einer Nachricht auf ihren Beachtungsgrad (vgl. Kap. 5.4) analysiert und vorgestellt.

5.1 Themen und Akteure der Berichterstattung

Journalisten präsentieren vor allem aktuelle, d. h. jeweils neue und relevante Themen. Das Thema Medizin umfasst nach bisherigen Untersuchungen und Schätzungen in Deutschland ca. 1,5 % der gesamten TV-Nachrichtenbericht-erstattung, allerdings mit steigender Tendenz (vgl. Maier u. a. 2008). Damit wird die in der wissenschaftsjournalistischen Forschung markierte „5-Prozent-Hürde" (Hömberg 1990: 18)[11] derzeit noch nicht erreicht.[12]

In der vorliegenden Analyse aller Nachrichtenmeldungen über Molekulare Medizin zeigen sich für die hier ausgewählten drei wichtigsten Themen deutliche Peaks: So wurde das Thema „Klonen" im Jahr 1997 mit 27,5 % im Zusammenhang mit der Geburt des Klonschafes Dolly relativ häufig genannt. Ab 1998 sinkt die Berichterstattung jedoch auf ca. 10 % der Fälle ab. „Stammzellen/Embryonenforschung" ist durch die von Peter Sloterdijk angeregte öffentliche Diskussion das Thema der Jahre 2001 (46,4 %) und 2002 (30,4 %), ansonsten berichten die Meldungen kaum darüber. Invitro-Fertilisation (IVF) und PID sind im Jahr 1998 (36,4 %) sowie im Jahr 2001 (27,3 %) thematisch besonders relevant (vgl. Tab. 1).

Tabelle 1: Nennung relevanter Themen im Zeitverlauf (in %)

Thema	Jahr									
	1995	1996	1997	1998	1999	2000	2001	2002	2003	2004
Klonen	-	-	27.5	11.3	5.0	10.0	15.0	10.0	10.0	11.3
Stammz./Embry.-Forschung	-	-	-	1.4		4.3	46.4	30.4	10.1	7.2
IVF/PID	-	-	9.1	36.4	-	-	27.3	13.6	9.1	4.5
n		24	17	4	11	50	32	17	15	

Basis: N=314

Die Frage ist nun, welche Akteure diese Themen über den Zeitraum von 1995 bis 2004 repräsentieren. Die Verteilung der hier ausgewählten drei wichtigsten Akteursgruppen im Zeitverlauf verweist auf die thematischen Schwerpunkte der Nachrichtenmeldungen (vgl. Tab. 2).

---

11 Aus dem geringen relativen Anteil von Wissenschaft schließt man – in Analogie zu einer politischen Partei - auf ihre eher marginale Bedeutung, ja sogar auf vermeintliche „Defizite der Berichterstattung" (vgl. Kohring 2005: 87 f. mit kritischen Anmerkungen).

12 Journalisten verweisen darauf, dass sich Wissenschaftler oft auch mit konkreten Themen und Visualisierungsmaterialien an die Journalisten wenden, um bestimmte Themen zu publizieren – Themen können also auch von der Wissenschaft gesetzt werden (vgl. Milde/Hölig 2010 in diesem Band).

So dominieren Mitte bis Ende der 1990er Jahre die Wissenschaftler. Vertreter der Ethik werden eher selten genannt. Indes gewinnen ab 2000 immer stärker die Politiker und dann im Jahr 2001 auch die Ethiker an Publizität. Diese treten in diesem Jahr mehr als doppelt so häufig in den Hauptnachrichtensendungen auf wie die Wissenschaftler. Auch in der Folgezeit gewinnen die Ethiker, wenn auch auf deutlich niedrigerem Niveau, jeweils mehr Publizität als die Wissenschaftler.

Tabelle 2: Nennung relevanter Akteure im Zeitverlauf (in %)

Akteur	Jahr									
	1995	1996	1997	1998	1999	2000	2001	2002	2003	2004
Wissenschaftler	4.8	7.0	16.1	15.1	2.7	9.7	21.0	11.3	2.2	10.2
Ethiker	-	-	6.5	3.2	1.6	8.1	46.8	14.5	4.8	14.5
Politiker	1.3	0.6	11.9	8.8	1.3	14.5	32.1	15.1	7.5	6.9
n	5.1	5.7	12.1	13.4	3.2	10.8	23.2	12.4	6.4	7.6
	16	18	38	42	10	34	73	39	20	24

Basis: N = 314

Die Ergebnisse lassen sich in folgenden Maßen zusammenfassen:
Befund 1:Fernsehnachrichten berichten nicht gleichmäßig über das Thema in seiner ganzen Breite. Vor allem die spektakulären Anwendungen wie das Klonen von Tieren und Forschungsbemühungen stehen im Vordergrund des Interesses. Die Darstellung ist auf wenige Akteure beschränkt, die jeweils – wie gezeigt (vgl. Tab. 1) - zu Spitzenereignissen (Geburt des Klonschafs Dolly im Jahr 1997, Stammzelltherapie im Jahr 2001) hervortreten. Im Jahr 1997 sind dies besonders die Politiker und im Jahr 2001 die Ethiker.

5.2 Risiko- und Nutzenbewertungen

Mit dem Begriff des Risikos definiert man Ereignisse, die als Schäden bewertet werden und mit einer bestimmten Wahrscheinlichkeit eintreten können. Journalistische Risiko- und Nutzenbewertungen drücken aus, dass Ereignisse mit einer bestimmten Wahrscheinlichkeit als Schaden oder als Gewinn betrachtet werden können.[13] Es geht beispielsweise nicht nur um ökonomische, sondern auch um soziale, ethische und rechtliche Dimensionen, die im Bereich der Medizin wichtig werden können (vgl. Gethmann/Thiele 2003; Taupitz/Moeller-Herrmann 2003). Verweist diese Ausgangsituation auf eine bekannte Tendenz der Berichterstattung, neue wissenschaftliche Erkenntnisse und Innovationen zunächst eher als riskant denn als nützlich zu bewerten[14] (vgl. Ruhrmann 1992; Gaskell u. a. 2001a)? Nachfolgende Tabelle zeigt, wie die Journalisten die Ereignisse als Nutzen bzw. als Risiko bewertet haben. Von Mitte der 90er Jahre bis zum Jahr 2000 überwiegt die Darstellung des (vor allem wissenschaftlichen) Nutzens, ab 2000 dann die Risikobewertungen, nicht zuletzt aufgrund der politisch-ethischen Debatte (vgl. Tab. 3).

Tabelle 3: Nutzen und Risikobilanz im Zeitverlauf (in %)

Bewertungen (Mehrfach-nennungen)	Jahr									
	1995	1996	1997	1998	1999	2000	2001	2002	2003	2004
Nutzen (N)	7.1	9.2	9.2	12.0	4.3	12.0	21.7	9.8	3.3	11.4
Risiken (R)	2.4	-	15.3	4.7	1.2	12.9	28.9	18.8	8.2	8.2
N-R-Bilanz	+4,7	+9.2	-5.9	+7.3	+2.2	-0.9	-6.5	-9.0	-4.9	+4.
n	16	18	38	42	10	34	73	39	20	24

Basis: N=314

Befund 2: In der Regel ist die journalistische Nutzen- und Risikobilanz nicht ausgeglichen. Insbesondere bei Spitzenereignissen korreliert die häufigere Nennung von Politikern und vor allem Ethikern (vgl. Befund 1) mit einer stärkeren Betonung von Risiken. Allerdings ist - wie das Jahr 1997 zeigt - die Nennung von Wissenschaftlern nicht zwangsläu-

---

13 Vgl. dazu aus der Perspektive der Risikodefinition und -wahrnehmung Görke/Ruhrmann 2003. Zur risikoorientierten Dramatisierung in „elite mass media" vgl. Gutteling 2005.

14 Dieser Risiko-Bias für jeweils frühe Phasen des Innovationszyklus findet sich auch für andere Hochtechnologien, wenn individuelles (Konsumenten-)Verhalten betroffen ist (vgl. Ruhrmann 2008).

fig mit einer positiven Nutzen-Risikobilanz bzw. die Nennung von Ethikern im Jahre 2004 nicht zwangsläufig mit einer Dominanz von Risikobewertungen verbunden.

5.3 Themenrelevanz und Kontroversen

Nachfolgend werden zwei weitere inhaltliche Dimensionen der Wissenschaftsberichterstattung vorgestellt: die Relevanz der Themen und der Grad der dargestellten Kontroversen.

Relevanz

Nachrichten über Medizin verweisen auf recht unterschiedliche Relevanzen der Meldungen, die man allgemein als Bestandteil von Wissensformen (vgl. Sperber/Wilson 1999) der Journalisten betrachten kann.[15] Relevanzen verbinden kognitive und emotionale Dimensionen des Alltagswissens (vgl. Graber 2005: 485 f.). Relevanzen bezeichnen jeweils selektionswürdige Themenkontexte, die nicht beliebig gewechselt werden können. Unterscheiden lassen sich Relevanzebenen (Gesamtgesellschaft, soziale Gruppen sowie Individuen) und Relevanzniveaus (Zahl der Betroffenen, Wirkungsintensität, Nachhaltigkeit usw.) (vgl. Daschmann 2009).[16] Relevanzstrukturen ermöglichen es den Journalisten bzw. Rezipienten, molekularmedizinische Themen in größere Wissenszusammenhänge einzuordnen. Das dabei verwendete medizinische Alltagswissen wird erst dann zum expliziten Gegenstand von kontroverser Kommunikation, wenn die bisher gültigen Beschreibungen unsicher und nicht mehr verstanden werden (vgl. Nisbet 2005: 93 ff.). Die Ergebnisse der vorliegenden Analyse zeigen, dass die Berichterstattung in den Jahren 1998 und 2001 hohe Relevanzwerte aufweist (vgl. Tab. 4). Dies lässt sich als Folgen der ab dem Jahr 1997 geführten Dolly-Debatte und der um politische und ethische Fragen geführten Stammzelldebatte interpretieren. Diese stellt die gesamtgesellschaftliche Dimension der Molekularen Medizin in den Vordergrund des öffentlichen Interesses.

---

15 In der Kommunikationswissenschaft werden Relevanzen auch im Kontext der kognitionspsychologischen Diskussion über Schemata behandelt (vgl. Scheufele 2006 sowie Matthes 2007; siehe auch Scheufele/Scheufele 2010).
16 Da sind zum einen individuelle und partikuläre Aspekte, die sich auf einzelne Menschen oder einzelne Bevölkerungsgruppen beziehen (z. B. genetische Risiken für bestimmte Bevölkerungsgruppen). Zum anderen geht es um gesamtgesellschaftliche und universelle Aspekte, die ein Land/ eine Nation oder sogar die gesamte Welt bzw. die gesamte Menschheit betreffen (vgl. Graber 2005).

Tabelle 4: Relevanzstrukturen und Kontroversen im Zeitverlauf (in %)

Jahr	1995	1996	1997	1998	1999	2000	2001	2002	2003	2004
Relevanz	15.1	13.1	17.3	32.8	8.9	17.3	46.7	21.0	11.2	16.1
Kontroverse	12.4	2.4	9.2	70.0	1.8	12.4	40.6	25.3	7.1	15.9
n	16	18	38	42	10	34	73	39	20	24

Basis: N=314

Kontroversen

Die entstehenden Kontroversen zwischen Experten und Laien lassen sich auf typische Verwendungsweisen unterschiedlichen Alltagswissens zurückführen (vgl. Ruhrmann 2008). Die Medien machen sie dann als Konflikte aktuell (vgl. Robins 2001; Dahinden 2002). Kontroversen lassen sich als Folge von Risikobewertungen beobachten: Man entdeckt nicht nur die potentiell schädlichen Folgen einer technologischen Innovation, sondern die mit ihnen verbundenen sozialen und wirtschaftlichen Interessen (vgl. Gerhards/Schäfer 2006; 2010). Kontroversen fungieren damit zugleich auch als Anlass weiterer Kontroversen zwischen Experten und Laien, Entscheidern und Betroffenen. Der entstehende Dissens forciert den Konflikt. Gerade wenn versucht wird, riskante Entscheidungen nachträglich zu rechtfertigen.[17]
Somit zeigen sich also zwei wesentliche Höhepunkte der Kontroversen in den Jahren 1998 sowie 2001 und 2002 (vgl. Tab. 4): Inhaltlich geht es jeweils um die Geburt des Klonschafs Dolly und die Stammzellkontroverse, die in dramatisierter Form dargestellt wird. Festzuhalten ist:

Befund 3: Im Nachgang von Dolly sowie der Stammzelltherapie werden die Relevanz der Molekularen Medizin und ihre Kontroversen in der Berichterstattung deutlicher hervorgehoben.

5.4 Nachrichten und der Beachtungsgrad von Ereignissen

Die Nachrichtenforschung versucht anhand von einzelnen Merkmalen in bereits publizierten Meldungen auf deren Relevanz bei der journalistischen Auswahl des berichteten Ereignisses zu schließen. Erstmals hat Sande (1971: 225 ff.) einen „prominence index" konstruiert, um zu messen, wie „auffällig" bzw. sensationell

---

17 Siehe zur Diskussion am Beispiel der Biotechnologie sowie der Humangenom-Forschung Görke/Ruhrmann 2003 und Gerhards/Schäfer 2007.

die einzelnen Nachrichten präsentiert wurden. Dieser Index berücksichtigt u. a. die Platzierung sowie die Länge von Meldungen (vgl. Schulz 2009). Bereits Staab (1990: 128 ff.) erhebt den Umfang der Berichterstattung und die Platzierung des Nachrichtenbeitrags. Eilders (1997: 165 ff.) codiert die Variablen Umfang und Platzierung einer Meldung. Die Nachrichtenwerttheorie geht davon aus, dass der „Nachrichtenwert" einer Nachrichtenmeldung anhand formaler Indikatoren gemessen werden kann.

Im Rahmen der vorliegenden Analyse wird dieser Index mit Hilfe der Variablen Platzierung der Meldung[18] und Umfang der Meldung[19] konstruiert (vgl. Maier 2003; Maier/Ruhrmann 2008).[20] Nachfolgend wird der so ermittelte Nachrichtenwert der Meldungen mit ausgewählten inhaltlichen Variablen in Beziehung gesetzt, also mit denjenigen Merkmale, aufgrund derer die Ereignisse aus der Molekularen Medizin erst zu einer Nachrichtenmeldung im Fernsehen werden (vgl. Conrad 1999). Berücksichtigt wurden die Anzahl erwähnter Nutzen sowie Risiken, der Grad der Kontroverse, die Relevanz, der Nachrichtenfaktor Visualität sowie die Akteure.[21]

Um den Einfluss der inhaltlichen Variablen auf den Nachrichtenwert zu bestimmen, wurde eine multiple Regressionsanalyse gerechnet: Als unabhängige Variablen (Prädiktoren) fungieren die bisher diskutierten inhaltlichen (ordinalskalierten) Auswahlkriterien, die miteinander unkorreliert sind. Abhängige Variable ist der intervallskalierte Beachtungsindex.

Aufgrund der bisherigen Befunde wird die Berechnung einmal für die Periode von 1995 bis 1999 (= Phase 1), zum anderen für die Zeit von 2000 bis 2004 (= Phase 2) unternommen. Die Ergebnisse sind in Tabelle 5 dargestellt: Die Erklärungskraft des vorliegenden Modells in Phase 1 beträgt insgesamt 25%. Signifikanten Einfluss auf den Beachtungsgrad der Meldung haben hier die Relevanz der behandelten Themen (β=.30) sowie die Zahl der erwähnten Nutzen (β=.23) und Risiken (β=.26). Außerdem beeinflusst der Grad der Visualität

---

18 Die drei ersten Meldungen jeder Sendung erhalten dabei vier Punkte (29% aller Meldungen); Meldungen, die auf den Sendeplätzen vier bis sechs ausgestrahlt wurden, erhalten drei Punkte (32% aller Meldungen); die Sendeplätze 8 bis 10 erhalten zwei Punkte (21 % aller Meldungen); ab dem zehnten Sendeplatz erhalten die Meldungen noch einen Punkt (17 % der Meldungen).

19 Meldungen, die kürzer sind als 30 Sekunden, erhalten einen Punkt (25%); Meldungen mit einer Dauer zwischen 31 und 95 Sekunden erhalten zwei Punkte (23%), Meldungen zwischen 95 und 115 Sekunden erhalten drei Punkte (25 %), und Meldungen mit über 116 Sekunden Beitragsdauer erhalten vier Punkte (27%).

20 Für jede Meldung werden dabei ihre Ausprägungen auf diesen zwei formalen Variablen addiert und durch zwei dividiert; der Index ist eindimensional strukturiert.

21 Visualität wird – wie andere Nachrichtenfaktoren auch – auf einer vierstufigen Skala erhoben und misst den Grad der Lebhaftigkeit (vividness) des gezeigten Bild- und Filmmaterials. Vgl. dazu auch Brosius 1998: 223; Ruhrmann et al. 2003: 265 f.; Shoemaker/Cohen 2006: 11 sowie ausführlicher: Diehlmann 2010.

(β=.25) den Beachtungsgrad. Die erwähnten Akteure haben keinen oder im Falle der Wissenschaftler sogar einen negativen (aber nicht signifikanten) Einfluss. Kontroversen erklären in dieser ersten Phase von 1995 bis 1999 nicht die „Prominenz" der präsentierten Meldung.

Für die zweite Phase weist das Modell mit R^2 = .45 deutlich mehr Erklärungskraft auf. Nunmehr erklärt zusätzlich der Grad der Kontroverse den Nachrichtenwert. Gleichwohl in der zweiten Phase mehr über Risiken berichtet wird, erklärt die Anzahl der erwähnten Nutzen (β = .18) den Nachrichtenwert mehr als die Anzahl der erwähnten Risiken (β =.11 n. s.). Außerdem beeinflusst das Auftreten von Politikern (.18) und – im Vergleich zur Phase 1 - nunmehr der Visualitätsgrad die journalistische Beachtung der Meldung signifikant. Die Nennung von Ethikern beeinflusst den Nachrichtenwert auch in der zweiten Phase nicht.

Zusammenfassend lässt sich feststellen, dass die Erklärungskraft der Modelle in der jeweiligen Phase variiert: In Phase 1, in der Ereignisse, wie der Beginn der Beteiligung Deutschlands am Human Genom Project oder die Geburt des Klonschafes Dolly stattfanden, ist die allgemeine Relevanz wissenschaftlicher Themen sowie ihre Risiko- und Nutzenbewertungen ausschlaggebend für den Beachtungsgrad.

Tabelle 5: Einfluss inhaltlicher Variablen auf den Nachrichtenwert der Meldung

Modellanpassung R^2	0.25	0.45
Effekte der Faktoren (β -Werte)	Phase 1 (1995 -1999)	Phase 2 (2000 -2004)
Allgemeine Relevanz	0.30**	- 0.02
Grad der Visualität	0.25**	0.38**
Grad der Kontroverse	-0.19	0.21**
Anzahl erwähnter Nutzen	0.23**	0.18**
Anzahl erwähnter Risiken	0.26**	0.11
Wissenschaftler als Handlungsträger	-0.15	0.07
Politiker als Handlungsträger	0.0	0.18**
Ethiker als Handlungsträger	0.05	0.02
	n=124	n=190

Signifikanzniveau: ** p<0,01

Seit 2000 wird der Nachrichtenwert der Molekularen Medizin durch eine zunehmende Visualität des Themas, sowie durch eine kontroverse Darstellung geprägt, die vor allem auf die Sloterdijk-Diskussion zurückgeführt werden kann.

Die einflussreichsten Akteure sind dabei die gezeigten Politiker, nicht jedoch Wissenschaftler oder Ethiker. Die Anzahl der erwähnten Risiken spielt zunehmend weniger eine Rolle.

Befund 4: Offensichtlich hat sich der Beachtungsgrad der Nachrichten über Molekulare Medizin gewandelt: War es zunächst die wissenschaftszentrierte Perspektive und die Risikoorientierung, welche die Meldung journalistisch prominent gemacht haben, wird der Nachrichtenwert ab dem Jahr 2000 über eine politikzentrierte und gut visualisierte Nutzenkontroverse konstituiert. Molekulare Medizin ist für die politische Öffentlichkeit zu einem aktuelleren Nachrichtenthema geworden.

6 Zusammenfassung und Ausblick

Nachrichtenberichterstattung verstärkt die Selektivität der Wissenschaftskommunikation: Nur aktuelle Ereignisse im Bereich der molekularen Medizin werden zu Nachrichten. Allein neue Entdeckungen oder behauptete Innovationen ohne medizinsche, technische oder wirtschaftliche Relevanz sind keine Meldungen. Doch selten ist untersucht worden, wie die Selektivität der Nachrichteninhalte strukturiert ist.

Ausgehend von Überlegungen zum Konstrukt der Aktualität ließ sich zeigen, dass erst die Kombination von kognitiven (Information, Überraschung, „Deviance") und sozialen Faktoren der „Social Significance" wie etwa Relevanz bzw. Betroffenheit der Bezugsgruppen dazu führen, dass aus bestimmten Ereignissen aktuelle Nachrichten werden. Wissenschaft und Medizin kamen bis Mitte der 1970er Jahre kaum in den Medien zur Geltung. Denn die Themen waren weder konfliktreich, noch reichte die Prominenz der Akteure aus, um medial nachrichtenrelevant zu sein. Häufig fehlten auch geeignete Bilder, um wissenschaftliche Entdeckungen und innovative Prozesse sichtbar zu machen. Und dies blieb so bis Mitte der 1990er Jahre.

Doch die spektakulären Innovationen der Gentechnik, die damit von einem großen Teil der Öffentlichkeit assoziierten Risiken und die zunehmende Visualisierbarkeit auch komplexer medizinischer Sachverhalte, machen das Thema aktuell und für die TV-Nachrichten relevant. Seit 2000 erklärt vor allem der Nachrichtenfaktor Visualität, d. h. die Lebendigkeit der gezeigten Bilder und Filmberichte, aber auch der vermeintliche Nutzen molekularmedizinischer Sachverhalte zunehmend, welchen Nachrichtenwert das Thema gewinnt. „We are more likely to pay attention to vivid information than pallid information because vivid information fires our imagination in one of three ways: (1) it is interesting and involves our emotions; (2) it is concrete and evokes images; or (3) it is information about something that is proximate – if not in terms of geographical closeness, then in terms of time or our senses" (Shoemaker/Cohen 2006: 11). Unklar bleibt indes, ob im Kontext der Darstellung von Molekularer Medizin die passenden Bilder gezeigt werden, weil ihre journalistische Interpretation häufig schwierig ist. Jedenfalls berichten Journalisten zu diesem Thema wiederholt, wie schwer es ihnen fällt, richtige Bilder im doppelten Wortsinn zum Thema zu bekommen bzw. bringen zu können (vgl. Milde/Hölig in diesem Band; Milde 2009; Diehlmann 2010). Auch wissen wir nicht, inwieweit die Nutzen von gleich bleibender Relevanz sind und wie die in den letzten Jahren zunehmend gezeigten Bilder von Chancen der Molekularen Medizin von den Rezipienten verarbeitet werden.

Fast jedes europäische Land verzeichnete seit Anfang der 1980er Jahre ein zunehmendes mediales Interesse; die Nennung von Gentechnik und Molekulare Medizin in der Presse steigt exponentiell an und wird zunächst eher negativ als positiv bewertet (vgl. Durant et al. 1998). Das hat auch Auswirkungen auf die Darstellung des Themas in Fernsehnachrichten. Zwar waren bisher keine langfristig angelegten Studien über die Präsenz von Gentechnik und Molekularer Medizin in Fernsehnachrichten der 1980er und 1990er Jahren bekannt. Aufgrund der nun vorliegenden Ergebnisse kann man jedoch davon ausgehen, dass TV-Nachrichten verstärkt, wenn auch eher selektiv und unausgewogen über einzelne Akteure und Themen der Molekularen Medizin berichten. Nämlich erst dann, wenn spektakuläre Ereignisse wie das Klonschaf Dolly oder die Stammzell-Debatte öffentliche Kontroversen auslösen.

Die Selektivität der Nachrichtengebung verstärkt den in der Politik angelegten Trend, eher moralisch vorgetragene Bewertungen zu etablieren und sich damit öffentlich Gehör bzw. Nachrichtenaufmerksamkeit zu verschaffen (vgl. Staab 1990: 225). Politiker und Vertreter der Ethik behaupten beispielsweise mehr als andere, dass es Risiken der Molekularen Medizin gebe. Doch die zunehmend erwähnten Risiken erklären – wie die Inhaltsanalyse gezeigt hat – in den letzten Jahren wesentlich weniger den Nachrichtenwert der Molekularen Medizin. Damit zeigt sich – so eine mögliche These - die Politisierung und Moralisierung einer Debatte über Molekulare Medizin, die Mitte der 1990er Jahre noch stärker wissenschaftszentriert und nutzenorientiert verlief (vgl. Matthes/Kohring 2008). Hinzu kommt, dass neue Formen der Visualisierung möglich werden: Die Folgen der Molekularen Medizin und ihre konkreten Anwendungen lassen sich zunehmend mit attraktiven Computeranimationen ins Bild setzen. Wie sich zeigt, ist der Nachrichtenwert, anders als in der ersten Phase (1995 – 1999) in der zweiten Berichterstattungsphase zunehmend auch von Kontroversen der Politiker beeinflusst. Diesmal stehen allerdings die Nutzen der Molekularen Medizin im Fokus der journalistischen Aufmerksamkeit und zugleich die Debatte um das Risiko, dass die Chancen zu wenig genutzt werden könnten.

Literatur

Bauer, M. (2005a): Perceptions and Mass Media in the Biotechnology Controversy. In: International Journal of Public Opinion Research 17. 1, S. 5-22.

Bauer, M. (2005b): Distinguishing Red and Green Biotechnology: Cultivation Effects of the Elite Press. In: International Journal of Public Opinion Research 17. 1. S. 63-89.

Bonfadelli, H. (2005): Mass Media and Biotechnology: Knowledge Gaps Within and Between European Countries. In: International Journal of Public Opinion Research 17. 1. S. 42-62.

Brewer, J./Hunter, A. (2006): Foundations of Multimethod Research. Synthesizing Styles. Thousand Oaks (Ca): Sage.

Brooks, B. S./Kennedey, G./Moen, D. R./Ranly. (2008): News Reporting and Writing. 9th Edition. Boston: Bedford.

Brosius, H. B. (1998): Visualisierung von Fernsehnachrichten. Text – Bild – Beziehungen und ihre Bedeutung für die Informationsleistung. In: Kamps, K./Meckel, M. (1998): Fernsehnachrichten. Prozesse, Strukturen, Funktionen. Opladen: Westdeutscher Verlag. S. 213-224.

Conrad, P. (1999): Uses of expertise: sources, quotes, and voices in the reporting of genetics in the news. In: Public Understanding of Science 8. S. 285-302.

Craig, R. (1991): Generalization of Scott´s Index of Intercoder Agreement, In: Public Opinion Quarterly 45. S. 260 – 264.

D´Angelo, P. (2002): News Framing as a Multiparadigmatic Research Program: A Response to Entman. In: Journal of Communication 52. 4. S. 870-88.

Dahinden, U. (2002): Biotechnology: From inter-science to international controversies. In: Public Understanding of Science 11. 87-92.

Dahinden, U./Schanne. M. (2009): Wissenschafts- und Risikokommunikation. In: Dahinden, U./Süss, S. (Hg.): Medienrealitäten. Konstanz: UVK, S. 69-88.

Daschmann, G. (2009): Qualität von Fernsehnachrichten: Dimensionen und Befunde. Eine Forschungsübersicht. In: Media Perspektiven 5 / 2009. S. 257-266.

Diehlmann, N. (2009): Selektionskriterien bei Fernsehnachrichten. Ein medienspezifisches Nachrichtenwertmodell untersucht am Beispiel der TV-Berichterstattung über „Nachhaltige Entwicklung". Dissertation. unveröff. Ms. Jena: IfKW.

Dornan, C. (1990): Some problems in conceptualizing the issue of "Science and the media". In: Critical Studies in Mass Communication 7. S. 48-71.

Donsbach, W. (2003): Objecitivity in Reporting. In: Encyclopedia of International Media and Communications. New York: Academic Press. S. 383-390.

Donsbach, W. (2004): Psychology of news decision. Factors behind journalist´s professional behaviour. In: Journalism 5. 2. S. 131-157.

Donsbach, W./Büttner, K. (2005): Boulevardisierungstendenzen in deutschen Fernsehnachrichten. Darstellungsmerkmale der Politikberichterstattung vor den Bundestagswahlen 1983, 1990 und 1998. In: Publizistik 50. 1. S. 21-38.

Durant, J./Bauer, M./Gaskell, G. (Hrsg.) (1998): Biotechnology in the Public Sphere. A European Sourcebook. London: Science Museum.

Entman, R. (1993): Framing: toward clarification of a fractual paradigm. In: Journal of Communication 15. S. 415-428.

Eilders, C. (1997): Nachrichtenfaktoren und Rezeption. Opladen: Westdeutscher Verlag.

Gaskell, G./Allum, N./Wagner, W./Nielsen, T. H./Jelsoe, E./Kohring, M./ Bauer, M. (2001b): In the public eye: representation of biotechnology in Europe. In: Gaskell, G./Bauer, M. (Hrsg.) (2001): Biotechnology 1996 – 2000. The Years of Controversy. London: Science Museum. S. 53-79.

Gaskell, G./Einsiedl, E./Priest, S./Eyck, T. T./Allum, N. / Torgensen, H. (2001a): Troubled Water: the Atlantic divide on biotechnology policy. In: Gaskell, G./Bauer, M. (Hg.) (2001): Biotechnology 1996 – 2000. The Years of Controversy. London: Science Museum. 96-115.

Gerhards, J./Schäfer, M. (2006): Die Herstellung einer öffentlichen Hegemonie. Humangenomforschung in der deutschen und US-amerikanischen Presse. Wiesbaden: Verlag Sozialwissenschaften.

Gerhards, J./Schäfer, M. (2010): Normative Modelle wissenschaftlicher Öffentlichkeit. Theoretische Systematisierung und Illustration am Fall der Humangenomforschung. In diesem Band.

Gethmann, C. F./Thiele, F. (2003): Ethische Probleme der Molekularen Medizin. Grundlagen und Anwendungen. In: Ganten, D./Ruckpaulm, K. (Hg.): Grundlagen der Molekularen Medizin. 2. überarbeitete und erweiterte Auflage. Berlin, Heidelberg, New York. S. 711-734.

Görke, A./Kohring, M./Ruhrmann, G. (2000): Gentechnologie in der Presse. Eine internationale Langzeitanalyse von 19973 bis 1996. In: Publizistik 45. 1. S. 20 – 37.

Görke, A./Ruhrmann, G. (2003): Public Communication between facts and fictions: on the construction of genetic risk. In: PUS 12. S. 229-241.

Graber, D. A. (2005): Political Communication Faces the 21st Century. In: Journal of Communication 55. 3. S. 479-507.

Gutteling, J. M. (2005): Mazur´s Hypothesis on Technology Controversy and Media. In: International Journal of Public Opinion Research 17. 1. S. 23-41.

Iyengar, S. (1996): Framing Responsibility for Political Issues. The Annals, AAPSS. 546. S. 59-70.

Hackett, R. A. (2008): Objectivity in Reporting. In: Donsbach, W. (Hg.): The International Encyclopedia of Communication, Volume VII. S. 3345-350.

Hampel, J./Renn, O. (1999): Einleitung. In: Hampel, J./Renn, J. (Hg.): Gentechnik und Öffentlichkeit. Wahrnehmung und Bewertung einer umstrittenen Technologie. Frankfurt & New York: Campus. S. 7-27.

Hansen, A. (1994): Journalistic practices and science reporting in the British Press. In: Public Understanding of Science 3. S. 111-134.

Hömberg, W. (1990): Das verspätete Ressort. Die Situation des Wissenschaftsjournalismus. Konstanz: UVK.

Hoyer, S. (2005): The Idea of the Book. Introduction. In: Hoyer, S./Pöttker, H. (Hg.):Diffusion of the News Paradigm 1850 – 2000. Göteborg: Nordicom, S. 9-18.

Kohring, M. (2004): Vertrauen in Journalismus. Theorie und Empirie. Konstanz: UVK.

Kohring, M. (2005): Wissenschaftsjournalismus. Forschungsüberblick und Theorieentwurf. Konstanz: UVK.

Kohring, M./Matthes, J. (2002): The face(t)s of biotech in the nineties. In: Public Understanding of Science 11. S. 143-154.

Krippendorff, K. (2004): Content Analysis. Thousand Oaks (CA), London, New Dehli: Sage.

Leeuwen, T. van/Jewitt, C. (2001): Handbook of Visual Analysis. London: Sage.

Meier, K./Feldmeier, F. (2005): Wissenschaftsjournalismus und Wissenschafts-PR im Wandel. Eine Studie zu Berufsfeldern, Marktentwicklung und Ausbildung. In: Publizistik 50. 2. S. 201-224.

Maier, M. (2003). Nachrichtenfaktoren – Stand der Forschung. In Ruhrmann, G./Woelke, J./Maier, M./Diehlmann N.: Der Wert von Nachrichten im deutschen Fernsehen. Ein Modell zur Validierung von Nachrichtenfaktoren. Opladen: Leske + Budrich: S. 27-50.

Maier, M./Ruhrmann, G. (2008): Celebrities in Action and other News. News factors of German TV news 1992 – 2004 Results from a content analysis. In: Human Communication 11. 1. S. 201-218.

Maier, M./Ruhrmann, G./Stengel, K. (2008): Der Wert von Nachrichten im deutschen Fernsehen - Fortsetzungsstudie Inhaltsanalyse 2007. Düsseldorf: LfM.

Matthes, J. (2007): Framing – Effekte. Zum Einfluß der Politikberichterstattung auf die Einstellungen der Rezipienten. München: Fischer.

Matthes, J./Kohring, M. (2008): The Content Analysis of Media Frames. Toward Improving Reliability and Validity. In: Journal of Communication 58. S. 258-279.

Merten, K. (1999): Einführung in der Kommunikationswissenschaft. Bd. 1. Grundlagen der Kommunikationswissenschaft. Münster, Hamburg: Lit..

Milde, J./Ruhrmann, G. (2006): Molekulare Medizin in deutschen TV-Wissenschaftsmagazinen. Ergebnisse von Journalisteninterviews und Inhaltsanalysen. In: Medien & Kommunikationswissenschaft 52. 1. S. 430-474.

Milde, J./Hölig, S. (2010): „Das Bild ist stärker als das Wort" - Selektions- und Darstellungskriterien von TV-Wissenschaftsjournalisten beim Thema „Molekulare Medizin". In: Ruhrmann, G./Milde, J./Zillich, A. F. (Hrsg.): Molekulare Medizin und Medien. Zur Darstellung und Wirkung eines kontroversen Wissenschaftsthemas. Wiesbaden: Verlag Sozialwissenschaften. In diesem Band.

Milde, J. (2009): Vermitteln und Verstehen. Zur Verständlichkeit von Wissenschaftsfilmen im Fernsehen. Wiesbaden: Verlag Sozialwissenschaften.

Neuendorf, K. A. (2002): The Content Analysis Guidebook. Thousand Oaks: Sage.

Nisbet, M. C. (2005): The Competition of Worldviews: Values, Information, and Public Support for Stem Cell Research. In: International Journal of Public Opinion Research 17. 1. S. 90-112.

Renn, O./Schweizer, P. J./Dreyer, M./ Klinke, A. (2007): Risiko. Über den gesellschaftlichen Umgang mit Unsicherheit. München: Oekom Verlag.

Robins, R. (2001): Overburdening risk: policy frameworks and the public uptake of gene technology. In: Public Understanding of Science. 10. S. 19-36.

Ruhrmann, G. (1992): Genetic engeneering in the press: a review of research and results of a content analysis. In: Durant, J. (Hrsg.): Biotechnology in public. London: Science Museum. S. 169-201.

Ruhrmann, G. (1998): The Media and the „Distortion of Reality" in the Public Understanding of Science. In: Dierkes, M./von Grote, C. (Hg.): Public Opinon and Public Debates. Notes on two perspectives for examininig public understanding of science and technology. Berlin: WZB. S. 57-69.

Ruhrmann, G. (2005): Aktualität und Publizität revisited: Nachrichtenfaktoren und Beachtungsgrad von TV-Meldungen am Beispiel des Themas "Migranten". In: Wienand, E./Westerbarkey, J./Scholl, A. (Hrsg.): Kommunikation über Kommunikation. Theorien, Methoden und Praxis. Opladen: Verlag Sozialwissenschaften. S. 67-82.

Ruhrmann, G. (2008): Risk Communication. In: Donsbach, W. (Hrsg.): The International Encyclopedia of Communication, Volume X. S. 4415-4419.

Ruhrmann, G./Göbbel, R. (2007): Veränderung der Nachrichtenfaktoren und Auswirkungen auf die journalistische Praxis in Deutschland. Wiesbaden: Netzwerk Recherche.

Ruhrmann, G./Woelke, J./Maier, M./Diehlmann, N. (2003): Der Wert von Nachrichten im deutschen Fernsehen. Ein Modell zur Validierung von Nachrichtenfaktoren. Opladen: Leske + Budrich.

Sande, Ø. (1971). The perception of foreign news. In: Journal of Peace Research. 8. S. 221–237.

Schäfer, M. (2007): Wissenschaft in den Medien. Die Medialisierung naturwissenschaftlicher Themen. Wiesbaden: Verlag Sozialwissenschaften.

Scheufele, B. (2006): Frames, schemata, and news reporting. In: Communications 31. 1. S. 65-84.

Scheufele, B./Scheufele, D. (2010): Of Spreading Activation, Applicability, and Schemas: Conceptual Distinctions and their Operational Implications for Measuring Frames and Frame Effects. In: D´Angeolo, P./Kuypers, J. A. (Hrsg.): Doing News Framing Analysis. Empirical and Theoretical Perpectives. New York: Routledge. S. 110-134.

Scheufele, D. A./Tewksbury, D. (2007): Framing, Agenda Setting, and Priming: The Evolution of Three Media Effects Models. In: Journal of Communication 57. 1. S. 9-20.

Schudson, M. (2005): The Emergence of the Objectivity Norm in American Journalism. In: Hoyer, S./Pöttker, H. (Hrsg.):Diffusion of the News Paradigm 1850 – 2000. Göteborg: Nordicom. S. 19-36.

Schulz, W. (2009): Nachricht. In: Noelle-Neumann, E./Schulz, W./Wilke, J. (Hrsg.): Fischer Lexikon Publizistik Massenkommunikation. München: Fischer. S. 359-396. .

Shoemaker, P. J. (1996): Hardwired for News: Using Biological and Cultural Evolution to Explain the Surveillance Function. In: Communication Science 46. 3. S. 32-47.

Shoemaker, P. J./Cohen, A. A. (2006): News around the World. Contents, Practioners, and the Public. New York: Routledge.

Shoemaker, P. J./Reese, S. (1996): Mediating the Message. Theories of Influence on Mass Media Content (2th Edition). White Plane (N. Y.): Longman.

Sperber, D./Wilson, D. (1999): Relevance: Communication and Cognition. Oxford: Blackwell.

Staab, J. F. (1990): Nachrichtenwert – Theorie. Freiburg, München: Alber.

Staab, J. F. (1998): Informationsleistung von Wort und Bild in Fernsehnachrichten. Eine vergleichende Analyse von „CBS Evening News" der „Tagesschau" und der „Aktuellen Kamera" seit ihrer Erstausstrahlung. In: Publizistik 43. 4. S. 411-426.

Stephens, M. (2007): A History of News. Oxford, New York: Oxford University Press.

Taupitz, J./Meller-Hermann, M. (2003): Rechtliche Regelung der Gentechnik. In: Ganten, D./Ruckpaulm, K. (Hrsg.): Grundlagen der Molekularen Medizin. 2. überarbeitete und erweiterte Auflage. Berlin, Heidelberg, New York;. Springer, S. 735-786.

Tuchman, G. (1972): Objectivity as Strategic Ritual: An Examination of Newsmen´s Notion of Objectivity. In: American Journal of Sociology 77. S. 660-679.

Weingart, P./Muhl, C./Pansegau, P. (2003): Of power maniacs and unethical genius: science and scientists in fiction film. In: Public Understanding of Science 12. 3. S. 279-288.

Winterhoff-Spurk, P./Unz, D./Schwab, F. (2005): Häufiger, schneller, variabler. Ergebnisse einer Längsschnittuntersuchung über Gewalt in TV-Nachrichten. In: Publizistik 50. 2. S. 225-237.

White, T. (2005): Broadcast News. Writing, Reporting, and Producing. Fourth Edition. Burlington (NA): Elsevier.

Wolf, C. M. (2006): Bildsprache und Medienbilder. Die visuelle Darstellungslogik von Nachrichtenmagazinen. Wiesbaden: Verlag Sozialwissenschaften.

Zillich, A. F. (2010): Frames in der Berichterstattung über Molekulare Medizin. Eine Inhaltsanalyse von Wissenschaftsmagazinen im Fernsehen. In: Ruhrmann, G./Milde, J./Zillich, A. F. (Hrsg.): Molekulare Medizin und Medien. Zur Darstellung und Wirkung eines kontroversen Wissenschaftsthemas. Wiesbaden: Verlag Sozialwissenschaften. In diesem Band.

Korrespondenzanalyse von Mediendiskursen. Zur empirischen Verbindung von Öffentlichkeitstheorie und Diskursanalyse

Mike S. Schäfer

1 Einleitung

Wissenschaftliche Themen sind heute mehr denn je öffentlich präsent – so eine verbreitete Diagnose, die wenigstens für westlich-industrialisierte Gesellschaften gelten dürfte. In diesen ist nach Ansicht vieler Autoren eine „Vervielfältigung der Vermittlungsmedien und Orte zu beobachten, an denen Wissenschaft und Öffentlichkeit einander begegnen: Noch nie zuvor wurde eine solche Fülle an Bildern von Wissenschaft transportiert" (Felt u.a. 1995: 244). Dabei spielt, auch dies ist in der Literatur weitgehend Konsens, die massenmediale Vermittlung von Wissenschaft eine zentrale Rolle. Massenmedien gelten als die „ideal stage for intersection, bridging and negotiation" (Bucchi 1998: 132) zwischen Wissenschaft und Gesellschaft, in ihnen wird Wissenschaft in gesellschaftliche Kontexte gestellt, werden ihre Legitimation, Möglichkeiten und Grenzen (mit) ausgehandelt (vgl. Weingart 2005). Denn die massenmediale Darstellung von Wissenschaft prägt die Meinungen und Einstellungen der Bürger (vgl. Nisbet/Lewenstein 2001) ebenso wie die Agenda und die Handlungspräferenzen der Entscheidungsträger (vgl. Jeon/Haider-Markel 2001).

Folgerichtig ist die Untersuchung massenmedialer Diskurse über Wissenschaft seit einigen Jahrzehnten einer der etablierten Topoi in der Sozialwissenschaft. Eine Vielzahl einschlägiger Studien entstand in den 1980ern und 1990ern im Nachgang der (wissenschafts)politisch induzierten „Public Understanding of Science"-Programme unterschiedlicher Länder (vgl. Dornan 1990; Dunwoody/Ryan 1985; 1986; Green 1985; Lewenstein 1995; Logan 1992; Peters 1994a). Die massenmediale Kommunikation über Wissenschaft steht seitdem kontinuierlich im Mittelpunkt mehrerer im „Social Science Citation Index" vertretener Fachzeitschriften (v.a. „Public Understanding of Science", „Science Communication" und „Social Studies of Science"). Zudem liegen neben zahllosen Aufsätzen mittlerweile auch mehrere Einführungsbücher zu diesem Thema vor (vgl. Bucchi 1998; Gregory/Miller 1998).

Innerhalb dieser umfänglichen Literaturlage lassen sich zwei einflussreiche
Schulen ausmachen: auf der einen Seite unterschiedliche Varianten der Diskursanalyse, die sich v. a. aus den Schriften Michel Foucaults speisen; auf der anderen Seite quantitative Inhaltsanalysen, die häufig innerhalb eines Öffentlichkeits-
entwurfs verankert werden, der Anfang der 1990er Jahre am Wissenschaftszentrum Berlin für Sozialforschung (WZB) entwickelt wurde. Beide Ansätze wurden
in einer Vielzahl einschlägiger Studien verwendet und auf gesellschaftliche und
massenmediale Kommunikation in Anschlag gebracht. Allerdings werden sie in
der entsprechenden Literatur bislang selten kombiniert. Im besten Falle nehmen
die Autoren beider Seiten keine Notiz voneinander, nicht selten werden die Ansätze auch als konkurrierend oder gar unvereinbar verstanden, was ihre theoretischen und empirisch-methodischen Prämissen angeht. Entsprechend wird kaum
versucht, beide Ansätze zu verbinden – obwohl dies angesichts ihrer theoretischen Prämissen möglich und angesichts ihrer komplementären Stärken und
Schwächen durchaus wünschenswert scheint (vgl. Schäfer 2008a). Hier soll
daher eine solche Verbindung versucht werden: In der Folge werden beide Theorietraditionen zunächst vorgestellt. Anschließend wird vorgeschlagen, sie anhand
eines konkreten empirischen Gegenstandes mit Hilfe eines spezifischen statisti-
schen Verfahrens, der multiplen Korrespondenzanalyse, zu kombinieren (vgl.
Kapitel 2). In Kapitel 3 werden der konkrete Gegenstand, die Stammzellforschung, sowie die verwendeten Daten und Methoden vorgestellt. In Kapitel 4
werden die Ergebnisse präsentiert und in Kapitel 5 hinsichtlich des untersuchten
Falles und des darüber hinaus gehenden theoretischen und empirischen Ertrags
resümiert.

2   Konzeptioneller Rahmen: Öffentlichkeitstheorie des WZB und
     Diskursanalyse

2.1   Die Öffentlichkeitstheorie des WZB

Die Öffentlichkeitstheorie des WZB wurde v.a. von Jürgen Gerhards und Fried-
helm Neidhardt geprägt (vgl. Gerhards 1994; 1993; 1992; Gerhards/Neidhardt
1991; Neidhardt 1994c) und auch in international angelegten Studien verwendet
(vgl. Ferree 2003; Ferree u.a. 2002; Gerhards/Schäfer 2006; Rödder 2005). Sie
greift auf Annahmen der Luhmann'schen Systemtheorie zurück und versteht
moderne Gesellschaften als funktional differenzierte Gesellschaften, die aus
gleichrangigen, sich zunehmend differenzierenden und ihre Komplexität stei-
gernden Teilsystemen bestehen. Der Öffentlichkeit und innerhalb dieser v. a. den

Massenmedien[1] wird in diesem Zusammenhang – auch von Luhmann (v. a. 1995) – die Aufgabe zugeschrieben, die Selbstbeobachtung der Gesellschaft zu ermöglichen: Sie beobachten alle anderen, zunehmend komplexer werdenden Teilsysteme, wählen aus diesen diejenigen Ereignisse aus, die sie aufgrund eigener Kriterien für teilsystemübergreifend relevant halten (vgl. Kohring 1997) und stellen diese allen anderen Teilsystemen wiederum zur Verfügung. Die anderen Teilsysteme werden dadurch von der Bürde der ständigen Umweltbeobachtung (zumindest partiell) entlastet.

Bei Gerhards und Neidhardt werden unterschiedliche Ebenen und Foren der Öffentlichkeit unterschieden (vgl. Neidhardt 1994b: 7), unter denen ihnen allerdings die *Massenmedien als „Masterforum"* (Ferree et al. 2002: 9ff) gelten. Denn nur deren Entstehung und die Tatsache, dass sie gesellschaftliche Kommunikation teilsystem- und themenübergreifend auf Dauer stellten, habe die Ausdifferenzierung der Öffentlichkeit zu einem gesellschaftlichen Teilsystem ermöglicht (vgl. Gerhards 1994: 84).

Diese Zentralstellung der Massenmedien führt dazu, dass die Realität, die sie präsentieren, höchst einflussreich ist. Die meisten Menschen können sich über die viele Themen in modernen Gesellschaften nur über Massenmedien informieren, bzw. in den pointierten Worten Niklas Luhmanns: „Was wir über unsere Gesellschaft, ja über die Welt, in der wir leben, wissen, wissen wir durch die Massenmedien." (Luhmann 1995: 9). Entsprechend wichtig ist es dem WZB-Modell zufolge, wie Themen in den Massenmedien dargestellt werden. Dies wiederum ist auch den gesellschaftlichen Akteuren bewusst und sie versuchen daher, bei Themen, die sie betreffen, massenmedial zu Wort zu kommen und ihre Deutungen zu platzieren.[2] Folgerichtig werden *Massenmedien als Ort gesellschaftlicher Auseinandersetzungen* verstanden, an dem unterschiedliche Akteure und Inhalte aufeinander treffen und um die Deutungshoheit zu bestimmten Themen ringen (vgl. Gerhards/Neidhardt 1991: 58). Mediendiskurse werden also als typischerweise konflikthaltig interpretiert (vgl. Gerhards/Neidhardt 1991: 47).[3]

---

1 Ob nun Massenmedien oder Öffentlichkeit ein gesellschaftliches Teilsystem darstellen, wird in der Literatur unterschiedlich beantwortet. Niklas Luhmann (1995) bspw. interpretiert Massenmedien als gesellschaftliches Teilsystem und verwendete den Öffentlichkeitsbegriff nur in seinem Frühwerk einige Male an exponierterer Stelle (vgl. Luhmann 1975; 1971). Gerhards und Neidhardt (1991) dagegen billigen der Öffentlichkeit den Status eines Teilsystems zu und ordnen Massenmedien diesem Teilsystem unter.

2 So lässt sich für unterschiedliche gesellschaftliche Akteure zeigen, dass in den vergangenen Jahren ihre Bemühungen um Öffentlichkeitsarbeit und v.a. um Medienkontakte und -repräsentanz zugenommen haben – etwa bei politischen Akteuren (vgl. Tenscher 1999), der Wirtschaft (vgl. Kunczik 1999), wissenschaftlichen Akteuren (vgl. Neidhardt 1994a: 43f) und bei NGOs (vgl. Baringhorst 1998).

3 Die Annahme, dass massenmediale Kommunikation als Konkurrenz um die Platzierung von Themen und Akteuren und um die Deutung von Sachverhalten zu verstehen ist, findet sich auch in

Die Autoren setzen sich damit von optimistischen Erwartungshaltungen und allzu starken Hoffnungen auf öffentliche und massenmediale Konsensbildungen ab. Sie gehen stattdessen davon aus, dass in massenmedialen Debatten bestimmte kommunikative Konstellationen erzeugt werden, die möglicherweise weder konsensuell zustande kommen noch die – wie immer gemessene – vorherrschende Meinung der Bürger abbilden, aber dennoch die gesellschaftliche Wahrnehmung von Themen nachhaltig beeinflussen können. Im Extremfall kann die massenmediale Kommunikation zu einem Thema so klar von einer bestimmten Konstellation bestimmt werden, dass man von einer einseitigen „öffentlichen Hegemonie" sprechen muss (vgl. Gerhards/Schäfer 2006; 2007).

In dieser theoretisch angeleiteten und zudem soziologisch und kommunikationswissenschaftlich anschlussfähigen Systematisierung des schillernden Begriffs der Öffentlichkeit liegt ein zentrales Verdienst der Öffentlichkeitstheorie des WZB. Das andere liegt in der klaren Dimensionierung und entsprechend einfachen empirischen Umsetzbarkeit des theoretischen Modells, die dazu geführt hat, dass es häufig als Grundlage von Inhalts- und anderen Medienanalysen herangezogen wurde. Der Vorschlag der Autoren des WZB ist, massenmediale Diskurse empirisch mittels *drei wesentlicher Diskursdimensionen* zu erfassen, von denen angenommen wird, dass sie die wesentlichen Aspekte massenmedialer Platzierungs- und Deutungskonkurrenzen abbilden (vgl. Gerhards et al.1998; Gerhards/Rucht 2000; Gerhards/Schäfer 2006; Ferree et al. 2002): Erstens wird vermutet, dass Akteure versuchen, selbst in den Massenmedien zu Wort zu kommen, um sich auf diese Weise als grundsätzlich legitime Akteure darzustellen („Standing"-Dimension). Zweitens wird antizipiert, dass Akteure versuchen, die inhaltliche Ausrichtung der Berichterstattung zu beeinflussen, d.h. ihre Bewertungen der jeweiligen Themen möglichst stark zur Geltung zu bringen („Positionierung") und zudem, drittens, ihre Deutungen der Themen (das „Framing") zu möglichst hegemonialen Deutungen zu machen. Denn auf diese Weise gelinge es Akteuren, die öffentliche Meinung zu prägen und damit der Gesellschaft bestimmte, ihnen genehme Wahrnehmungen und Handlungsmöglichkeiten nahe zu legen und andere in den Hintergrund zu drängen.

Neben diesen Stärken weist das Modell auch eine Schwäche auf, die in der Theorie angelegt ist, sich aber v.a. in den einschlägigen empirischen Studien niederschlägt: ihre Akteurszentrierung. Es sind Akteure und deren Handeln, die hier als

---

einer Reihe weiterer sozialwissenschaftlicher Arbeiten (vgl. Berkovitz 1992; Cottle 1998; Hilgartner/Bosk 1988; McQuail 2000: 284; Ten Eyck 1999). Ähnlich beschreibt letztlich sogar Jürgen Habermas, obschon aus einer anderen theoretischen Tradition kommend und aufgrund seiner normativen Position mit einem kritischem Unterton, die Charakteristika massenmedialer Berichterstattung. Diese gilt ihm als ‚vermachtete Öffentlichkeit'. Habermas schildert, dass in Massenmedien herrschaftsfreie und auf Verständigung zielende Diskurse nicht möglich sind, da die Akteure dort nur darauf zielen, das Publikum zu überzeugen (vgl. Habermas 1992: 438f).

wesentliche Triebkraft gesellschaftlicher Kommunikation gelten. Es wird angenommen, dass Themen und Sichtweisen in den Massenmedien um Akteure he-
rum organisiert sind, dass sie die dort stattfindenden Diskurse ordnen und damit
die gesellschaftliche Wahrnehmung beeinflussen. Es besteht aber die Gefahr,
dass dabei diskursive Zusammenhänge aus dem Blick geraten, die nicht von den
identifizierbaren Akteuren einer konkreten Debatte organisiert werden, sondern
im wesentlichen oder ausschließlich aus inhaltlichen Elementen wie Deutungen,
Bewertungen o. ä. bestehen – Zusammenhänge also, wie sie die Foucault'sche
Diskursanalyse in den Mittelpunkt stellt.

2.2   Diskursanalysen in der Tradition Michel Foucaults

In Michel Foucaults historisch-epistemologisch angelegten, auch in den Sozialwissenschaften sehr breit rezipierten Schriften (vgl. Foucault 1971; 1973; 1993)
stehen ebenfalls „Diskurse" im Mittelpunkt,[4] die aber etwas anders verstanden
werden als von den Autoren des WZB. Unter Diskursen versteht Foucault Aus-
sagepraktiken, die Teil historisch entstandener Regelsysteme für die praktische
Hervorbringung von Regeln in sozialen Kollektiven und Feldern sind. Foucault
spricht auch von diskursiver Praxis. Ein Produkt dieser diskursiven Praxis sind
die vorherrschenden Wirklichkeits- und Wahrheitsdefinitionen von Gesellschaften, die in unterschiedlichen sozialen Kontexten zu finden sind und sich in den
dort verwendeten Aussageformen (z. B. in Sprache) sowie in Institutionen niederschlagen. Diskurse sind bei Foucault überindividuell angelegte Aussagensys-
teme, die eher sozialen Kollektiven als Individuen zuzurechnen sind (vgl. Diaz-
Bone et al. 2007). Sie können aber umgekehrt in massiver Weise auf Menschen
wirken, ihr Handeln, Denken und Selbstverständnis prägen und letztlich zu ihrer
gesellschaftlichen Einpassung, ihrer „Subjektivierung" (vgl. Foucault 1999: 161)
führen.

---

4 Bei der Verwendung dieses Konzepts ist auf zweierlei hinzuweisen: Erstens muss erwähnt werden,
  dass sich das Konzept der „Diskurse" in Foucaults Sinne von der Verwendung dieses Begriffs bei
  einigen anderen Autoren unterscheidet, etwa von Jürgen Habermas (vgl. zur Erläuterung und Diskussion dieser Unterschiede z. B. Kerchner 2006; Schrage 1999) oder auch von einigen Arbeiten
  der Öffentlichkeitssoziologie (vgl. Keller et al. 2001a: bes. 9ff). Zweitens ist darauf hinzuweisen,
  dass sich Foucault in seinen späteren Arbeiten stärker mit „Dispositiven", mithin heterogenen
  Konstellationen bzw. „Netzen" beschäftigt, die umfassender angelegt sind und „Diskurse, Institutionen, architektonische Einrichtungen, reglementierende Entscheidungen, Gesetze, administrative
  Maßnahmen, wissenschaftliche Aussagen, philosophische, moralische oder philanthropische Lehr-
  sätze, kurz: Gesagtes ebensowohl wie Ungesagtes" umfassen (Foucault 1978: 119f; vgl. auch Jäger
  2001b). In den Sozialwissenschaften, v.a. in den einschlägigen empirischen Arbeiten, wird aber
  dennoch vornehmlich an Foucaults Konzeption von Diskursen angeknüpft (vgl. überblicksweise
  Bublitz et al. 1999a; Keller et al. 2001b; 2004b).

Dies verweist bereits auf ein erstes Charakteristikum von Diskursanalysen in der Tradition Foucaults: Diskurse werden dort stets in enger *Verbindung zu gesellschaftlichen Machtverteilungen* gesehen, auf denen sie einerseits beruhen und die sie andererseits reproduzieren (vgl. Bublitz et al. 1999b: 11f.; Seier 1999: 75ff.). In Diskursen regeln diese Machtstrukturen, was als „Wahrheit" gilt, welche Aspekte von Themen in welcher Form angesprochen werden dürfen und welche nicht, und beeinflussen auf diese Weise die gesellschaftliche Wahrnehmung von Themen und das diesbezügliche Handeln (vgl. Foucault 1999: 29, 54ff.). Diskursanalysen zeichnen sich durch weitere (hier) wesentliche Charakteristika aus: Zweitens beschreiben sie nicht nur – und nicht einmal vordergründig – die in den Diskursen handelnden Akteure, sondern sie stellen verschiedene und sehr *unterschiedliche diskursive Elemente* in den Mittelpunkt. Neben Akteuren analysieren sie ebenso inhaltliche Machtstrukturen, also die vorherrschenden Definitionen des „jeweils Sagbaren", hegemoniale Perspektiven, geteilte „Kollektivsymbole", „kulturelle Stereotypen" und dergleichen (vgl. Jäger 2001a: 83ff.). Drittens beschäftigen sich Diskursanalysen gezielt mit *Kombinationen* dieser unterschiedlichen Elemente. Sie versuchen weniger, einzelne Bausteine aus Diskursen herauszulösen und isolierend zu beschreiben, sondern eher, typische diskursive Konstellationen zu rekonstruieren und deren Wirkungen – im Diskurs und darüber hinaus – nachzuvollziehen. Viertens betonen Foucault und Autoren in seiner Tradition stets die *dynamische resp. historische Komponente von Diskursen.* Sie machen z. B. deutlich, dass sich diskursive Konstellationen im Zeitverlauf zum einen deutlich verändern können und dass sie sich zum anderen nicht für jedes gesellschaftlich auftretende Thema neu manifestieren, sondern dass es stets ein „historisches apriori" bzw. diskursive „Archive" (vgl. Foucault 1973; 1999: 77ff.) gibt, die abgerufen werden können.

Bei Foucault spielen Massenmedien keine so zentrale Rolle wie im WZB-Modell. Sie werden aber doch explizit als eine relevante Diskursebene und als Teil der umfassenderen gesellschaftlichen Diskurse verstanden (vgl. Foucault 1999). Zudem hat eine Reihe von Foucault maßgeblich beeinflusster Autoren seine Prämissen explizit auf Massenmedien übertragen, etwa die Vertreter der interdisziplinären „discourse studies" oder der „kritischen Diskursanalyse" (vgl. Jäger/Jäger 2000; Jäger et al. 1997; Link/Jäger 1993; van Dijk 1997; für einen Überblick zur Entwicklung der Diskursanalyse nach Foucault vgl. Diaz-Bone et al. 2007). Entsprechend liegt mittlerweile auch eine beträchtliche Zahl von Diskursanalysen zu massenmedialer Kommunikation vor (vgl. Hogan 2006; Keller 1998; Sturm 2002; Viehöver 2004).

Die Stärke der Diskursanalyse liegt also darin, dass sie den Blick für dynamische diskursive Konstellationen schärft, die von unterschiedlichen Diskurselementen geprägt werden. Umgekehrt sind mit diesem Verständnis aber auch Probleme

verbunden, die v.a. in der empirischen Umsetzung liegen: In konkreten Diskursanalysen bleibt teils unklar, wie die beschriebenen diskursiven Konstellationen
genau aussehen und aus welchen Elementen sie bestehen. Zudem wird das methodische Vorgehen mitunter nicht deutlich genug dargelegt. Gerade die Identifikation diskursiver Elemente und die Trennschärfe der differenzierten Elemente
werden oftmals nicht präzisiert – eine Unschärfe, die wohl auch mit den nicht
immer klar ausformulierten und sich im Zeitverlauf verändernden theoretischen
und methodischen Darlegungen Foucaults zusammenhängt (vgl. Keller 2004:
42). Zudem bleibt die Generalisierbarkeit des „überwiegend durch qualitative
Verfahren" (Keller et al. 2004a: 11) gekennzeichneten diskursanalytischen Vorgehens teils undeutlich (vgl. Lösch 2001).

2.3   Verbindung beider Theorietraditionen mittels multipler
Korrespondenzanalyse

Dass beide Theorietraditionen in der einschlägigen Literatur bislang weitgehend
unverbunden nebeneinander existieren, scheint kein unabänderlicher Zustand zu
sein: Erstens stehen sich beide Theorien in einigen basalen Prämissen nicht entgegen, sondern weisen Parallelen auf, etwa die Annahme massenmedialer Kon-
kurrenzen von unterschiedlichen Akteuren und/oder Inhalten oder die Annahme,
dass in Mediendiskursen machtvolle Konstellationen entstehen können, die die
gesellschaftliche Wahrnehmung von Themen nachhaltig prägen. Zweitens weisen sie auf komplementäre Aspekte hin, die bei einer Analyse gesellschaftlicher
und massenmedialer Kommunikation beachtet werden sollten. Die vom Öffentlichkeitsmodell des WZB vorgeschlagene Dimensionierung von Öffentlichkeit
stellt drei zentrale Aspekte von Platzierungs- und Deutungskonkurrenzen in den
Mittelpunkt, ist als Grundlage empirischer Analysen sehr gut geeignet und macht
dabei auch die quantitative (inhaltsanalytische) Bearbeitung größerer Textkorpo-
ra möglich. Die Diskursanalyse schärft den Blick für diskursive Konstellationen,
die von unterschiedlichen Diskurselementen geprägt werden und macht außerdem deutlich, dass die Dynamik von Mediendiskursen einen relevanten Aspekt
ihrer Analyse darstellt.
In der Folge soll gezeigt werden, dass sich diese komplementären Stärken beider
Theorien in konkreten Analysen massenmedialer Diskurse mittels eines spezifischen Auswertungsverfahrens kombinieren lassen: mit Hilfe der multiplen Korrespondenzanalyse (vgl. Blasius 2001; Clausen 1998; Greenacre 1984; 1993).
Dabei handelt es sich um ein multivariat beschreibendes, strukturentdeckendes
Verfahren. Dessen Vorteile sind, dass es mit nominal skalierten Variablen arbeiten kann (wie sie bei Inhaltsanalysen oft vorliegen), dass es auch mit schwach

besetzten Matrizen umgehen kann, dass es dabei die bivariaten Effekte „von jeder Variablen auf jede andere Variable berücksichtigt" (Blasius 2001: 7) und die Zusammenhänge dieser Variablen grafisch darstellt.[5] Die Verteilung der Ausprägungen unterschiedlicher nominaler Variablen wird dabei in eine zweidimensionale Grafik projiziert, so „dass die Kategorien, die relativ häufig miteinander kombiniert auftreten, nahe beieinander und die Kategorien, die relativ selten kombiniert auftreten, weit auseinander geplottet werden" (Diaz-Bone 2006: 259). Mit Hilfe der multiplen Korrespondenzanalyse ist es also möglich, unterschiedliche Charakteristika eines Gegenstands im gleichen grafischen Raum zu visualisieren. Für Mediendebatten lassen sich mittels einer derartigen Auswertung Kombinationen von verschiedenen Charakteristika darstellen – auch aus Akteuren, Bewertungen und Deutungen bestehende diskursive Konstellationen, die sich in der multiplen Korrespondenzanalyse als Gruppen nahe beieinander liegender Ausprägungen zeigen müssten. Eine solche Beschreibung massenmedialer Diskurse, der dort zu findenden diskursiven Konstellationen und ihrer historischen Veränderung mit korrespondenzanalytischen Verfahren wird in der Folge präsentiert.[6]

3 Analysegegenstand, Daten und Methoden

Analysiert wird dazu der massenmediale Diskurs über Stammzellforschung, also über ein biowissenschaftliches Thema. Biowissenschaftliche Themen sind für Analysen wie diese aus unterschiedlichen Gründen besonders geeignet: Erstens handelt es sich um wissenschaftliche Themen, die zwar gesellschaftlich hochrelevant, aber zugleich alltagsfern sind und zu denen die meisten Menschen keinen lebensweltlichen Zugang haben. Damit ist die massenmediale Darstellung meist die einzige diesbezügliche Informationsquelle für die breite Öffentlichkeit (vgl. Schenk/Sonje 1998: 9). Zweitens waren biowissenschaftliche Themen und v. a. die Stammzellforschung in den Massenmedien in hohem Maße präsent (vgl.

---

5 Alternative Verfahren wie die multiple Diskriminanzanalyse oder log-lineare Analysen weisen diese Vorteile nicht bzw. nur teilweise auf. Dennoch wären sie möglicherweise sinnvolle Ergänzungen der vorgelegten Analyse. Der Einsatz log-linearer Analysen z. B. würde auch Interaktionen höherer Ordnung zwischen den untersuchten Variablen aufzeigen.

6 (Multiple) Korrespondenzanalysen wurden bislang nicht zur Analyse massenmedialer Debatten eingesetzt. Sie fanden sich aber u.a. in Studien zur Beschreibung wissenschaftlicher und universitärer sozialer Felder (vgl. Bourdieu 1988), bei der Darstellung semantischer Verteilungen zur Beschreibung von Weinen (vgl. Diaz-Bone/Hahn 2007), zur Beschreibung der sozialstrukturellen und kulturellen Ordnung von Jugendszenen (vgl. Otte 2007: bes. 170), der Geschlechtersegregation im Arbeitsmarkt (vgl. Chang 2000) oder der Positionierung von Bewegungsakteuren hinsichtlich der WTO-Politik (vgl. Gerhards 1993: bes. 190).

Bauer/Gaskell 2002; Durant 1992; Durant et al. 1998; Gaskell/Bauer 2001) und viele Akteure daran interessiert, sich über sie zu Wort zu melden (vgl. Gerhards/Schäfer 2006: 194ff.; Schäfer 2007: 190ff.). Daher lassen sich für diese Themen differenzierte Debatten mit elaborierten diskursiven Konstellationen vermuten. Drittens wurden biowissenschaftliche Themen bereits mehrfach vor dem Hintergrund der beiden eingeführten Theorietraditionen untersucht. Im Kontext der Foucault'schen Diskursanalyse gelten sie als prädestinierte Beispiele für die Untersuchung von Machtkonstellationen. Denn dort wird angenommen, dass „Biomacht" (vgl. Foucault 1977: 163ff.) einen wesentlichen neuen Disziplinierungsmodus moderner Gesellschaften darstellt. Diese Form der Macht normiere die Bevölkerung, so die Annahme, indem sie ihre Fortpflanzung, Gesundheit, Lebenschancen usw. kontrolliere. Autoren wie Margret Jäger u. a. (1997) oder Andreas Lösch (2001) haben vor diesem Hintergrund daher bereits massenmediale Diskurse über Biowissenschaften untersucht. Auch aus der Tradition der WZB-Öffentlichkeitstheorie liegen mehrere Arbeiten vor, die Medienberichter-stattung über biowissenschaftliche (vgl. Gerhards/Schäfer 2006; Rödder 2005; Schäfer 2007) oder biowissenschaftsnahe Themen wie Abtreibung (vgl. Ferree et al. 2002; Gerhards et al. 1998) untersuchen. Hier bestand ein zentraler Analyseimpuls in der Tatsache, dass diese Themen intensive Debatten auslösten, deren Charakteristika und Dynamiken sich analytisch gut nachzeichnen ließen.

Die Stammzellforschung wurde ausgewählt, weil sie das wohl am stärksten diskutierte Forschungsfeld der modernen Biowissenschaften darstellt (vgl. Schäfer 2007; 2008b). Unter Stammzellforschung verstanden wird hier die Gewinnung von und Forschung an embryonalen oder adulten menschlichen Stammzellen. Stammzellen sind Körperzellen in einem noch unentwickelten Frühstadium, aus denen sich abhängig vom biologischen Milieu, in das sie verpflanzt werden, unterschiedliche Tochterzellen entwickeln können. Vor allem embryonale Stammzellen zeichnen sich durch eine hohe entwicklungsbiologische Flexibilität aus, je nach dem Stadium ihrer Gewinnung können sich aus ihnen noch alle („Totipotenz") oder fast alle („Pluripotenz") menschlichen Zelltypen entwickeln. Man kann sie aus ‚überzähligen' Eizellen von In-Vitro-Fertilisationen („Reagenzglasbefruchtungen"), aus zu früh ‚abgegangenen' Embryonen und aus eigens zur Stammzellentnahme ‚therapeutisch' geklonten Embryonen entnehmen. Problematisch bei all diesen Varianten ist, dass „noch kein Verfahren entwickelt [wurde], das es erlaubt, [embryonale Stammzellen] zu gewinnen und gleichzeitig die Integrität und Entwicklungsfähigkeit des Embryos zu erhalten" (Hillebrandt/Püttmann 2004: Teil I) – der Embryo wird, wenn man so will, „getötet". Dies ist bei adulten Stammzellen, die nach der Geburt aus Nabelschnurblut oder Organgewebe gewonnen werden können, nicht so – allerdings sind diese in geringerem Maße entwicklungsfähig und damit vermeintlich nur für einige spezifi-

sche Forschungsbereiche eine Alternative. Das Forschungsinteresse an Stamm-
zellen ist – wohl noch stärker als bei der Humangenomforschung – medizinisch.
Es wird vermutet, dass embryonale Stammzellen bspw. bei Rückenmarksverlet-
zungen, Herzinfarkten oder Gehirntumoren eingesetzt werden können, um be-
schädigte Zellen zu ersetzen. Auf diese Weise erhofft man sich Therapien für
Krankheiten wie Morbus Parkinson oder Diabetes Typ 1 (zu Grundlagen und
Forschungsstand der Stammzellforschung vgl. Nature 2006; Wobus et al. 2006).
Für die Analyse wurden zwei Instrumente verwendet: eine qualitative und eine
quantitative Inhaltsanalyse. Der qualitativen Inhaltsanalyse lag eine Auswahl
heterogener Dokumente – Medienartikel, Pressemeldungen, Positionspapiere
und andere Dokumente wissenschaftlicher, wirtschaftlicher, politischer und zivil-
gesellschaftlicher Akteure – zugrunde, mit denen alle existierenden Deutungen
der Stammzellforschung abgebildet werden sollten. Aus diesen Texten wurde
das Framing der Debatte rekonstruiert. Sinnidentische Textbausteine wurden
dazu in Deutungsrahmen, so genannten „Frames", zusammengefasst, mit denen
das Thema interpretiert wurde. Grundsätzlich wurden vier Gruppen von Deutungsrahmen unterschieden (vgl. detaillierter Schäfer 2007: 79ff.):

- *wissenschaftliche Deutungen*, bei denen es a) um Fragen der Forschungsförderung, b) um normative Grundlagen wissenschaftlicher Forschung wie ihre grundsätzliche Forschungsfreiheit und c) um die wissenschaftlichen bzw. d) medizinischen Implikationen der Stammzellforschung ging,
- *wirtschaftliche Deutungen*, mit denen betriebs- und volkswirtschaftliche
  Folgen der Forschung erörtert wurden,
- *politische Deutungen*, in denen die externe, v.a. politisch-legislative
  Regulierung der Stammzellforschung wie das 2002 verabschiedete
  Stammzellgesetz und die gesellschaftliche Partizipation an dieser Regulierung im Vordergrund stand,
- *ethische und soziale Deutungen*, denen a) Fragen von Eigentumsrechten
  und der Patentierung biologischer Materialien und genetischer Daten, b)
  die mögliche Diskriminierung von Menschen auf Basis biowissenschaftlicher Befunde, c) das grundlegende Menschenbild und die Le-
  bensdefinitionen der Biowissenschaften und d) Erörterungen der Ethik
  des konkreten Forschungshandelns zugeordnet wurden.

Die Datenbasis der darauf folgenden quantitativen Inhaltsanalyse war die komp-
lette Berichterstattung der „Süddeutschen Zeitung" (SZ) und der „Frankfurter
Allgemeinen Zeitung" (FAZ). Diese Zeitungen wurden gewählt, weil sie die
auflagenstärksten überregionalen Qualitäts-Tageszeitungen sind, oft von Eliten
und Meinungsführern rezipiert und von Journalisten als wichtige Einflüsse für
die eigene Arbeit genannt werden (vgl. Wilke 1999). Untersucht wurde der Zeit-

raum von 1997, einem Jahr vor der ersten Isolation embryonaler Stammzellen, bis 2003, als die bundesdeutsche Exekutive die ersten fünf Importgenehmigungen für embryonale Stammzellen aussprach. Die kompletten Ausgaben der „SZ" und „FAZ" – in Form von Archiv-CD-Roms – wurden mit einer Schlagwortsuche untersucht und alle relevanten Artikel anschließend von einem fünfköpfigen Team codiert.[7] Codiert wurden – neben strukturellen Informationen über die Artikel (Tag und Ressort der Veröffentlichung, Autor usw.) – Informationen über alle zu Wort kommenden, d. h. direkt oder indirekt zum Thema zitierten Akteure (Name, institutionelle Zuordnung, Herkunft, Geschlecht usw.), über die Bewertung des jeweiligen Themas durch den Akteur und über die von den Akteuren verwendeten Deutungen.

Die Auswertung folgte drei Zielstellungen: Erstens wurden die codierten Informationen in Standing-, Positionierungs- und Framing-Informationen zusammengefasst und auf diese Weise eine Beschreibung der von den Autoren des WZB vorgeschlagenen zentralen Diskursdimensionen ermöglicht (vgl. Gerhards/ Schäfer 2006: 67ff.; O'Mahony/Schäfer 2005; Schäfer 2007: 77ff.). Diese Beschreibung diente auch dazu, das Gewicht und damit die relative „Macht" der einzelnen Akteure, Bewertungen und Deutungen im Diskurs der Debatte einzuschätzen. Dazu wurden univariate Häufigkeitsauszählungen der codierten Variablen erstellt.

Darüber hinaus wurde eine multivariate Auswertung mittels der SPSS-Routine „HOMALS" vorgenommen; einer Homogenitätsanalyse, die der multiplen Korrespondenzanalyse äquivalente Ergebnisse erbringt (vgl. Gifi 1990; Universitäts-Rechenzentrum Trier 1997; 1998). Während mit korrespondenzanalytischen Verfahren prinzipiell eine Vielzahl von Achsen extrahierbar ist[8], wurde hier eine zweidimensionale Lösung akzeptiert, die mehr als 80 % der Gesamtstreuung aller Variablen aufklärt. Das Ergebnis ist ein Plot, auf dem die Ausprägungen der einbezogenen Variablen entlang von – in diesem Fall zwei – Achsen dargestellt sind und anhand dessen es möglich ist, die Nähen und Distanzen zwischen den dargestellten Ausprägungen und die dadurch gebildeten Gruppierungen zu interpretieren (vgl. Diaz-Bone/Hahn 2007: 96).

Drittens schließlich wurde die multiple Korrespondenzanalyse dafür genutzt, die Dynamik des Diskurses darzustellen. Dazu wurden zunächst unterschiedliche Phasen der Berichterstattung unterschieden. Anschließend wurde die Informati-

---

7 Im Team wurden Reliabilitätstests im Inter-Coder- und im Intra-Coder-Vergleich durchgeführt. Die Reliabilität der hier berichteten Variablen (berechnet als Mittelwert der jeweils paarweisen Übereinstimmungen zwischen zwei Codierern) bewegte sich zwischen 0,7 und 1,0 und damit im zufriedenstellenden, meist sogar guten oder sehr guten Bereich (für Referenzwerte vgl. Früh 1998: 170).

8 Das rechnerische Maximum der Achsenzahl beträgt (Anzahl der Kategorien)-(Anzahl der Variablen), hier also 27-3=24.

on, in welcher dieser Phasen bestimmte Akteure, Bewertungen oder Deutungen besonders oft zu Wort kamen, in die Korrespondenzanalyse aufgenommen. Auf diese Weise können Schwerpunktverlagerungen des Diskurses im Zeitverlauf und damit die von der diskursanalytischen Tradition betonte dynamische Komponente von Diskursen erfasst werden.

4 Der massenmediale Diskurs über Stammzellforschung

4.1 Standing, Positionierung und Framing resp. die Machtverteilung im Diskurs

Der erste Auswertungsschritt besteht darin, analog zu den von Gerhards, Neidhardt u.a. vorgeschlagenen Analysedimensionen Standing, Positionierung und Framing basale Informationen über den Diskurs und die „Macht" der einzelnen Akteure und Ausprägungen darzustellen.

Das Bild, das dabei entsteht, lässt den massenmedialen Diskurs über Stammzellforschung als Beispiel „medialisierter" Berichterstattung im Sinne Peter Weingarts erscheinen (Weingart 2001: 19, 252; 2005: 12; vgl. Schäfer 2008b): Diesem und anderen Autoren zufolge zeichnet sich die Medialisierung wissenschaftlicher Themen dadurch aus, dass diese umfangreich thematisiert und „zum Gegenstand medialer Dauerbeobachtung" (Weingart 2005: 28; ähnlich z.B. auch Braun et al. 2002; Maasen 2002; Neidhardt 2002) werden, dass neben wissenschaftlichen auch andere Akteure und Deutungen zu Wort kommen und dass Wissenschaft nicht affirmativ dargestellt, sondern kontrovers diskutiert wird (vgl. Gregory/Miller 1998: 1f; Limoges 1993: 274; Weingart 2003: 118f).

All diese Charakteristika finden sich in der Berichterstattung über Stammzellforschung, wenn man sie über den gesamten untersuchten Zeitraum betrachtet (vgl. Tab. 1). Erstens finden sich in den untersuchten sieben Jahren 2.234 einschlägige Artikel in beiden Zeitungen. Dies kommt einem jährlichen Durchschnitt von 319 Artikeln gleich, und damit wurde über den gesamten untersuchten Zeitraum von sieben Jahren hinweg im Durchschnitt etwa täglich ein Artikel über dieses Thema geschrieben. Stammzellforschung stellt in diesem Zeitraum somit wohl nicht nur das meistdebattierte wissenschaftliche Medienthema dar, sondern eines der meistdebattierten Medienthemen überhaupt (vgl. Junold 2006: 101).

Tabelle 1: Generelle Charakteristika des Diskurses über Stammzellforschung (alle Angaben in %)

	Gesamter Zeitraum	Frühphase (1997-2000)	Hochphase (2001)	Spätphase (2002-2003)
Standing				
Medien: externe Medienvertreter (außer „SZ" und „FAZ")	6,9	8,0	5,3	13,2
Natwiss: Naturwissenschaftler	18,9	30,6	17,2	17,2
SozGeistWiss: Sozial- und Geisteswissenschaftler	6,4	9,5	6,0	5,6
WissAdmin: Wissenschaftsadministration (z.B. DFG)	7,2	10,7	6,6	7,1
Exekutive: politische Exekutive (z.B. Bundeskanzler, -minister)	12,2	5,9	14,0	9,4
Legislative: politische Legislative (z.B. Bundestag)	11,6	3,9	13,1	11,3
Judikative: politische Judikative (z.B. Bundesverfassungsgericht)	1,7	1,5	2,0	0,7
Parteien: politische Parteien	8,0	2,1	10,2	3,3
Ethikräte: politisch eingesetzte Ethikräte (z.B. Nationaler Ethikrat)	6,2	6,2	6,0	7,1
Wirtschaft: Wirtschaftsvertreter	3,4	1,2	3,8	3,1
ZivGes: Zivilgesellschaft (z.B. Verbände, NGOs, Künstler)	6,5	8,9	5,0	11,1
Kirchen: Repräsentanten der Kirchen	6,4	7,4	7,0	2,8
Patienten- und Behindertenverbände	0,2	0,6	0,1	0,0
Positionierung				
Neutral: ohne Bewertung des Themas	30,3	26,0	26,1	51,4
positiv: positive Bewertung	32,5	27,8	34,7	26,9
ambiv: ambivalente Aussagen inkl. positiver und negativer Argumente	20,0	31,6	20,0	10,6
Negativ: negative Bewertung	17,3	14,6	19,2	11,1
Framing				
Förder: finanzielle und infrastrukturelle Förderung der Wissenschaft	2,8	0,0	2,6	6,7
Forschungsfreiheit der Wissenschaft	3,5	1,8	3,7	4,2
wissImp: wissenschaftliche Implikationen	41,8	33,0	45,9	36,3
medImp: medizinische Implikationen	12,6	20,6	11,6	11,6
wirtImp: betriebs- und volkswirtschaftliche Implikationen	1,7	0,9	1,9	1,6
Eigentum: Eigentums- und Patentierungsfragen	2,1	4,8	1,2	4,2
Diskriminierung: Diskriminierung auf Basis der Forschung	0,5	0,3	0,5	0,5
Menschenbild: der Forschung immanente Vorstellung des Menschen	7,3	5,7	7,0	7,3
EthikHand: Ethik des konkreten Forschungshandelns	7,2	6,4	7,2	5,4
Regul: politisch-juristische Regulierung und ges. Partizipation	18,7	23,8	18,3	21,4

Drittens schließlich ist der Diskurs – gerade im Vergleich zu anderen Themen (vgl. Schäfer 2008b; 2007) – relativ kontrovers. Zwar überwiegen insgesamt positive bzw. neutrale Deutungen, es bezieht aber immerhin jede sechste Aussage Stellung gegen die Forschung.

4.2 Diskursive Konstellationen und „Diskurskoalitionen"

Über diese Basisinformationen hinaus ist hier aber die Frage von Interesse, welche Diskurskonstellationen sich zeigen lassen, wie die genannten Akteure, Bewertungen und Deutungen also typischerweise miteinander verbunden sind. Diese Frage wird in der Folge mit Hilfe der multiplen Korrespondenzanalyse beantwortet. Deren zweidimensionaler Plot (vgl. Abbildung 1) wird zum einen von der y-Achse aufgespannt, die als Konfliktlinie zwischen Pro und Kontra bzgl. der Stammzellforschung gedeutet werden kann. Von oben nach unten geordnet finden sich auf ihr zunächst eher negative Deutungen und tendenziell skeptische Akteure, danach neutrale und ambivalente und schließlich positive Bewertungen und Akteure, die die Stammzellforschung entweder selbst ausüben oder ihr nahe stehen (Naturwissenschaftler), sie finanziell fördern (Wissenschaftsadministration) oder von ihr zu profitieren hoffen (Wirtschaftsvertreter). Das der x-Achse zugrunde liegende Prinzip scheint dagegen die Intensität der Meinungen und Positionen hinsichtlich der Stammzellforschung zu sein. Neutrale Positionen und Medienakteure liegen im linken Bereich des Plots und klare Positionierungen und Stakeholder unterschiedlicher Couleur im rechten Bereich. In dem in dieser Weise aufgespannten Raum lassen sich nun vier Diskurskonstellationen – die sich mit Hajer auch als „Diskurskoalitionen" (vgl. Hajer 1993) bezeichnen lassen – unterscheiden.

Die erste Diskurskoalition gruppiert sich um die positiven Bewertungen der Stammzellforschung. Ihr sind typischerweise Vertreter der Bio- und Naturwissenschaft und der Wirtschaft sowie der Wissenschaftsadministration zuzurechnen. Die Deutungen, die dieser Gemengelage nahe stehen, beziehen sich v.a. auf den medizinischen Nutzen der Stammzellforschung und auf ihre möglichen wirtschaftlichen Folgen. Bezieht man die vorab vorgestellten Basisinformationen über den Diskurs mit ein, so lässt sich sagen, dass in dieser Konstellation einige der am stärksten vertretenen Akteursgruppen, die stärkste Bewertungsausprägung (positiv) und einige schwergewichtige Deutungen versammelt sind. Sie kann als besonders mächtig interpretiert werden (vgl. Rubin 2008).

Die zweite Diskurskonstellation hat keine starke positive oder negative Meinung der Stammzellforschung gegenüber, sieht aber die Notwendigkeit ihrer Kontrolle, Regulierung und ggf. Lenkung. Sie beinhaltet neutrale, die Forschung nicht bewertende Positionierungen und Medienvertreter. Die Deutungen, die hier geäußert werden, beziehen sich am ehesten auf die Fragen, ob und wie Stammzellforschung gefördert werden soll, sowie ob und welche politischen und juristischen Regulierungen wünschenswert seien. Diese Diskurskoalition ist von mittlerer Stärke: Ihr zugeordnet sind keine dominanten Akteure, aber etwas stärker vertretene Positionierungen (neutral) und Deutungen.

Abbildung 1: Diskursive Konstellationen und „Diskurskoalitionen"

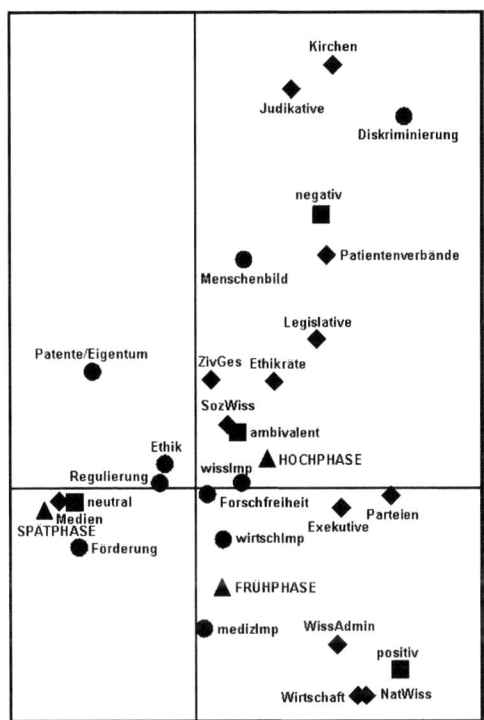

Erstellt mit SPSS 14.0, HOMALS-Prozedur. Die zweidimensionale Lösung (mit adjustierten Eigenwerten und symmetrischer Normalisierung) erklärt 83,9% der Streuung aller Variablen. Der Eigenwert bzw. das Trägheitsgewicht (inertia) der – immer erklärungsstärkeren – x-Achse beträgt 45,1%. Der Eigenwert der y-Achse beträgt 37,8%. Im Plot werden *Akteure* durch Rauten dargestellt, *Bewertungen* durch Quadrate und *Deutungen* durch Kreise. Zusätzlich dargestellt wurden die Phasen der Berichterstattung durch Dreiecke.

Drittens ist eine Diskurskoalition zu verzeichnen, die der Stammzellforschung ambivalent gegenüber steht, also sowohl einige Vor- als auch einige Nachteile der Forschung an menschlichen Stammzellen wahrnimmt. Zu ihr gehören Sozial- und Geisteswissenschaftler, einige Vertreter der Zivilgesellschaft und die politisch eingesetzten Ethikräte, also der „Nationale Ethikrat" und die Bundestags-Enquete-Kommission „Recht und Ethik in der modernen Medizin". Dieser Koalition, die eher als schwache Koalition gelten muss, lassen sich – möglicherweise aufgrund ihrer ambivalenten, viele verschiedene Argumente abwägenden Positionierung – keine typischen Deutungen zuordnen.

Viertens findet sich eine Diskurskoalition, der negative Bewertungen der Forschung angehören und deren wesentliche Akteure aus Kirchen, Patientenverbänden und der Judikative stammen. Die Deutungen, die dieser Konstellation typischerweise zugehören, betreffen die mögliche Diskriminierung und Selektion von Menschen durch die Stammzellforschung sowie das der Stammzellforschung immanente Menschenbild und damit Fragen nach dem Beginn des Lebens, der Würde und Schutzwürdigkeit von Embryonen usw. Die betreffenden Akteure, Bewertungen und Deutungen sind nur vergleichsweise selten in der Debatte vertreten; es handelt sich ebenfalls um eine eher schwache Diskurskoalition.

4.3   Zeitliche Veränderungen des Diskurses

Der dritte empirische Schritt besteht in der Analyse der Diskursdynamik, d.h. zeitlicher Veränderungen und Schwerpunktverlagerungen innerhalb des massenmedialen Diskurses. Dazu wurden zunächst – anhand der quantitativen Verteilung der Artikelzahlen und in loser Anlehnung an das Modell der „issue-attention cycles" von Anthony Downs (1972)[9] – drei Berichterstattungsphasen unterschieden (vgl. Abbildung 2): Die erste ist die Frühphase, die von 1997 bis 2000 andauert und in der sich nur wenige Artikel zum Thema Stammzellforschung finden (durchschnittlich 30 pro Jahr in beiden Zeitungen). In diese Phase fällt u.a. die erste Isolation menschlicher Stammzellen 1998, die jedoch ohne größere Auswirkungen auf die Berichterstattung blieb. Es folgte eine enorm intensive Hochphase der Berichterstattung in den Jahren 2001 und 2002 mit durchschnittlich 1.184 Artikeln pro Jahr. In diesem Zeitraum finden sich mehrere relevante Ereignisse: u. a. die Diskussionen der Bundestags-Enquete-Kommission „Recht und Ethik in der modernen Medizin" und des „Nationalen Ethikrats" über ihre Empfehlungen zum Import embryonaler Stammzellen nach Deutschland 2001, die Legalisierung „therapeutischen" Klonens in Großbritannien 2001 sowie die Verabschiedung des Stammzellgesetzes am 25. April 2002 (vgl. Junold 2006: 109ff.). Die dritte Phase schließlich, die Spätphase, setzte nach der Verabschiedung des besagten Gesetzes ein, nach der die Intensität der Berichterstattung wieder deutlich sank, wenngleich nicht mehr auf das Ausgangsniveau (408 Artikel pro Jahr). In diese Phase fallen u.a. die ersten Ent-

---

9 Downs unterscheidet in seiner Studie fünf Phasen der Medienberichterstattung, andere Autoren weichen aber teils deutlich davon ab (vgl. Kolb 2005; Voß 2006). Hier wird nur der grundsätzliche Gedanke einer Phasenbildung von Downs übernommen, nicht die von ihm konkret vorgeschlagene Zahl der Phasen oder deren Bezeichnungen.

scheidungen über den Import embryonaler Stammzellen nach Deutschland im Dezember 2002 sowie im Januar und März 2003.

Abbildung 2: Entwicklung der Artikelzahlen im Zeitverlauf

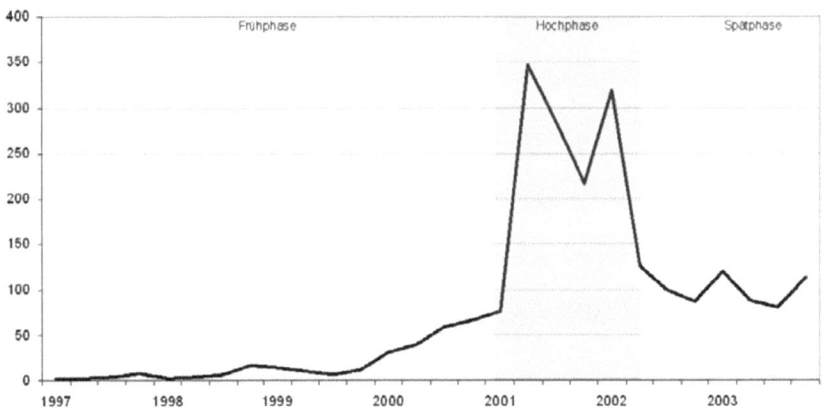

Nach der Identifikation dieser Phasen wurde die Information darüber, in welcher der drei Phasen bestimmte Akteure, Bewertungen oder Deutungen der Stammzellforschung im Mediendiskurs typischerweise vorkommen, ebenfalls in die Korrespondenzanalyse aufgenommen (vgl. Abb. 2). Damit lässt sich aus dem korrespondenzanalytischen Plot eine interessante Dynamik des Diskurses ablesen, die durch mehrere Schwerpunktverlagerungen gekennzeichnet ist.

Die Frühphase des Diskurses zeichnet sich durch eine der Stammzellforschung gegenüber affirmative Haltung aus. In dieser mehrjährigen Phase dominiert die erstgenannte Diskurskoalition, die aus Naturwissenschaftler und ihren Unterstützern bestand, die Stammzellforschung befürwortete und v.a. auf die medizinischen Implikationen dieser Forschung verwies. Für diese Phase kann man also am ehesten von einer „popularisierenden" Berichterstattung (vgl. Peters 1994b) und einer Dominanz der Befürworter sprechen, die allerdings nicht so deutlich ausfällt wie etwa bei der Entschlüsselung des menschlichen Erbgutes (vgl. Gerhards/Schäfer 2007; 2006). Denn im Diskurs über Stammzellforschung existieren schon früh Indizien einer Kontroverse.

In der Hochphase, in der die Menge der Berichterstattung exponentiell ansteigt, verlagern sich die Akteurs- und inhaltlichen Schwerpunkte des Diskurses. Typisch für diese Phase ist nicht mehr die Befürwortung der Forschung, auch wenn diese weiterhin eine wesentliche Rolle spielt. Typisch sind eher ambivalente Stimmen, v.a. aus der Politik und gelegentlich auch aus den Sozial- und Geisteswissenschaften, aus Ethikräten und der Zivilgesellschaft. Damit geht eine inhaltliche Verlagerung einher. Neben wissenschaftlichen und medizinischen Implikationen wird in dieser Phase häufiger über ethische Aspekte und die Regulierung der Forschung debattiert. Abgeschlossen wird diese Phase mit der politischen Entscheidung über das Stammzellgesetz Anfang 2002, die massenmedial noch nachbereitet wird, aber zum Abklingen der Debatte führt.

In der Spätphase der Berichterstattung sinken die Artikelzahlen wieder und der Diskurs gestaltet sich noch einmal um. In dieser Phase spielen Journalisten unterschiedlicher Medien eine stärkere Rolle als neutrale Moderatoren der Debatte. Zwar kommt nach wie vor ein pluralistisches Akteurs- und Deutungsensemble zu Wort, typisch aber sind in dieser Phase neutrale Bewertungen der Stammzellforschung und die vermeintlich nüchternen Stimmen der Journalisten. Das Thema hat die erhitzte Arena einerseits politisch und gesellschaftlich umstrittener, andererseits kurzfristig regelungsbedürftiger Themen wieder verlassen und wird nun unter anderen Vorzeichen und weniger kontrovers behandelt.

5   Zusammenfassung und Ausblick

Eingangs wurden mit der Diskursanalyse und der Öffentlichkeitstheorie des WZB zwei zentrale Theorien geschildert, die zur Analyse der Medienberichterstattung über Wissenschaft in Anschlag gebracht werden. Es wurde gezeigt, dass beide Theorien fruchtbare Ausgangspunkte der Forschung mit je spezifischen Schwerpunkten und Perspektiven darstellen. Die Stärken der Foucault'schen Perspektive liegen dabei v.a. darin, dass sie unterschiedliche Diskurselemente – Akteure, Inhalte usw. – als grundsätzlich gleichberechtigt behandelt und, dass sie nach typischen Konstellationen dieser Elemente sucht. Ihr Nachteil ist, dass diese Zusammenhänge in einschlägigen Studien oft nicht klar beschrieben werden. Die Stärke der Theorie des WZB liegt v.a. in ihrer luziden Konzeption von Öffentlichkeit und in ihrer klaren Dimensionierung massenmedialer Debatten in eine Akteurs-, eine Bewertungs- und eine Deutungs-Dimension.

Weiterhin wurde argumentiert, dass eine Verbindung beider Theorien – auch wenn es sie in der einschlägigen Literatur bislang nicht gibt – durchaus möglich scheint. Diese Verbindung wurde hier anhand eines konkreten Gegenstandes realisiert: der massenmedialen Diskurse über Stammzellforschung. Für dieses Thema wurden zunächst inhaltsanalytisch Daten über die einschlägige Zeitungsberichterstattung erhoben. Die Codierung folgte dabei den Dimensionen Standing, Positionierung und Framing, wie sie das Öffentlichkeitsmodell des WZB vorschlägt. Bei der Auswertung wurde dann aber versucht, diskursive Konstellationen – hier als „Diskurskoalitionen" interpretiert – und die zeitliche Dynamik der Diskurse zu rekonstruieren. Damit beleuchtete die Analyse Aspekte der Berichterstattung, die eher aus der Tradition der Diskursanalyse betont werden. Dazu wurde mit der multiplen Korrespondenzanalyse ein strukturentdeckendes statistisches Verfahren eingesetzt, mit dem diskursive Konstellationen anschaulich darstellbar sind. Darüber hinaus wurde durch die Kombination dieses Verfahrens mit univariaten Verteilungen versucht, über die Bestandteile von Diskurskoalitionen hinaus auch deren relatives Gewicht in der Debatte – interpretiert als ihre diskursive Macht – zu bestimmen. Schließlich wurden Informationen über zeitliche Verlagerungen der Schwerpunkte des Diskurses eingebracht, mit dem Ergebnis, dass unterschiedliche Diskursphasen unterschieden und hinsichtlich ihrer Akteurs- und inhaltlichen Charakteristika beschrieben werden konnten.

Dabei zeigte sich der Mediendiskurs über Stammzellforschung als klarer Fall einer „Medialisierung" der Wissenschaft: Die Forschung an menschlichen Stammzellen wurde sehr umfangreich thematisiert, und im entsprechenden Diskurs fanden sich viele unterschiedliche Akteure, Bewertungen und Deutungen. Das korrespondenzanalytische Plot machte es möglich, dabei vier zentrale Konstellationen oder Diskurskoalitionen zu unterscheiden, die für die Kommunikation typisch sind: eine vergleichsweise mächtige Koalition, die der Stammzellforschung positiv gegenübersteht (Naturwissenschaft, Wissenschaftsadministration, Wirtschaft, medizinische und wirtschaftliche Deutungen), eine Koalition mittlerer Stärke, die eine neutrale Position einnimmt (Medienvertreter, Fragen der Förderung und Regulierung der Forschung) und zwei schwächere Koalitionen, die der Stammzellforschung ambivalent (Sozial- und Geisteswissenschaft, Zivilgesellschaft, Ethikräte) bzw. ablehnend (Kirchen, Patientenverbände, Judikative, Fragen der Diskriminierung von Menschen durch die Stammzellforschung und der Würde und Schutzwürdigkeit von Embryonen) gegenüberstehen. Schließlich konnte deutlich gemacht werden, dass sich die Schwerpunkte der Debatte im Zeitverlauf verändern: Anfangs ist die Haltung der Forschung gegenüber affirmativ und es dominiert die naturwissenschaftlich-medizinische Diskurskoalition. In der intensiven Hochphase jedoch wird der Diskurs ambivalenter und kritischer, v.a. politische Stimmen werden stärker. Nach der Verabschiedung des Stammzellgesetzes 2002 dann, in der Spätphase des Diskurses, gestaltet dieser sich noch einmal um. Journalisten und neutrale Bewertungen rücken in den Mittelpunkt, die Debatte wird versachlicht.

Diese Befunde veranschaulichen, wo die Stärken eines korrespondenzanalytischen Vorgehens liegen können, und sie machen deutlich, dass es eine fruchtbare Erweiterung bestehender methodischer Vorgehensweisen sein kann. Denn auf diese Weise werden in Mediendebatten auftretende Akteure, Bewertungen und Deutungen (und darüber hinaus potenziell auch weitere Charakteristika massenmedialer und öffentlicher Debatten) nicht isoliert voneinander, sondern in kommunikativen Konstellationen beschrieben. Dabei geht die korrespondenzanalytische Darstellung über die oftmals vorzufindende Deskription in Kreuztabellen hinaus, da sie multivariate Verbindungen deutlich macht und zusätzlich eine leicht zugängliche, grafische Darstellung ermöglicht. In Verknüpfung mit zusätzlichen Informationen über die Verteilung der einbezogenen Variablenausprägungen kann außerdem das diskursive Gewicht dieser Konstellationen bestimmt werden, das wiederum als Indikator für die Diskursmacht der entsprechenden Koalitionen dienen kann. Zudem ist es möglich, mit der Korrespondenzanalyse auch Diskursdynamiken darzustellen und auf diese Weise einerseits einer Kernforderung der Foucault'schen Analysetradition nachzukommen und andererseits bestehende Arbeiten zu medialen „Aufmerksamkeitszyklen" (vgl. Kolb 2005) zu ergänzen.

Die multiple Korrespondenzanalyse hat zudem den Vorteil, dass sie die im Anschluss an Foucault entstandene Diskursanalyse in anderer Weise zugänglich macht, weil sie dazu befähigt, mit Mitteln quantitativer Sozialforschung diskursive Zusammenhänge und Machtverteilungen deutlich zu machen und dabei auch große Mengen an inhaltsanalytisch erhobenen Daten in instruktiver Weise zu analysieren. Im Vergleich zu den Studien in der Tradition der WZB-Öffentlichkeitstheorie wird deutlich, dass die Beschreibung von Diskurskoalitionen durchaus ein sinnvoller, Standing- Positionierungs- und Framing-Dimensionen verbindender Weg zur Beschreibung öffentlicher und massenmedialer Debatten sein kann.

Auch wenn methodische Weiterentwicklungen denkbar sind[10] und der hier unterbreitete Analysevorschlag sicherlich nicht der Königsweg jeglicher weiterer Forschung zu massenmedialen Diskursen ist: Es scheint sinnvoll, das vorgeschlagene Instrumentarium dem Repertoire der sozialwissenschaftlichen Analyse von Medienberichterstattung – und zwar nicht nur über wissenschaftliche Themen – hinzuzufügen.

---

[10] So wären einige statistische Weiterentwicklungen anzuraten: Z. B. bezieht die multiple Korrespondenzanalyse nur die Interaktionseffekte der betreffenden Variablen auf der ersten Ebene ein (d. h. die Interaktion von je einer Variable mit genau einer anderen). Hier wäre eine Ergänzung mit loglinearen Analysen, die auch Interaktionen höherer Ordnung einbeziehen, wünschenswert (vgl. z. B. Blasius 2001: 173; van der Heijden/De Leeuw 1985).

Literatur

Baringhorst, S. (1998): Zur Mediatisierung des politischen Protests. Von der Institutionen- zur "Greenpeace-Demokratie"?. In: Sarcinelli, U. (Hrsg.): Politikvermittlung und Demokratie in der Mediengesellschaft. Bonn: Bundeszentrale für politische Bildung. S. 326-342.

Bauer, M./Gaskell, G. (Hrsg.) (2002): Biotechnology: The Making of a Global Controversy. New York: Cambridge University Press.

Berkovitz, D. (1992): Who Sets the Media Agenda? The Ability of Policymakers to Determine News Decisions. In: Kennamer, J. D. (Hrsg.): Public Opinion, the Press, and Public Policy. Westport: Praeger. S. 81-102.

Blasius, J. (2001): Korrespondenzanalyse. München & Wien: Oldenbourg.

Bourdieu, P. (1988): Homo academicus. Frankfurt: Suhrkamp.

Braun, K./Herrmann, S./Könninger, S. (2002): Deliberative Modelle als Mittel der Demokratisierung von Bioethik- und Biomedizinpolitik. Bielefeld: Expertise im Rahmen der BMBF-Förderinitiative „Politik, Wissenschaft und Gesellschaft".

Bublitz, H./Bührmann, A. D./Hanke, C./Seier, A. (Hrsg.) (1999a): Das Wuchern der Diskurse. Perspektiven der Diskursanalyse Foucaults. Frankfurt & New York: Campus.

Bublitz, H./Bührmann, A. D./Hanke, C./Seier, A. (1999b): Diskursanalyse - (k)eine Methode? Eine Einleitung. In: Bublitz, H./Bührmann, A. D./Hanke, C./ Seier, A. (Hrsg.): Das Wuchern der Diskurse. Perspektiven der Diskursanalyse Foucaults. Frankfurt, a. M. & New York: Campus. S. 10-21.

Bucchi, M. (1998): Science and the Media. Alternative routes in scientific communication. London & New York: Routledge.

Chang, M. L. (2000): The Evolution of Sex Segregation Regimes. In: American Journal of Sociology 105. S. 1658-1701.

Clausen, S.-E. (1998): Applied correspondence analysis. Newbury Park: Sage.

Cottle, S. (1998): Ulrich Beck, 'Risk Society' and the Media - A catastrophic view? In: European Journal of Communication 13. 1. S. 5-32.

Diaz-Bone, R. (2006): Statistik für Soziologen. Konstanz: UVK.

Diaz-Bone, R./Bührmann, A. D./Gutiérrez Rodríguez, E./Schneider, W./Kendall, G. et al. (2007): The Field of Foucaultian Discourse Analysis: Structures, Developments and Perspectives. In: Forum Qualitative Sozialforschung 8/2. http://www.qualitative-research.net/fqs-texte/2-07/07-2-30-e.htm.

Diaz-Bone, R./Hahn, A. (2007): Weinerfahrung, Distinktion und semantischer Raum. In: Sozialer Sinn 8/1. S. 77-101.

Dornan, C. (1990): Some problems of conceptualizing the issue of "science and the media". In: Critical Studies in Mass Communication 7. S. 48-71.

Downs, A. (1972): Up and Down With Ecology - The "Issue-Attention Cycle". In: Public Interest 28. S. 38-50.

Dunwoody, S./Ryan, M. (1985): Scientific Barriers to the Popularization of Science in the Mass Media. In: Journal of Communication 35. 1. S. 26-42.

Dunwoody, S./Ryan, M. (1986): Public Information Persons as Mediators Between Scientists and Journalists. In: Journalism Quarterly S. 647-656.

Durant, J. (Hrsg.) (1992): Biotechnology in public. London: Science Museum.

Durant, J./Bauer, M. W./Gaskell, G. (Hrsg.) (1998): Biotechnology in the Public Sphere. A European Sourcebook. London: Science Museum.

Felt, U./Nowotny, H./Taschwer, K. (1995): Wissenschaftsforschung. Eine Einführung. Frankfurt a. M.: Campus.

Ferree, M. M. (2003): Resonance and Radicalism: Feminist Framing in the Abortion Debates of the United States and Germany. In: American Journal of Sociology 109. 2. S. 304-344.

Ferree, M. M./Gamson, W. A./Gerhards, J./Rucht, D. (2002): Shaping Abortion Discourse. Democracy and the Public Sphere in Germany and the United States. Cambridge: Cambridge University Press.

Foucault, M. (1971): Die Ordnung der Dinge. Frankfurt a. M.: Suhrkamp.

Foucault, M. (1973): Archäologie des Wissens. Frankfurt a. M.: Suhrkamp.

Foucault, M. (1977): Der Wille zum Wissen. Sexualität und Wahrheit Bd. 1. Frankfurt a.M.: Suhrkamp.

Foucault, M. (1978): Dispositive der Macht. Über Sexualität, Wissen und Wahrheit. Berlin: Merve.

Foucault, M. (1993): Die Ordnung des Diskurses. Frankfurt a. M.: Fischer Taschenbuch.

Foucault, M. (1999): Botschaften der Macht. Reader Diskurs und Medien. Stuttgart: Deutsche Verlags-Anstalt.

Früh, W. (1998): Inhaltsanalyse. Theorie und Praxis. Konstanz: UVK Medien.

Gaskell, G./Bauer, M. (Hrsg.) (2001): Biotechnology 1996-2000. The Years of Controversy. London: Science Museum.

Gerhards, J. (1992): Dimensionen und Strategien öffentlicher Diskurse. in Journal für Sozialforschung 3. 4. S. 307-316.

Gerhards, J. (1993): Neue Konfliktlinien in der Mobilisierung öffentlicher Meinung: eine Fallstudie. Opladen: Westdeutscher Verlag.

Gerhards, J. (1994): Politische Öffentlichkeit. Ein system- und akteurstheoretischer Bestimmungsversuch. In: Neidhardt, F. (Hrsg.): Öffentlichkeit, öffentliche Meinung, soziale Bewegungen (Sonderheft 34 der Kölner Zeitschrift für Soziologie und Sozialpsychologie). Opladen: Westdeutscher Verlag. S. 77-105.

Gerhards, J./Neidhardt, F. (1991): Strukturen und Funktionen moderner Öffentlichkeit: Fragestellungen und Ansätze. In: Müller-Doohm, S./Neumann-Braun, K. (Hrsg.): Öffentlichkeit, Kultur, Massenkommunikation. Beiträge zur Medien- und Kommunikationssoziologie. Oldenbourg: BIS. S. 31-89.

Gerhards, J./Neidhardt, F./Rucht, D. (1998): Zwischen Palaver und Diskurs. Strukturen öffentlicher Meinungsbildung am Beispiel der deutschen Diskussion zur Abtreibung. Opladen: Westdeutscher Verlag.

Gerhards, J./Rucht, D. (2000): Öffentlichkeit, Akteure und Deutungsmuster: Die Debatte über Abtreibungen in Deutschland und den USA. In: Gerhards, J. (Hrgs.): Die Vermessung kultureller Unterschiede. USA und Deutschland im Vergleich. Wiesbaden: Westdeutscher Verlag. S. 165-185.

Gerhards, J./Schäfer, M. S. (2006): Die Herstellung einer öffentlichen Hegemonie. Humangenomforschung in der deutschen und der US-amerikanischen Presse. Wiesbaden: Verlag für Sozialwissenschaften.

Gerhards, J./Schäfer, M. S. (2007): Hegemonie der Befürworter. Der mediale Diskurs über Humangenomforschung in Deutschland und den USA im Vergleich. In: Soziale Welt 58. 4. S. 367-395.

Gifi, A. (1990): Nonlinear Multivariate Analysis. New York: Wiley & Sons.

Green, J. (1985): Media Sensationalisation and Science. In: Shinn, T./Whitley, R. (Hrsg.): Expository Science. Forms and Functions of Popularization (Sociology of the Sciences Yearbook). Bosten: Dordrecht. S. 139-161.

Greenacre, M. J. (1984): Theory and applications of correspondence analysis. London: Academic Press.

Greenacre, M. J. (1993): Correspondence Analysis in Practice. London: Academic Press / Harcourt Brace & Co.

Gregory, J./Miller, S. (1998): Science in Public. Communication, Culture, and Credibility. New York: Plenum.

Habermas, J. (1992): Faktizität und Geltung. Beiträge zur Diskurstheorie des Rechts und des demokratischen Rechtsstaats. Frankfurt a. M.: Suhrkamp.

Hajer, M. A. (1993): Discourse Coalitions and Institutionalisation of Practice: The Case of Acid Rain in Great Britain. In: Fischer, F./Forester, J. (Hrsg.): The Argumentative Turn in Policy Analysis and Planning. London: UCL. S. 43-67.

Hilgartner, S./Bosk, C. L. (1988): The rise and fall of social problems: A public arenas model.Ii:n American Journal of Sociology 94. S. 53-78.

Hillebrandt, I./Püttmann, H. (2004): Blickpunkt: Forschung mit humanen embryonalen Stammzellen. Düsseldorf: Kompetenznetzwerk Stammzellforschung NRW (unter www.stammzellen.nrw.de).

Hogan, J. (2006): Letters to the Editor in the "War on Terror": A Cross-National Study. In: Mass Communication & Society 9. 1. S. 63-83.

Jäger, M./Jäger, S./Cleve, G./Wiechert, F./Schulte Holtey, E. (Hrsg.) (1997): Biomacht und Medien. Duisburg: DISS.

Jäger, S. (2001a): Diskurs und Wissen. Theoretische und methodische Aspekte einer Kritischen Diskurs- und Dispositivanalyse. In: Keller, R./Hirseland, A./Schneider, W./Viehöver, W. (Hrsg.): Handbuch Sozialwissenschaftliche Diskursanalyse. Band 1: Theorien und Methoden. Opladen: Leske+Budrich. S. 81-112.

Jäger, S. (2001b): Dispositiv. In: Kleiner, M. S. (Hrsg.): Michel Foucault. Eine Einführung in sein Denken. Frankfurt a.M.: Campus. S. 72-89.

Jäger, S./Jäger, M. (2000): Der biopolitische Diskurs in deutschen Printmedien. Ergebnisse einer diskursanalytischen Untersuchung. In: von Schnell, T./Seltz, R. (Hrsg.): Inszenierungen zur Gentechnik. Konflikte, Kommunikation und Kommerz. Wiesbaden: Westdeutscher Verlag. S. 246-266.

Jeon, Y. Haider-Markel, D. P. (2001): Tracing Issue Definition and Policy Change: An Analysis of Disability Issue Images and Policy Response. In: Policy Studies Journal 29. 2. S. 215-231.

Junold, R. (2006): Transnationalisierung der Wissenskommunikation: Deutsche Printmedien als Wissensüberträger im Stammzelldiskurs. In: Wink, R. (Hrsg.): Deutsche Stammzellpolitik im Zeitalter der Transnationalisierung. Baden-Baden: Nomos. S. 101-118.

Keller, R. (1998): Müll - Die gesellschaftliche Konstruktion des Wertvollen. Die öffentliche Diskussion über Abfall in Deutschland und Frankreich. Opladen: Westdeutscher Verlag.

Keller, R (Hrsg.) (2004): Diskursforschung. Wiesbaden: Verlag für Sozialwissenschaften.

Keller, R./Hirseland, A./ Schneider, W./Viehöver, W. (2001a): Zur Aktualität sozialwissenschaftlicher Diskursanalyse - Eine Einführung. In: Keller, R./Hirseland, A./Schneider, W./Viehöver, W. (Hrsg.): Handbuch sozialwissenschaftliche Diskursanalyse. Band 1: Theoretische und methodische Grundlagen. Opladen: Leske + Budrich. S. 7-27.

Keller, R./Hirseland, A./Schneider, W./Viehöver, W. (Hrsg.) (2001b): Handbuch Sozialwissenschaftliche Diskursanalyse. Band 1: Theorien und Methoden. Opladen: Leske+Budrich.

Keller, R./Hirseland, A./Schneider, W./Viehöver, W. (2004a): Die vielgestaltige Praxis der Diskursforschung - Eine Einführung. In: Keller, R./Hirseland, A./Schneider, W./Viehöver, W. (Hrsg.): Handbuch sozialwissenschaftliche Diskursanalyse. Band 2: Forschungspraxis. Wiesbaden: Verlag für Sozialwissenschaften. S. 7-18.

Keller, R./Hirseland, A./Schneider, W./Viehöver, W (Hrsg.) (2004b): Handbuch Sozialwissenschaftliche Diskursanalyse. Band 2: Forschungspraxis. Wiesbaden: Verlag für Sozialwissenschaften.

Kerchner, B. (2006): Diskursanalyse in der Politikwissenschaft. Ein Forschungsüberblick. In: Kerchner, B./Schneider, S. (Hrsg.): Foucault: Diskursanalyse der Politik. Wiesbaden: Verlag für Sozialwissenschaften. S. 33-67.

Kohring, M. (1997): Die Funktion des Wissenschaftsjournalismus. Ein systemtheoretischer Entwurf. Opladen: Westdeutscher Verlag.

Kolb, S. (2005): Mediale Thematisierung in Zyklen. Theoretischer Entwurf und empirische Anwendung. Köln: Herbert von Halem.

Kunczik, M. (1999): Öffentlichkeitsarbeit. In: Wilke, J. (Hrsg.): Mediengeschichte der Bundesrepublik Deutschland. Bonn: Bundeszentrale für politische Bildung. S. 545-569.

Lewenstein, B. V. (1995): Science and the Media. In: Jasanoff, S./Markle, G. E./Petersen, J. C./Pinch, T. (Hrsg.): Handbook of Science and Technology Studies. Thousand Oaks, London & New Delhi: Sage. S. 343-360.

Limoges, C. (1993): Expert Knowledge and Decision-Making in Controversy Contexts. In: Public Understanding of Science 1993. 2. S. 417-426.

Link, J./Jäger, S. (1993): Die vierte Gewalt. Rassismus und die Medien. Duisburg: DISS.

Logan, R. (1992): Popularization v. secularization: Media coverage of health. In: Wilkins, L./Patterson, P. (Hrsg.): Risky Business: Communication Issues of Science, Risk and Public Policy. Westport, Connecticut: Greenwood.

Lösch, A. (2001): Genomprojekt und Moderne. Soziologische Analysen des bioethischen Diskurses. Frankfurt & New York: Campus.

Luhmann, N. (1971): Öffentliche Meinung. In: Luhmann, N. (Hrsg.): Politische Planung. Aufsätze zur Soziologie von Politik und Verwaltung. Opladen: Westdeutscher Verlag. S. 9-34.

Luhmann, N. (1975): Öffentliche Meinung. In: Luhmann, N. (Hrsg.): Politische Planung. Opladen: Westdeutscher Verlag. S. 9-34.

Luhmann, N. (1995): Die Realität der Massenmedien. Opladen: Westdeutscher Verlag.

Maasen, S. (2002): Die gesellschaftliche Disziplinierung bio- und genethischer Fragen durch die politische Institutionalisierung von "Diskurs". Basel: Expertise im Rahmen der BMBF-Förderinitiative „Politik, Wissenschaft und Gesellschaft".

McQuail, D. (2000): Mc Quail's Mass Communication Theory. London: Sage.

Nature (2006): Insight: Stem Cells. In: Nature 441/7097. 1059-1102.

Neidhardt, F. (1994a): Öffentlichkeit und die Öffentlichkeitsprobleme der Wissenschaft. In: Zapf, W./Dierkes, M. (Hrsg.): Institutionenvergleich und Institutionendynamik (WZB-Jahrbuch). Berlin: Wissenschaftszentrum für Sozialforschung. S. 39-56.

Neidhardt, F. (1994b): Öffentlichkeit, öffentliche Meinung, soziale Bewegungen. In: Neidhardt, F. (Hrsg.): Öffentlichkeit, öffentliche Meinung, soziale Bewegungen. Opladen: Westdeutscher Verlag. S. 7-41.

Neidhardt, F. (Hrsg.) (1994c): Öffentlichkeit, öffentliche Meinung, soziale Bewegungen. Opladen: Westdeutscher Verlag.

Neidhardt, F. (2002): Wissenschaft als öffentliche Angelegenheit. Berlin: Wissenschaftszentrum für Sozialforschung.

Nisbet, M. C./Lewenstein, B. V. (2001): A Comparison of U.S. Media Coverage of Biotechnology with Public Perceptions of Genetic Engineering 1995-1999. Genf: International Public Communication of Science and Technology Conference. 01.-04.02.2001.

O'Mahony, P./Schäfer, M. S. (2005): The 'Book of Life' in the Press. Comparing German and Irish Media Discourse on Human Genome Research. In: Social Studies of Science 35. 1. S. 99-130.

Otte, G. (2007): Jugendkulturen zwischen Klassenästhetik und freier Geschmackswahl - das Beispiel der Leipziger Clubszene. In: Göttlich, U./Müller, R./Rhein, S./Calmbach, M. (Hrsg.): Arbeit, Politik und Religion in Jugendkulturen. Engagement und Vergnügen. Weinheim: Juventa. S. 161-177.

Peters, H. P. (1994a): Risikokommunikation in den Medien. In: Merten, K./Schmidt, S. J./Weischenberg, S. (Hrsg.): Die Wirklichkeit der Medien. Eine Einführung in die Kommunikationswissenschaft. Opladen: Westdeutscher Verlag. S. 329-351.

Peters, H. P. (1994b): Wissenschaftliche Experten in der öffentlichen Kommunikation über Technik, Umwelt und Risiken. In: Neidhardt, F. (Hrsg.): Öffentlichkeit, Öffentliche Meinung, Soziale Bewegungen (Sonderheft 34 der Kölner Zeitschrift für Soziologie und Sozialpsychologie). Opladen: Westdeutscher Verlag. S. 162-190.

Rödder, S. (2005): Das Buch des Lebens in der Presse. Die Darstellung der Entschlüsselung des menschlichen Erbguts in deutschen und britischen Medien. München: Reinhard Fischer.

Rubin, B. P. (2008): Therapeutic Promise in the Discourse of Human Embryonic Stem Cell Research. In: Science as Culture 17. 1. S. 13-27.

Schäfer, M. S. (2007): Wissenschaft in den Medien. Die Medialisierung naturwissenschaftlicher Themen. Wiesbaden: Verlag für Sozialwissenschaften.

Schäfer, M. S. (2008a): Diskurskoalitionen in den Massenmedien. Ein Beitrag zur theoretischen und methodischen Verbindung von Diskursanalyse und Öffentlichkeitssoziologie. In: Kölner Zeitschrift für Soziologie und Sozialpsychologie im Erscheinen.

Schäfer, M. S. (2008b): Medialisierung der Wissenschaft? Empirische Untersuchung eines wissenschaftssoziologischen Konzepts. in Zeitschrift für Soziologie 37/3. im Erscheinen.

Schenk, M./Sonje, D. (1998): Gentechnik und Journalisten. München: R. Fischer.

Schrage, D. (1999): Was ist ein Diskurs? Zu Michel Foucaults Versprechen, "mehr" ans Licht zu bringen. In: Bublitz, H./Bührmann, A. D./Hanke, C./Seier, A. (Hrsg.): Das Wuchern der Diskurse. Perspektiven der Diskursanalyse Foucaults. Frankfurt/M., New York: Campus. S. 63-74.

Seier, A. (1999): Kategorien der Entzifferung: Macht und Diskurs als Analyseraster. In: Bublitz, H./Bührmann, A. D./Hanke, C./Seier, A. (Hrsg.): Das Wuchern der Diskurse. Perspektiven der Diskursanalyse Foucaults. Frankfurt/M., New York: Campus. S. 75-86.

Sturm, C. (2002): Die Debatte um den "genetischen Fingerabdruck": ein Beispiel für den diskursiven Umgang mit strittigen Fragen in der Medienberichterstattung der Bundesrepublik; erarbeitet an der Berichterstattung ausgewählter Printmedien. Oldenburg: Carl von Ossietzky Universität, Fachbereich Literatur- und Sprachwissenschaften.

Ten Eyck, T. A. (1999): Shaping a Food Safety Debate: Control Efforts of Newspaper Reporters and Sources in the Food Irradiation Controversy. In: Science Communication 20. 4. S. 426-447.

Tenscher, J. (1999): Politikvermittlungsexperten. Die Schaltzentralen politischer Kommunikation. In: Forschungsjournal Neue Soziale Bewegungen 13. 3. S. 7-16.

Universitäts-Rechenzentrum Trier (1997): Korrespondenzanalyse mit SPSS. Trier: Universität Trier.

Universitäts-Rechenzentrum Trier (1998): Hauptkomponentenanalyse für kategoriale Daten mit SPSS-HOMALS. Trier: Universität Trier.

van der Heijden, P. G. M./De Leeuw, J. (1985): Correspondence analysis used complementary to loglinear analysis. In: Psychometrika 50. 4. S. 429-447.

van Dijk, T. (Hrsg.) (1997): Discourse Studies. London & Thousand Oaks: Sage.

Viehöver, W. (2004): Die Wissenschaft und die Wiederverzauberung des sublunearen Raumes. Der Klimadiskurs im Licht der narrativen Diskursanalyse. In: Keller, R./Hirseland, A./Schneider, W./Viehöver, W. (Hrsg.): Handbuch sozialwissenschaftliche Diskursanalyse. Band 2: Forschungspraxis. Wiesbaden: Verlag für Sozialwissenschaften. S. 232-267.

Voß, M. (2006): Hat Recht, wer heilt? Die Gentherapie im Spiegel der Presse von 1970-2001. Dissertation. Bielefeld: Universität Bielefeld, Institut für Wissenschafts- und Technikforschung.

Weingart, P. (2001): Die Stunde der Wahrheit? Zum Verhältnis der Wissenschaft zu Politik, Wirtschaft und Medien in der Wissensgesellschaft. Weilerswist: Velbrück.

Weingart, P. (2003): Wissenschaftssoziologie. Bielefeld: transcript.

Weingart, P. (2005): Die Wissenschaft der Öffentlichkeit. Essays zum Verhältnis von Wissenschaft, Medien und Öffentlichkeit. Weilerswist: Velbrück.

Wilke, J. (1999): Leitmedien und Zielgruppenorgane. In: Wilke, Jürgen (Hrsg.): Mediengeschichte der Bundesrepublik Deutschland. Bonn: Bundeszentrale für politische Bildung. S. 302-329.

Wobus, A. M./Hucho, F./van den Daele, W./Köchy, K./Reich, J. et al. (Hrsg.) (2006): Stammzellforschung und Zelltherapie. Stand des Wissens und der Rahmenbedingungen in Deutschland. Supplement zum Gentechnologiebericht. München: Elsevier Akademischer Verlag.

Frames in der Berichterstattung über Molekulare Medizin. Eine Inhaltsanalyse von Wissenschaftsmagazinen im Fernsehen

Arne Freya Zillich

1 Einleitung

Molekulare Medizin gilt wegen ihrer vielversprechenden Ansätze zur Diagnose, Prävention und Therapie von menschlichen Erkrankungen als ein Forschungsgebiet, das die tägliche medizinische Praxis in Deutschland revolutioniert. Auch in ökonomischer Sicht wird ihr eine zentrale Bedeutung für die Entwicklung des Landes zugeschrieben. Zugleich lösen die wissenschaftlichen Erkenntnisse politische und ethische Debatten aus, die in Forderungen nach strengeren Gesetzen resultieren (vgl. Kettner 2004). Da nur wenige Personen über direkte Erfahrungen mit Molekularer Medizin verfügen, nimmt die Öffentlichkeit an der Debatte vor allem über die massenmediale Berichterstattung teil. Die Häufigkeit der Berichterstattung und ihre spezifische Perspektive haben einen Einfluss darauf, wie Molekulare Medizin wahrgenommen und bewertet wird. Dies trifft insbesondere auf das Fernsehen zu: Es hat im Vergleich zu Hörfunk, Presse und Internet die höchste Tagesreichweite und wird am häufigsten gewählt, um sich zu informieren (vgl. Ridder/Engel 2005: 426). Um wissenschaftliche Themen im Fernsehen ausführlich zu behandeln und einem interessierten Laienpublikum zu vermitteln, eignet sich insbesondere das Format des Wissenschaftsmagazins (vgl. Hanel 1994: 12; Milde/Ruhrmann 2006: 432). Seine vergleichsweise geringen Produktionskosten ermöglichen es, flexibel auf aktuelle Entwicklungen und Themen zu reagieren. Nicht zuletzt deswegen ist seit Mitte der 1990er Jahre ein regelrechter Boom an Wissenschaftsmagazinen im deutschen Fernsehen zu verzeichnen (vgl. von Bullion 2004: 92; Meier/Feldmeier 2005: 205f; Milde/Ruhrmann 2006: 432f). Daher untersucht diese Studie, wie Wissenschaftsmagazine des deutschen Fernsehens Molekulare Medizin framen.

Frames sind Muster in der Berichterstattung, die bestimmte Aspekte eines Sachverhaltes hervorheben und andere vernachlässigen (vgl. Entman 1993: 52ff; Reese 2007: 150). Sie stellen spezifische Inhalte aus der Fülle an Informationen heraus und erhöhen damit ihre Salienz. Frames strukturieren die Darstellung komplexer Themengebiete wie Molekulare Medizin und machen sie so für Laien zugänglich (vgl. Scheufele/Tewksbury 2007: 12). Die Argumentationsmuster der Fernsehberichterstattung können die öffentliche Wahrnehmung und Akzeptanz dieses Forschungsfeldes somit beeinflussen. Erste Anhaltspunkte, wie Wissenschaftsmagazine über Molekulare Medizin berichten und welche argumentativen Muster sie verwenden, liefert die Studie von Milde und Ruhrmann (2006). Diese empirisch bestimmten Argumentationsmuster lassen sich im Nachhinein als Frames interpretieren. Für die vorliegende Studie wird ein anderer Zugang gewählt: Frames werden zunächst theoretisch konzipiert und anschließend systematisch in der deutschen Fernsehberichterstattung über Molekulare Medizin identifiziert. Somit handelt es sich um eine theoriegeleitete Frameanalyse.[1]

2 Der Framing-Ansatz

Der Framing-Ansatz hat in den vergangenen Jahren in verschiedenen Forschungsdisziplinen wie Politikwissenschaft, Soziologie und der Kommunikations- und Medienwissenschaft an Bedeutung gewonnen. Als interdisziplinärer Ansatz verbindet er verschiedene theoretische und methodische Forschungsparadigmen und bietet damit die Chance, die Erkenntnisse unterschiedlicher Forschungsfelder zu integrieren (vgl. Reese 2007: 148). Ein weiterer Grund für seine Popularität liegt in seiner Anwendbarkeit auf alle Phasen des Kommunikationsprozesses. So eignet sich der Framing-Ansatz gleichermaßen, um die Aktivitäten sozialer Bewegungen, journalistische Nachrichtenproduktion und Medienwirkungen zu erklären (vgl. Pan/Kosicki 1993: 55f; Scheufele/Tewksbury 2007: 12). Ebenso ist es eine Stärke des Ansatzes, dass er keine normative Bewertung beinhaltet. Im Unterschied zum News-Bias-Konzept, das journalistische Verzerrungen und mangelnde Objektivität thematisiert, geht es beim Framing nicht um Instrumentalität (vgl. Scheufele 2006: 68): Ausschlaggebend für die Berichterstattung über einen Sachverhalt ist nicht, dass er mit den subjektiven Einstellungen des Journalisten, sondern mit seinen kognitiven Interpretationsmustern übereinstimmt. Daher stellt das Framing-Konzept nach Hackett (1984: 247) und Tankard (2001: 96) eine Überwindung des Objektivitäts-Paradigmas dar, welches jahrzehntelang forschungsleitend war. Trotz der Aktualität und Relevanz des Ansatzes existiert bisher keine einheitliche theoretische Konzeption und Operationalisierung von Frames (vgl. Entman 1993: 51; Scheufele 1999: 118; Hertog/McLeod 2001: 139). Der Begriff „Framing" bezeichnet dabei den dynamischen Prozess der Interpretation, während Frames die empirisch erfassbaren Ergebnisse dieser Konstruktion darstellen (vgl. Matthes 2007: 21). Zur Sys-

---

1 Die Daten dieser Studie stammen aus dem vom BMBF geförderten Projekt „Molekulare Medizin und Fernsehen – eine empirische Studie zur Präsentation und Rezeption von 1995 bis 2005".

tematisierung des heterogenen Forschungsfelds orientieren wir uns an der Position der Frames im Kommunikationsprozess: Frames lassen sich an vier Stellen verorten: beim Kommunikator (Strategisches Framing), beim Journalist (Journalistisches Framing), beim Medieninhalt (Medienframes) und beim Rezipienten (Rezipientenframes).

2.1   Frames im Kommunikationsprozess

Strategisches Framing

Kommunikatoren wie politische Akteure oder soziale Bewegungen sind bestrebt, ihre eigenen Sichtweisen und Aktivitäten zu legitimieren, um die Unterstützung weiterer Anhänger und der Öffentlichkeit zu mobilisieren (vgl. Gerhards/Rucht 1992: 572; McAdam 1994: 395; Benford/Snow 2000: 614). In diesem Zusammenhang werden Frames als „action-oriented sets of beliefs and meanings that inspire and legitimate the activities and campaigns of a social movement organization" (Benford/Snow 2000: 614) verstanden. Erfolgreiches Framing bedeutet in diesem Fall nicht nur, den eigenen Frame zu kommunizieren, sondern auch die Fähigkeit, diesen gegenüber konkurrierenden Frames anderer Akteure durchzusetzen (vgl. Pan/Kosicki 2001: 39; Matthes/Kohring 2004: 56). Hierbei sind die Breite der Problemdefinition, ihr Generalisierungsgrad und die argumentative Verknüpfung der Probleme entscheidend für das Mobilisierungspotential einer sozialen Bewegung (vgl. Gerhards/Rucht 1992: 580f). Zudem fördern kulturelle Resonanz, Sponsoraktivitäten und Orientierung an journalistischen Arbeitsroutinen den Erfolg eines Frames (Gamson/Modigliani 1989: 5ff). So können soziale Bewegungen den journalistischen Anspruch, ausgewogen zu berichten, strategisch für sich nutzen: Indem sie gezielt eine alternative Sichtweise zu der von Regierungsinstitutionen vertreten, aktivieren sie die journalistische Ausgewogenheitsnorm. Dadurch erhöht sich die Chance, dass entsprechend ihres Frames über das Thema berichtet wird. Adressat dieser *strategischen* Aktivitäten sozialer Bewegungen sind neben der Öffentlichkeit also insbesondere Journalisten.

Journalistisches Framing

Studien zum journalistischen Framing untersuchen, welche Faktoren bei der Herausbildung von journalistischen Frames eine Rolle spielen und nehmen an, dass diese die Nachrichtenauswahl beeinflussen (vgl. Dunwoody 1992; Brosius/Eps 1993). Auf kognitiver Ebene fungieren sie als Interpretationsmuster, die bei der Verarbeitung von Informationen aktiviert werden (vgl. Gitlin 1980: 7;

Scheufele/Brosius 1999: 410). Institutionelle Routinen und Normen im redaktionellen Arbeitsalltag dienen als Grundlage für journalistische Frames (vgl. Tuchman 1973: 113; Dunwoody 1992: 81ff). Ebenso können journalistische Frames durch Schlüsselereignisse etabliert und auf die nachfolgende Berichterstattung angewendet werden (vgl. Brosius/Eps 1993; Scheufele/Brosius 1999): Die Chance, dass über ein Ereignis berichtet wird, ist umso größer, je ähnlicher sich Schlüsselereignis und nachfolgendes Ereignis sind, da es bereits dem journalistischen Frame entspricht (vgl. Brosius/Eps 1993: 526). Die Stabilität eines journalistischen Frames hängt von der Dauer seiner Anwendung und der individuellen Bedeutung diskrepanter Ereignisse ab: Je länger Journalisten einen Frame für ein Ereignis verwenden, desto eher festigt er sich und desto weniger wird er von abweichenden Ereignissen verändert (vgl. Scheufele/Brosius 1999: 427).

Medienframes

Die bei der Nachrichtenauswahl und -produktion angewendeten journalistischen Frames können Eingang in die Berichterstattung finden. Der überwiegende Teil der Studien zum Framing-Konzept beschäftigt sich mit der inhaltsanalytischen Identifikation dieser Medienframes (vgl. Gamson/Modigliani 1989; Simon/Xenos 2000; Lind/Salo 2002; Parmelee 2002). Die in neueren Forschungsarbeiten zu Medienframes häufig zitierte Definition stammt von Entman (1993: 52): „To frame is to *select some aspects of a perceived reality and make them more salient in a communicating text, in such a way as to promote a particular problem definition, causal interpretation, moral evaluation, and/ or treatment recommendation* of the item described". Nach dieser Konzeption besteht ein Frame aus vier Elementen: einer Problemdefinition, welche die Kosten und Nutzen einer Handlung bestimmt, einer kausalen Attribution, welche die Ursachen des Problems identifiziert, einer moralischen Bewertung, die Ursachen und Folgen der Handlung bewertet und einer Handlungsempfehlung, die eine Behandlung des Problems vorschlägt und zukünftige Folgen vorhersagt (vgl. Entman 1993: 52; Entman 2010: 336). Medienframes sind also nicht identisch mit den Themen der Berichterstattung; vielmehr konstituieren und strukturieren sie die Medienrealität (vgl. Caragee/Roefs 2004: 217; Scheufele/Tewksbury 2007: 13). Ein Thema kann in verschiedenen Frames dargestellt werden und ein einzelner Frame lässt sich auf mehrere Themen anwenden. Ereignis und Frame zeichnen sich durch eine inhaltsgebundene Passung aus – im Unterschied zu Nachrichtenwerten, die als universell-inhaltsfreie Schemata gelten (vgl. Scheufele 2003: 102).
Metaanalysen zu Medienframes identifizierten fünf Frames, die in zahlreichen Studien die Nachrichtenberichterstattung dominierten (vgl. Semetko/Valkenburg 2000: 95f; Dahinden 2006: 107f). Unabhängig vom berichteten Thema lassen

sich Nachrichten anhand der Frames "Konflikt", „Moral", „Wirtschaft", „Human Interest/Personalisierung" und „Verantwortung" charakterisieren. Sie bilden gewissermaßen den semantischen Kern der Berichterstattung. Allerdings erlauben sie nur eine grobe Kategorisierung der Inhalte; um differenzierte Mediendiskurse zu beschreiben, bedarf es spezifischer Frames.

Rezipientenframes

Ein weiterer Forschungsstrang behandelt die Wirkung von inhaltsbezogenen und formalen Medienframes auf Rezipientenframes (vgl. Iyengar 1991; Valkenburg/Semetko/de Vreese 1999; Shah/Domke/Wackmann 2001). Dabei wird angenommen, dass die mediale Darstellung eines Ereignisses Attributionen, Bewertungen und Entscheidungen impliziert (vgl. Scheufele 2004: 30). Framing-Effekte beziehen sich sowohl auf die Interpretation von Medientexten durch Rezipienten als auch auf ihre Reaktion auf diese. Sie können als Anwendbarkeitseffekte begriffen werden, bei denen saliente Merkmale eines Medienberichts mentale Konstrukte aktivieren (vgl. Price/Tewksbury 1997: 197f; Scheufele/Tewksbury 2007: 15): Durch die Aktivierung bleibt das Konstrukt eine gewisse Zeit im mentalen System zugänglich und erhöht so die Wahrscheinlichkeit, bei der Bewertung eines Ereignisses angewendet zu werden. Die temporäre Aktivierung der Konstrukte erfolgt z. B. durch Priming oder Agenda Setting. Neben kurzfristigen Effekten können Medienframes aber auch langfristige Wirkungen erzeugen. So kann eine konsonante Medienberichterstattung bei Rezipienten zu dauerhaft zugänglichen Konstrukten führen (vgl. Price/Tewksbury 1997: 199).[2]
Die in empirischen Studien untersuchten Wirkungen von Medienframes reichen von selektiver Zuwendung zu einem Medienangebot (vgl. Zillmann et al. 2004), der Bereitschaft, sich zu einem gesellschaftlichen Problem zu äußern (vgl. Boyle et al. 2006), über Verantwortungszuschreibung (vgl. Iyengar 1991) und Zukunftseinschätzungen (vgl. de Vreese 2010) bis zu Kandidatenpräferenz und Wahlentscheidung (vgl. Shah/Domke/Wackmann 2001). Persönliche Erfahrungen und Populärwissen sowie Voreinstellungen können den Einfluss der Medienframes auf Rezipientenframes abschwächen (vgl. Gamson 1996: 111; Matthes 2007: 294f).

Die vorliegende Studie betrachtet nur einen der vorgestellten Forschungsstränge: die inhaltsanalytische Erfassung von Medienframes. Ihr Schwerpunkt liegt auf der empirischen Bestimmung von Frames in der Fernsehberichterstattung über

---

2 Zur kritischen Auseinandersetzung mit diesem gedächtnisbasierten Modell der Meinungsbildung vgl. Matthes 2007: 126f.

Molekulare Medizin. Daher wird im Folgenden ein Überblick über die bisherigen zentralen Studien zum Framing von Molekularer Medizin gegeben.

2.2 Medienframes zur Molekularen Medizin

Welche Frames lassen sich in der deutschen Berichterstattung über Molekulare Medizin unterscheiden? Die molekularmedizinische Forschung, bei der das Erbgut menschlicher Zellen gezielt verändert wird, stellt einen Bereich der Gentechnik dar und wird auch als „rote Gentechnik" bezeichnet. Im Mittelpunkt der „grünen Gentechnik" steht die Forschung mit gentechnisch veränderten Pflanzen (vgl. Waibl 2005: 191). Der Großteil der bisherigen Framestudien konzentriert sich auf die mediale Darstellung von Gentechnik im Allgemeinen, ohne eine nähere Spezifikation hinsichtlich dieser zwei Anwendungsbereiche vorzunehmen.

Im Rahmen des international vergleichenden Projektes „Life Sciences in European Society" entstanden mehrere Studien, die Frames in der deutschen Presseberichterstattung über Gentechnik von 1973 bis 1996 untersuchen (vgl. Durant/Bauer/Gaskell 1998; Gaskell/Bauer 2001; Bauer/Gaskell 2002). Zur Identifizierung der Frames wurde ein deduktives Verfahren verwendet, bei dem das Vorkommen von acht Frames[3] kodiert wurde. Die Studien zeigen, dass in allen Zeitphasen ein Fortschrittsframe („Progress") dominiert, der den gesellschaftlichen Nutzen der Gentechnik im Allgemeinen betont. Frames, die unabschätzbare Risiken der Technologien und Unheil-Szenarien („Pandora's box" und „Runaway") beschreiben, sind hingegen selten. Neben dem vorherrschenden Fortschrittsframe wird auch die Notwendigkeit der Regulierung („Public accountability") diskutiert. Diese Beiträge fordern die öffentliche Kontrolle der Gentechnik sowie eine Beteiligung der Bürger an zentralen Entscheidungen. Sowohl ethische Prinzipien und moralische Grenzen („Ethical") als auch wirtschaftliche Konsequenzen der Gentechnik („Economic prospect") gewinnen in der deutschen Presseberichterstattung ab den 1990er Jahren an Bedeutung. Dabei wird zunehmend ein Bezug zur Globalisierungsthematik hergestellt („Globalisation") (vgl. Hampel et al. 1998: 67; Görke/Kohring/Ruhrmann 2000: 26f; Hampel et al. 2001: 198). Die Forschergruppe um Durant, Bauer und Gaskell verzichtet jedoch darauf, den Begriff des „Frames" herzuleiten oder von anderen Konzepten abzugrenzen. Zudem fehlen Angaben zum genauen methodischen Vorgehen (vgl.

---

3 Folgende acht Frames wurden dabei unterschieden: 1. Progress, 2. Economic prospect, 3. Ethical, 4. Pandora's box, 5. Runaway, 6. Nature/Nurture, 7. Public accountability, 8. Globalisation (vgl. Hampel et al. 1998; Görke/Kohring/Ruhrmann 2000; Hampel et al. 2001; Gutteling et al. 2002).

Gaskell/Bauer/Durant 1998: 9; Gutteling et al. 2002: 100).[4] Die Trennschärfe und logische Unabhängigkeit dieser Frames gilt daher als problematisch (vgl. Dahinden 2006: 116). Eine weitere Frame-Studie zur internationalen Presseberichterstattung über Gentechnik stammt von Dahinden (2006). Er bestimmt neun Frames[5], anhand derer sich die Printberichterstattung in sechzehn Ländern über einen Zeitraum von 25 Jahren charakterisieren lässt. Hierbei zeigt sich, dass der Mediendiskurs über Gentechnik insbesondere durch Anwendungen in der Humanmedizin und den daraus resultierenden gesundheitlichen Chancen geprägt ist („Medizin"). Landwirtschaftliche Aspekte von Gentechnik und hiermit verbundene Risiken („Umwelt") werden hingegen seltener thematisiert. Im Mittelpunkt einer dritten Gruppe von Zeitungsartikeln stehen die wirtschaftlichen Vorteile der Gentechnik („Wirtschaft"). Darüber hinaus wird Gentechnik in der Presse insbesondere vor dem Hintergrund der jeweiligen nationalen Regulierungsgesetze diskutiert („Nationale Politik"). Wie die Ergebnisse dieser Studie verdeutlichen, differenzieren internationale Qualitätszeitungen thematisch zwischen dem Bereich der grünen und der roten Gentechnik. Dies bestätigt sich auch in einer Studie von Matthes und Kohring (2004) für deutsche Printmedien: Sie identifizieren drei Frames, die sich dem Gebiet der Molekularen Medizin, d. h. der roten Gentechnik, zuordnen lassen[6]. Von 1991 bis 1996 thematisierten deutsche Zeitungen und Zeitschriften die Bedeutung der Grundlagenforschung zum menschlichen Genom für die Gesellschaft und prognostizierten der Molekularen Medizin eine positive Zukunft („Forschung in der Biomedizin"). Ein zweiter Frame verdeutlicht den medizinischen Nutzen der Anwendungen am Menschen, die befürwortet werden („Medizinischer Nutzen"). Neben dieser nutzenorientierten Darstellung reflektiert eine dritte Gruppe an Artikeln die ethische Diskussion der gentechnischen Forschung, die aus dem Widerspruch zwischen wissenschaftlichem Nutzen und kulturellem Risiko entspringt. Damit einher gehen eine fehlende Akzeptanz der Gentechnik und eine Angst vor Eugenik („Ethische Abwägung") (vgl. Matthes/Kohring 2004: 67).

Im Unterschied zur Printberichterstattung gibt es bisher kaum Studien, die die deutsche Gentechnikberichterstattung im Fernsehen auf der Basis des Framing-Ansatzes untersuchen. Milde und Ruhrmann (2006) identifizierten drei Typen

---

4 So beschreiben Gaskell, Bauer und Durant ihr methodisches Vorgehen folgendermaßen: „We adopted the set of frames observed by Gamson and Modigliani and added further frames identified in the course of pilot work." (Gaskell/Bauer/Durant 1989: 9).

5 Dahinden (2006: 245f) ermittelt folgende neun Frames für die internationale Gentechnikberichterstattung: 1. Moral, 2. Wirtschaft, 3. Umwelt, 4. Medizin, 5. Nationale Politik, 6. Wissenschaft, 7. Öffentliche Meinung, 8. Internationale Politik, 9. NGOs.

6 Dem Bereich der grünen Gentechnik lassen sich die Frames „Landwirtschaftlicher Nutzen" und „Landwirtschaft: Pro & Contra" zuschreiben (vgl. Matthes/Kohring 2004: 67).

von Fernsehbeiträgen zur Molekularen Medizin, die nachträglich als Frames verstanden werden können. Für die Schweizer Fernsehberichterstattung konnte Leonarz (2006) vier Frames bestimmen, die gentechnische Anwendungen im Medizinbereich thematisieren[7]. Beide Studien identifizieren eine Gruppe an Fernsehbeiträgen, die sich durch den Bezug zu Privatpersonen auszeichnet. Molekulare Medizin wird als vielversprechende Technologie dargestellt, die neue Therapieformen und gesundheitliche Vorteile für den Einzelnen ermöglicht („Persönlich relevant" bzw. „Rote Gentechnologie: positive Darstellung"). Zudem stellt ein fortschrittsorientierter Frame den Nutzen der Forschung für das Allgemeinwohl aus Sicht der Wissenschaftler dar („Wissenschaftsorientiert" bzw. „Fortschritt"). Ein weiterer Typus an Beiträgen artikuliert ethische Bedenken gegenüber der Molekularen Medizin. Sie kreisen z. B. um die Frage, inwiefern der Mensch das Recht hat, über die Qualität des Lebens zu bestimmen („Ethisch kontrovers" bzw. „Rote Gentechnologie: ethischer Diskurs"). Die Schweizer Fernsehberichterstattung ist zudem durch einen Regulierungsframe („Regulierung der roten Gentechnologie") gekennzeichnet, der die Kontrolle der Molekularen Medizin auf der Basis von forschungsverträglichen Maßnahmen fordert (vgl. Leonarz 2006: 261ff; Milde/Ruhrmann 2006: 447ff).

3 Ziel und Aufbau der Studie

Der Schwerpunkt der bisherigen Framestudien lag auf der Berichterstattung über Gentechnik im Allgemeinen. Zudem wurde vor allem die Presseberichterstattung untersucht. Die vorliegende Studie analysiert, wie Wissenschaftsmagazine des deutschen Fernsehens Molekulare Medizin von 1995 bis 2004 framen. Neben der Identifikation der vorherrschenden Frames ist hierbei auch ihre Veränderung im Zeitverlauf von Interesse. Somit ergeben sich folgende Forschungsfragen:

F1: Welche Frames dominieren in der Berichterstattung von Wissenschaftsmagazinen über Molekulare Medizin?
Hierbei geht es insbesondere um die Verteilung der einzelnen Frame-Elemente, die den Themenkomplex Molekulare Medizin konstituieren. Es wird erwartet, dass einige Frame-Elemente stärker ausgeprägt sind als andere. So zeigen bisherige Studien zur Presse- und Fernsehberichterstattung über Gentechnik, dass

---

7 Die Frames „Regulierung der grünen Gentechnik" und „Grüne Gentechnologie: Opposition" lassen sich dem Bereich der grünen Gentechnologie zuordnen, während der Frame „Wirtschaft" verschiedene Anwendungen thematisiert. Der Frame „Regulierung Identifikation" hingegen bezieht sich ausschließlich auf DNA-Analysen (vgl. Leonarz 2006: 261ff).

Handlungsempfehlungen und Verantwortungszuschreibungen nur peripher thematisiert werden (Matthes/Kohring 2004: 67f; Leonarz 2006: 261f).

Die untersuchten Magazine lassen sich ihrem Selbstverständnis nach in Wissenschafts- und Wissensmagazine klassifizieren. Es gilt zu überprüfen, ob sie das Thema Molekulare Medizin demzufolge unterschiedlich framen:
F2: Unterscheiden sich die Magazine im Framing des Themas Molekulare Medizin?

Die dritte Forschungsfrage betrachtet die Entwicklung des Themas innerhalb eines Zeitraums von zehn Jahren. Hierbei wird untersucht, auf welche Weise sich bestehende Frames ausdifferenzieren bzw. neu bilden:
F3: Inwieweit verändern sich die Frames zur Molekularen Medizin im Untersuchungszeitraum?

Für die Untersuchung der Forschungsfragen wurde auf die Stichprobe aus dem BMBF-Projekt „Molekulare Medizin und Fernsehen" zurückgegriffen. Die Grundgesamtheit bilden alle Beiträge über Molekulare Medizin in Wissenschaftsmagazinen deutscher Fernsehvollprogramme im Zeitraum von 1995 bis 2004. Neben Nachrichten, Ratgebersendungen, Studien- und Kursprogrammen sind Wissenschaftsmagazine mittlerweile fester Bestandteil der Wissenschaftsberichterstattung im deutschen Fernsehen (vgl. von Bullion 2004; Meier/Feldmeier 2005; Milde/Ruhrmann 2006). Sie bieten die Gelegenheit, spezielle Themen ausführlich zu behandeln und so eine „'Gemeinde' besonders interessierter und engagierter Zuschauer" (Hanel 1994: 12) anzusprechen. Charakteristisch für das Magazinformat ist, dass verschiedene Darstellungsformen wie Filmberichte, Erklärstücke und Interviews im Rahmen einer Sendung kombiniert werden. Die in den vergangenen Jahren neu entwickelten Wissenschaftssendungen im Fernsehen charakterisieren sich selbst zunehmend nicht mehr als Wissenschaftsmagazine, sondern als Wissensmagazine (vgl. Meier/Feldmeier 2005: 205). Während erstere vorrangig naturwissenschaftliche Forschungsergebnisse im Stil einer Lehreinheit präsentieren, vermitteln Wissensmagazine alltagsbezogenes Wissen und dessen praktische Anwendungsmöglichkeiten für den Laien. Die Magazine begründen diese Popularisierung mit der Präferenz der Zuschauer für Ratgeberorientiertes Wissen (vgl. Göpfert 2005: 39).

Die Stichprobenziehung erfolgte nach dem Verfahren der bewussten Auswahl: Für die öffentlich-rechtlichen Vollprogramme wurden die Sendungen *Abenteuer Forschung* (ZDF) und *Globus* (ARD/Das Erste) sowie dessen Nachfolgemagazin *W wie Wissen* ausgewählt. Von den Magazinen der Dritten Programme wurden *Forscher-Fakten-Visionen* (BR) sowie *Quarks & Co* (WDR) in die Stichprobe aufgenommen. Von den privat-kommerziellen Fernsehanstalten wurde die Sendung *Future Trend* (RTL) untersucht.[8] Folgende Einschränkungen gilt es bei der Stichprobe zu beachten: Da *Future Trend* erst 1997 auf Sendung ging, liegen für das Magazin in den ersten zwei Jahren keine Daten vor. Die Magazine unterscheiden sich sowohl hinsichtlich ihrer Periodizität als auch ihrer thematischen Struktur: Während z. B. *Abenteuer Forschung* ein monothematisches Magazin ist, das 14-tägig erscheint, strahlt Future Trend nur 18 Mal im Jahr multithematische Sendungen aus (vgl. Lilienthal 2002: 7; Göpfert 2005: 38). Bei der Auswahl[9] der Beiträge wurde folgende Arbeitsdefinition verwendet: *Die Molekulare Medizin integriert als interdisziplinäre Forschungsrichtung Methoden und Erkenntnisse u. a. aus den Bereichen der Genetik, Molekularbiologie, Zellbiologie und Biochemie und wendet diese auf Fragestellungen der Humanmedizin an. Dabei konzentriert man sich systematisch auf die Analyse der Struktur und der Funktionen des menschlichen Genoms. Die molekularmedizinische Forschung setzt dabei bereits im embryonalen Stadium an* (vgl. Milde/Ruhrmann 2006: 440). Der Bezug zur Molekularen Medizin konnte dabei explizit (z. B. über Forschungsergebnisse) oder implizit (z. B. über soziale Konsequenzen einzelner Anwendungen) hergestellt werden. Insgesamt besteht die Stichprobe aus 203 Beiträgen über Molekulare Medizin und kommt damit einer Vollerhebung nahe (vgl. Milde/Ruhrmann 2006: 441).

Als Grundlage der Frame-Operationalisierung dient die Definition von Entman (1993: 52). Als operationale Definition hat sie den Vorteil, dass die einzelnen Frame-Elemente als Variablen erhoben und inhaltsanalytisch erfasst werden können. Zudem ist sie in der Frame-Forschung weit verbreitet und integriert andere Konzeptionen von Medienframes in sich. Beispielsweise lässt sich Iyengars Unterscheidung in episodische und thematische Medienframes (vgl. Iyengar 1991: 14) als Sonderform des Entmanschen Frame-Elementes *kausale Attribution* verstehen. Tabelle 1 beschreibt, über welche Kategorien und Ausprägungen die Frame-Elemente erfasst werden. Die *Problemdefinition* wird über die Hauptthemen sowie die Nutzen- und Risikodimension erhoben. Das Frame-Element *Kausale Interpretation* beinhaltet die Variablen „verantwortlicher Akteur für Nutzen" und „verantwortlicher Akteur für Risiko". *Moralische Bewertung* wird über die Variable „Bewertung" operationalisiert. Das Frame-Element *Handlungsempfehlung* umfasst die formulierten Forderungen, Lösungsvorschläge und Prognosen.

---

8 Die Recherche ergab, dass die Wissenschaftsmagazine von Pro7 und SAT.1 ebenfalls Beiträge über Molekulare Medizin sendeten. Beide Sender konnten aber auf Grund interner Senderstrukturen keine Beiträge zur Verfügung stellen.

9 Die Beiträge wurden anhand einer Schlüsselwortliste in Online-Archiven und über die Programmankündigungen der Fernsehzeitschrift *Bild & Funk* recherchiert. Einige Sender stellten MAZ-Transkripte zur Verfügung. Darüber hinaus wurden die Internetseiten der Wissenschaftsmagazine wöchentlich in Hinblick auf relevante Beiträge überprüft und diese dann auf VHS aufgezeichnet.

Tabelle 1: Operationalisierung der Frame-Elemente nach Entman (1993)

Frame-Element	Variable	Ausprägungen
Problemdefinition	Hauptthema	genetisch bedingte Krankheiten, therapeutische Anwendungen, Klonen, Reproduktionsmedizin, gentechnische Verfahren, Grundlagenforschung, kommerzielle Verwendungen
	Nutzendimension & Risikodimension	medizinisch, wissenschaftlich, ökonomisch, rechtlich, politisch, individuell-sozial, ethisch, öffentlich, diffus
Kausale Interpretation	verantwortlicher Akteur für Nutzen bzw. Risiko	kein Akteur, Wissenschaft, Politik, Ethik, Wirtschaft, gesellschaftliche Institutionen, Recht, Journalismus, Betroffener, Arzt
Moralische Bewertung	Bewertung	positiv, negativ
Handlungsempfehlung	Forderung	Förderung des Nutzens, Regulierung des Risikos
	Lösungsvorschlag	genannt
	Prognose	gut, schlecht, ungewiss

Um die Struktur der Berichterstattung über Molekulare Medizin differenziert und im Zeitverlauf zu erfassen, orientiert sich die vorliegende Studie am Verfahren von Kohring und Matthes (2002). Sie verstehen einen Frame als ein Textmuster, das sich aus einzelnen Elementen zusammensetzt. Die Frame-Elemente entsprechen Variablen mit unterschiedlichen Ausprägungen, die inhaltsanalytisch erfasst werden können (vgl. Kohring/Matthes 2002: 146f). In einer hierarchischen Clusteranalyse werden die Ausprägungen der Variablen geclustert und auf diese Weise homogene Gruppen von Medientexten gebildet[10]. Ein entscheidender Vorteil dieses Verfahrens ist, dass Frames empirisch bestimmt und nicht im Voraus vom Forscher festgelegt werden. Da die Frames nicht direkt kodiert,

10 Für eine kritische Diskussion der Clusteranalyse zur Bestimmung von Medienframes vgl. Scheufele/Scheufele 2010: 122.

sondern über einzelne Variablen operationalisiert werden, erhöht sich die Reliabilität der Inhaltsanalyse (vgl. Matthes/Kohring 2008: 264). Des Weiteren kann
in Langzeitstudien nachgewiesen werden, dass neue Frames hinzukommen oder
sich bestehende Frames weiter ausdifferenzieren. Außerdem eignet sich das
Verfahren auch für Sekundäranalysen, da einzelne Frame-Elemente häufig stan-
dardmäßig in Inhaltsanalysen erhoben werden (vgl. Matthes/Kohring 2004: 71).
Die Frames wurden somit nicht direkt mittels einer inhaltsanalytischen Kodie-
rung, sondern über das statistische Verfahren der Clusteranalyse identifiziert. Da
die nominal skalierten Variablen für die Clusteranalyse in binäre Kategorien
umkodiert werden mussten, erhöhte sich die Anzahl an Variablen stark. Deswegen wurden nur diejenigen Variablen in die Clusteranalyse aufgenommen, deren
Häufigkeit oberhalb von fünf Prozent (Hauptthema, Nutzen- und Risikodimension) bzw. zehn Prozent (verantwortlicher Akteur für Nutzen bzw. Risiko) lagen.
Insbesondere die Variablen „verantwortlicher Akteur für Nutzen bzw. Schaden"
erwiesen sich als problematisch: Nur zwei der möglichen zehn Akteure erreichten die Mindesthäufigkeit und wurden in die Clusteranalyse aufgenommen. Auch
von den ursprünglich jeweils acht Nutzen- bzw. Risikodimensionen gingen nur
jeweils vier in die Berechnung ein. Indem die Korrelation ausgewählter Variablen bestimmt wurde, war gewährleistet, dass keine hoch korrelierenden Merkmale in der Berechnung vorkamen.[11] Diese würden bei einer Fusionierung der Fälle
einzelne Aspekte überbetonen (vgl. Backhaus et al. 2003: 537). Tabelle 2 stellt
dar, welche dichotomen Variablen in die Clusteranalyse eingingen.
Geclustert wurde nach dem Ward-Verfahren, das als ein sehr guter Fusionie-
rungsalgorithmus gilt (vgl. Morey/Blashfield/Skinner 1983: 325). Als Distanz-
maß wurde die quadrierte euklidische Distanz gewählt. Zur Bestimmung der
optimalen Clusteranzahl wurde das „Ellenbogen-Kriterium" herangezogen (vgl.
Backhaus et al. 2003: 522).[12] Die Clusteranalyse wurde mit allen 203 Beiträgen
gerechnet; es konnten fünf Cluster identifiziert werden, die als Frames interpretiert werden.[13]

---

11 In die Korrelationsanalyse gingen die acht dichotomen Nutzen- und Risikovariablen ein. Für
   diese Kategorien wurde angenommen, dass sie Informationen liefern, die ggfs. durch eine andere
   Nutzen- bzw. Risikodimension mit erfasst werden. Die Korrelationswerte für die Variablen lagen
   maximal bei Cramer's V = 0,33.
12 Hierbei werden die Heterogenitätswerte in einem Koordinatensystem gegen die zugehörige Clusteranzahl abgetragen: An der Stelle, an der sich der Koeffizient sprunghaft erhöht, ist die Cluster-
   bildung abzubrechen (vgl. Bortz 1993: 534; Backhaus et al. 2003: 522).
13 Die Heterogenitätswerte der Analyse lauten: 391 (acht Cluster), 407 (sieben Cluster), 426 (sechs
   Cluster), 450 (fünf Cluster), 485 (vier Cluster), 526 (drei Cluster). Bis zum fünften Cluster steigen
   die Koeffizienten kontinuierlich um eine Differenz von 19 bis 24 an. Beim Übergang von der
   Fünf- zur Vier-Cluster-Lösung beträgt die Differenz 35, beim nächsten Fusionierungsschritt 41.
   Daher wurde die Fünf-Cluster-Lösung gewählt.

Tabelle 2: In die Clusteranalyse eingegangene Variablen

Variable	dichotome Variablen
Hauptthema	genetisch bedingte Krankheiten, therapeutische Anwendungen, Klonen, Reproduktionsmedizin, gentechnische Verfahren, Grundlagenforschung, kommerzielle Verwendungen
Nutzendimension	medizinisch, wissenschaftlich, ökonomisch, individuell-sozial
Risikodimension	medizinisch, individuell-sozial, ethisch, öffentlich
verantwortlicher Akteur für Nutzen	kein Akteur, Wissenschaft
verantwortlicher Akteur für Risiko	kein Akteur, Wissenschaft
Bewertung	positiv, negativ
Forderung	Förderung des Nutzens, Regulierung des Risikos
Lösungsvorschlag	genannt
Prognose	gut, schlecht, ungewiss

Um die Homogenität der gefundenen Cluster zu beurteilen, wurden F- und t-Werte berechnet. Je kleiner der F-Wert ist, desto geringer ist die Streuung der Variablen in einem Cluster im Vergleich zur Erhebungsgesamtheit (vgl. Backhaus et al. 2003: 533f). Ein Cluster gilt als vollkommen homogen, wenn alle F-Werte kleiner als 1 sind. Mit Ausnahme vom fünften Cluster sind alle Cluster durch eine akzeptable Homogenität gekennzeichnet.[14] Aufgrund seiner Stabilität wurde Cluster 5 jedoch beibehalten.[15] Die t-Werte können darüber hinaus zur Charakterisierung der Cluster verwendet werden: Ist eine Variable in einem Cluster im Vergleich zur Stichprobe unterrepräsentiert, haben t-Werte ein negatives Vorzeichen. Positive t-Werte zeigen an, dass die Variable überrepräsentiert

---

14 Im ersten Cluster sind 18 (von insgesamt 27) Variablen, im zweiten Cluster 21 Variablen, im dritten Cluster 22 Variablen und im vierten Cluster 15 Variablen kleiner als 1.

15 Sowohl in einer Vier- als auch in einer Sechs-Cluster-Lösung wurden dieselben 20 Beiträge gruppiert.

ist (vgl. ebd.: 534). Kennzeichnend für Cluster 1 ist, dass der Themenbereich Klonen häufig thematisiert wird. In den übrigen Clustern hat diese Variable negative Vorzeichen. Unterrepräsentiert sind im ersten Cluster die Variablen „medizinischer Nutzen" und „Wissenschaft verantwortlich für Nutzen". Nur das vierte Cluster erreicht bei den Themen „gentechnische Verfahren" und „Reproduktionsmedizin" positive Werte. In Cluster 5 dagegen sind die Variablen „negative Bewertung" und „Wissenschaft verantwortlich für Risiko" überrepräsentiert.

Im Folgenden werden die Ergebnisse der Clusteranalysen vorgestellt, die der Beantwortung der Forschungsfragen dienen. Zunächst werden einige formale Charakteristika der Magazinbeiträge betrachtet und die identifizierten Medienframes vorgestellt. Im Anschluss wird der Frage nachgegangen, ob sich die Magazine im Framing des Themas Molekulare Medizin unterscheiden. Abschließend wird die Veränderung der Frames im Zeitverlauf betrachtet.

4 Ergebnisse

Von den 203 Beiträgen, die in die Clusteranalyse eingingen, stammen 121 Beiträge (59,6 %) von *Quarks & Co*,[16] 29 Beiträge (14,3 %) von *Globus/W wie Wissen*, 28 Beiträge (13,8 %) von *Abenteuer Forschung*, 15 Beiträge (7,4 %) von *Forscher-Fakten-Visionen* und zehn Beiträge (4,9 %) von *Future Trend*. Abbildung 1 zeigt, dass sich die Magazinbeiträge ungleichmäßig über den Zeitraum verteilen. Es lässt sich weder eine kontinuierliche Zu- noch eine stetige Abnahme an Beiträgen über Molekulare Medizin feststellen. Drei Viertel aller Beiträge (75,9 %) werden in Form eines Berichtes präsentiert, die eine durchschnittliche Länge von 254 Sekunden haben. Das zweithäufigste journalistische Format ist das Erklärstück (17,2 %). Interviews (2,5 %), Kommentare (2,5 %), Vorfilme (1,5 %) und Nachrichtenfilme (0,5 %) werden in den untersuchten Magazinen äußerst selten eingesetzt.

---

16 Der hohe Anteil an Beiträgen von *Quarks und Co* resultiert zum einen aus der vergleichsweise hohen Periodizität. Zum anderen ist er durch die monothematische Struktur des Magazins bedingt.

Abbildung 1: Verteilung der Beiträge im Zeitverlauf (Häufigkeiten)

N=203

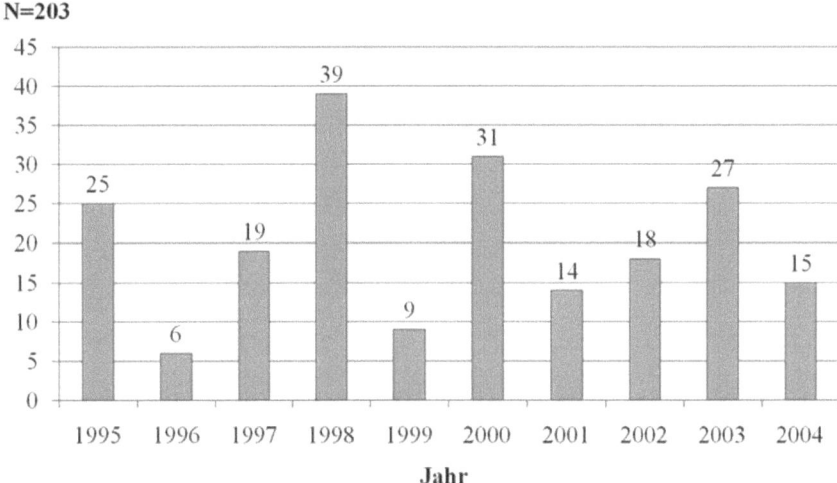

Jahr

4.1 Frames in den Magazinbeiträgen

Die Beschreibung der Medienframes erfolgt anhand der Mittelwerte der als Frame-Elemente erhobenen Variablen (vgl. Tabelle 3). Da es sich hierbei um dichotome Variablen handelt, kann der Mittelwert zwischen 0 und 1 liegen.[17]

Frame 1: Non-Frame (n=63; 31,0 %)

Der erste Frame hat den größten Anteil an der Berichterstattung über Molekulare Medizin. Die Problemdefinition bezieht sich in diesen Beiträgen auf die Themen genetisch bedingte Krankheiten (34,9 %) und Grundlagenforschung (25,4 %). Kennzeichnend für diesen Frame ist außerdem der vergleichsweise hohe Anteil an Beiträgen über Klonen (34,9 %). Allerdings thematisiert er darüber hinaus kaum andere Aspekte: Es werden nahezu keine Bewertungen formuliert, Lösungen vorgeschlagen oder Prognosen getroffen. Ebenso selten erfolgt eine kausale Attribution auf Akteure. Gelegentlich werden medizinische Risiken und Nutzen sowie individuell-soziale Risiken angesprochen. Insgesamt werden in diesen

---

17 Bei der Interpretation der Mittelwerte gilt es diejenigen Variablen zu berücksichtigen, die innerhalb eines Clusters die höchsten Ausprägungen aufweisen. Außerdem ist zu beachten, in welchem Cluster eine Variable ihren höchsten Mittelwert erreicht (vgl. Matthes/Kohring 2004: 67).

Beiträgen einzelne Themengebiete der Molekularen Medizin vorgestellt, ohne jedoch moralische Bewertungen, Handlungsempfehlungen oder kausale Interpretationen zu artikulieren. Daher wird der Frame hier als „Non-Frame" bezeichnet.

Frame 2: Forschung zu genetisch bedingten Krankheiten (n=36; 17,7 %)

Die Beiträge des Frames „Forschung zu genetisch bedingten Krankheiten" beschäftigen sich fast ausschließlich mit der Untersuchung von genetisch verursachten Erkrankungen. Dieses Themengebiet wird in 92 Prozent der Beiträge des Clusters behandelt. Ihm wird ein hoher medizinischer Nutzen (91,7 %) zugeschrieben. Außerdem werden wissenschaftliche (55,6 %) und individuell-soziale (38,9 %) Vorteile genannt, für die Wissenschaftler verantwortlich sind. Meist fehlt jedoch ein Bezug zu einem verursachenden Akteur. Vereinzelt wird gefordert, den Nutzen noch stärker zu fördern. Diese Beiträge thematisieren nahezu keine Risiken. Vielmehr wird die Forschung zu Erbkrankheiten positiv bewertet und ihr wird eine gute Zukunft (55,6 %) prognostiziert. Im Vergleich zu den anderen Frames zeichnet sich der Frame „Forschung zu genetisch bedingten Krankheiten" dadurch aus, dass der medizinische Nutzen sehr stark betont, die zukünftige Entwicklung äußerst positiv eingeschätzt und fast keine Risikodimensionen angesprochen werden.

Frame 3: Grundlagenforschung (n=34; 16,7 %)

Im Mittelpunkt des dritten Frames stehen - mit 82 Prozent - Beiträge zur Grundlagenforschung am menschlichen Genom. Gelegentlich wird auf Klonen und gentechnische Verfahren eingegangen. Der molekularmedizinischen Forschung wird ein hoher wissenschaftlicher (82,4 %) und medizinischer Nutzen (74,0 %) zugesprochen, für den die Wissenschaft verantwortlich ist. Häufig fehlt aber auch eine kausale Attribution auf soziale Akteure. Mögliche Risiken werden nur am Rande diskutiert. Die zukünftigen Chancen der Grundlagenforschung gelten überwiegend als ungewiss (38,2 %). Moralische Bewertungen werden nicht häufig, dann aber positiv formuliert. Im Vergleich zu den anderen Frames fällt auf, dass diese Beiträge den wissenschaftlichen Nutzen sehr stark betonen, der Wissenschaftlern zu verdanken ist.

Tabelle 3: Mittelwerte der Variablen pro Cluster

Frame-Element	Variable	Cluster 1	2	3	4	5
	genetisch bedingte Krankheiten	**0,35**	**0,92**	0,00	0,00	0,10
	therapeutische Anwendungen	0,02	0,03	0,00	0,22	**0,45**
	Klonen	**0,25**	0,00	0,12	0,06	0,10
	Reproduktionsmedizin	0,02	0,03	0,00	0,26	0,00
	gentechnische Verfahren	0,00	0,03	0,06	0,22	0,00
	Grundlagenforschung	**0,35**	0,00	**0,79**	0,00	0,15
Problemde-finition	kommerzielle Verwendungen	0,02	0,00	0,00	0,24	0,10
	Nutzen: medizinisch	0,14	**0,92**	**0,59**	**0,74**	**0,85**
	Nutzen: wissenschaftlich	0,03	**0,56**	**0,82**	0,00	0,40
	Nutzen: ökonomisch	0,00	0,06	0,06	0,16	0,00
	Nutzen: individuell-sozial	0,02	**0,39**	0,00	**0,50**	**0,65**
	Risiko: medizinisch	0,16	0,06	0,03	0,14	**0,35**
	Risiko: individuell-sozial	0,13	0,00	0,06	0,08	0,15
	Risiko: ethisch	0,03	0,00	0,03	0,18	**0,60**
	Risiko: öffentlich	0,10	0,00	0,03	0,04	0,20
Kausale Interpretati-on	verantwortlich für Nutzen: kein Akteur	0,98	0,86	0,94	0,96	0,65
	verantwortlich für Nutzen: Wissenschaft	0,03	0,78	**0,94**	0,58	**0,95**
	verantwortlich für Risiko: kein Akteur	0,92	1,00	1,00	1,00	0,80
	verantwortlich für Risiko: Wissenschaft	0,10	0,00	0,12	0,06	**0,95**
Moralische Bewertung	positive Bewertung	0,02	**0,47**	0,15	0,26	**0,70**
	negative Bewertung	0,05	0,03	0,06	0,04	**0,40**
Handlungs-empfehlung	Regulierung des Risikos	0,02	0,03	0,06	0,04	**0,25**
	Förderung des Nutzens	0,00	0,08	0,00	0,02	0,10
	Lösungsvorschlag	0,05	0,03	0,03	0,06	0,15
	gute Prognose	0,00	**0,56**	0,24	0,22	0,15
	schlechte Prognose	0,08	0,03	0,00	0,12	0,10
	ungewisse Prognose	0,11	0,14	**0,38**	0,06	**0,75**
N=203		63	36	34	50	20
%		31,0	17,7	16,7	24,6	9,9

Frame 4: Individueller Nutzen der Molekularen Medizin (n=50; 24,6 %)

Der Frame „Individueller Nutzen der Molekularen Medizin" zeichnet sich durch eine Vielzahl an Themen aus: In den Beiträgen werden sowohl Reproduktionsmedizin (26,0 %), kommerzielle Verwendungen (24,0 %), gentechnische Verfahren (22,0 %) als auch therapeutische Anwendungen (22,0 %) diskutiert. Damit liegt sein Schwerpunkt auf medizinischen Einsatzmöglichkeiten bei betroffenen Individuen, wie z. B. Personen mit genetischen Dispositionen oder unerfülltem Kinderwunsch. Folglich betont dieser Frame vor allem den individuell-sozialen (50,0 %) und medizinischen Nutzen (74,0 %) dieser Anwendungen. Gelegentlich wird auf ethische und medizinische Risiken hingewiesen. Sowohl für Nutzen als auch Risiken wird kein verantwortlicher Akteur genannt. Die Bewertung der verschiedenen Themengebiete der Molekularen Medizin erfolgt insgesamt positiv. Dabei wird erwartet, dass sie sich in Zukunft sowohl positiv als auch negativ entwickeln können. In diesen Beiträgen werden weder Forderungen aufgestellt, noch werden Lösungsvorschläge formuliert.

Frame 5: Ethische Kontroverse (n=20; 9,9 %)

Die Beiträge des fünften Frames beschäftigen sich überwiegend mit therapeutischen Anwendungen (50,0 %). Charakteristisch für diesen Frame ist, dass alle Frame-Elemente ausgeprägt sind. Er betont zum einen den hohen medizinischen (85,0 %) und individuell-sozialen Nutzen (65,0 %) der Themenfelder, weist zum anderen aber auf ein hohes ethisches Risiko (60,0 %) hin. Außerdem werden medizinische, öffentliche und individuell-soziale Risiken thematisiert. Zugleich wird auf ökonomische und wissenschaftliche Vorteile der molekularmedizinischen Anwendungen eingegangen. Die Wissenschaft wird sowohl für die Risiken als auch für den Nutzen verantwortlich gemacht. Darüber hinaus sind die Variablen „kein Akteur verantwortlich für Risiko bzw. Nutzen" im Vergleich zu den anderen Frames geringer ausgeprägt. Die gegensätzliche Einschätzung der Themengebiete drückt sich auch in der Bewertung aus: Sie fällt sowohl überaus positiv (70,0 %) als auch äußerst negativ (40,0 %) aus. Zudem werden Lösungsvorschläge formuliert und es wird gefordert, die Risiken zu regulieren – in keinem anderen Frame werden diese Aspekte stärker betont. Insgesamt prognostizieren die Beiträge den molekularmedizinischen Anwendungen eine ungewisse Zukunft (75,0 %).

4.2 Unterschiede der Magazine im Framing

Nach ihrem Selbstverständnis beschreiben sich *W wie Wissen* und *Future Trend* als Wissens- bzw. Zukunftsmagazine, in Abgrenzung zum klassischen Wissenschaftsmagazin. Alltagsbezogenes Wissen und spektakuläre Entdeckungen stehen im Vordergrund, naturwissenschaftliche Forschungsergebnisse interessieren erst an zweiter Stelle. Spiegelt sich diese Neuorientierung der Wissenschaftsberichterstattung auch in den Frames wider? Aus Tabelle 4 wird ersichtlich, dass die fünf identifizierten Frames unterschiedlich häufig in der Berichterstattung der Magazine auftreten.[18] Allerdings scheint die Darstellungsweise nicht entscheidend durch das jeweilige Selbstverständnis der Magazine geprägt zu sein. So dominiert der Frame „Grundlagenforschung" sowohl die Berichte des Wissenschaftsmagazins *Abenteuer Forschung* (39,3 %) wie auch die des Wissensmagazins *W wie Wissen* (50,0 %). Beide Magazine präsentieren vornehmlich Forschungserkenntnisse der Wissenschaft zu Aufbau und Funktionsweise des menschlichen Genoms. Das Zukunftsmagazin *Future Trend* widmet seine Berichterstattung in sechs von zehn Fällen dem Frame „Forschung zu genetisch bedingten Krankheiten". Dagegen verwenden sowohl das Wissensmagazin *W wie Wissen* als auch die klassischen Wissenschaftsmagazine diesen Frame in weniger als 20 % ihrer Beiträge.

Dennoch lässt sich ein spezifisches Profil der einzelnen Magazine erkennen: Während der „Non-Frame" nie in den Beiträgen des Wissenschaftsmagazins *Globus* vorkommt, nimmt er in den anderen Sendungen einen vergleichsweise hohen Anteil an der Berichterstattung ein. Dagegen entfallen 41 % aller Beiträge von *Globus* auf den Frame „Ethische Kontroverse". Ein ebenso hoher Anteil an Beiträgen von *Forscher-Fakten-Visionen* thematisiert den moralischen Konflikt um molekularmedizinische Anwendungen. Die restlichen Magazine vernachlässigen den Kontroverse-Frame dagegen nahezu völlig. Der Frame „Individueller Nutzen" tritt häufig bei *Quarks & Co* (28,1 %) und *Globus* (29,4 %) auf. Beim Wissensmagazin *W wie Wissen* kommt er indes in keinem Beitrag vor. Es zeigt sich, dass alle fünf Magazine jeweils mindestens 40 % ihrer Berichterstattung einem Frame widmen. Zudem verwenden *Globus* und *W wie Wissen* einen bzw. zwei Frames gar nicht. Je nachdem für welche Magazinsendung sich ein Rezipient entscheidet, wird ihm das Thema Molekulare Medizin somit auf recht unterschiedliche Weise präsentiert.

---

18 Bei der Interpretation der Unterschiede gilt es zu berücksichtigen, dass sich die Fallzahl der analysierten Magazinbeiträge z. T. deutlich unterscheidet. Während auf *Future Trend* nur zehn Beiträge entfallen, stammen 121 Beiträge von *Quarks & Co*. Daher lässt sich die Berichterstattung der verschiedenen Magazine nur bedingt miteinander vergleichen.

Tabelle 4:   Verteilung der Frames nach Magazin

Frames	Quarks & Co.		A. Forschung		Globus	
	n	%	n	%	n	%
Non-Frame	48	39,7	8	28,6	0	0,0
Forschung zu gen. bed. Krankheiten	21	17,4	2	7,1	2	11,8
Grundlagenforschung	12	9,9	11	39,3	3	17,6
Individueller Nutzen der Mol. Medizin	34	28,1	6	21,4	5	29,4
Ethische Kontroverse	6	5,0	1	3,6	7	41,2
Gesamt	121	100,0	28	100,0	17	100,0

Frames	F-F-V		W wie Wissen		Future Trend	
	n	%	n	%	n	%
Non-Frame	2	13,3	4	33,3	1	10,0
Forschung zu gen. bed. Krankheiten	3	20,0	2	16,7	6	60,0
Grundlagenforschung	1	6,7	6	50,0	1	10,0
Individueller Nutzen der Mol. Medizin	3	20,0	0	0,0	2	20,0
Ethische Kontroverse	6	40,0	0	0,0	0	0,0
Gesamt	15	100,0	12	100,0	10	100,0

4.3   Veränderung der Frames im Zeitverlauf

Betrachtet man die Entwicklung der Frames zu Molekularer Medizin über die Jahre 1995 bis 2004, wird zum einen ersichtlich, dass sich die Berichterstattung im Laufe der Jahre thematisch ausdifferenziert. Zum anderen werden Risiken und Nutzen der Molekularen Medizin detaillierter diskutiert.[19] So ist zum Beispiel der Frame „Klonen als ethisches Risiko" in der Berichterstattung der Jahre 2000 bis 2004 nicht mehr vertreten (vgl. Abbildung 2). Die Geburt des Schafs Dolly, die Vorhaben von Richard Seed, Menschen zu klonen oder die erfolgreichen Klon-Experimente an den Kälbern Charlie und George dominierten vor allem die Magazinbeiträge der Jahre 1997 und 1998. Dagegen ist dieses Themengebiet im zweiten Zeitraum nur eines von vielen des neu entstandenen Frames „Risiken der Molekularen Medizin". Zudem ist auch der Frame „Ethische Kontroverse" erst ab dem Jahr 2000 vorzufinden. Der Frame „Medizinischer

---

19 Der Untersuchungszeitraum wurde hierfür in die Zeitspanne 1995 bis 1999 (n=98) und 2000 bis 2004 (n=105) eingeteilt. Die Clusteranalyse ergab für die erste Zeitspanne eine Vier-Cluster-Lösung. Für den Zeitraum von 2000 bis 2004 wurde eine Fünf-Cluster-Lösung ermittelt. Auf eine ausführliche Beschreibung der einzelnen Frames wird an dieser Stelle verzichtet.

Nutzen der Molekularen Medizin" verlagert seinen Schwerpunkt in der zweiten Periode auf therapeutische Anwendungen und kommerzielle Verwendungen. Außerdem werden Bewertungen und Prognosen seltener formuliert. Die Frames „Genetisch bedingte Krankheiten" und „Grundlagenforschung" betonen ab dem Jahr 2000 den Nutzen der Forschung deutlich stärker als in der ersten Periode. Allerdings wird ihre Zukunft ungewisser eingeschätzt. Zudem wird die Forschung zu genetisch bedingten Krankheiten in der zweiten Zeitspanne sehr positiv bewertet.

Abbildung 2: Veränderung der Frames im Zeitverlauf

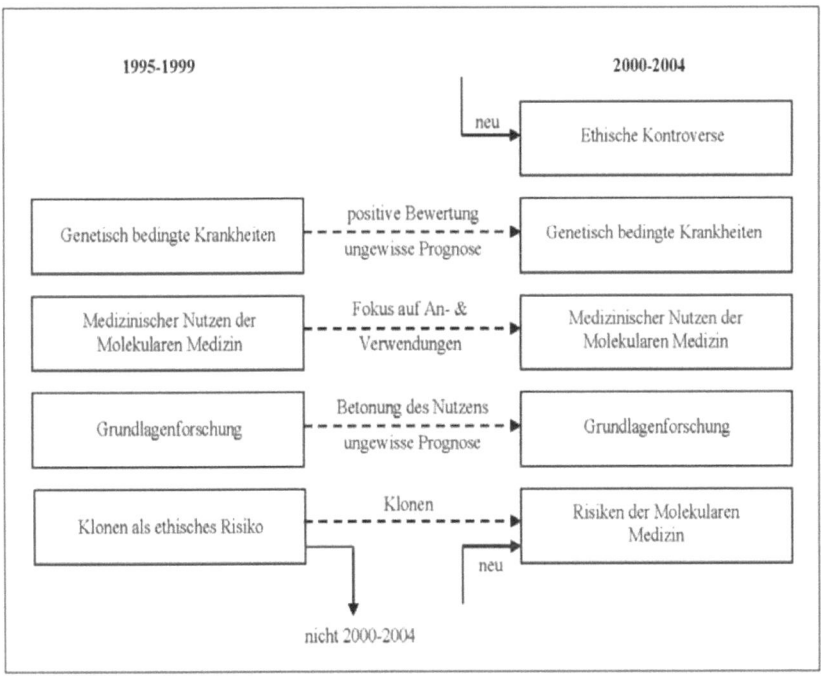

Insgesamt unterscheiden die untersuchten Magazine ab dem Jahr 2000 also deutlicher zwischen Bereichen der Molekularen Medizin, die einen Nutzen versprechen und solchen, die Gefahren bergen. Dabei werden die Risiken der einzelnen Anwendungen vergleichsweise stark thematisiert und ihnen wird eine ungewissere Zukunft als noch Mitte der 1990er Jahre prognostiziert. Die Berichterstattung ist außerdem thematisch ausdifferenzierter, was sich in der höheren Anzahl an Frames und der detaillierten Diskussion der Chancen und Risiken widerspiegelt.

5 Diskussion und Ausblick

Die vorliegende Studie analysiert das Framing der Berichterstattung von Wissenschaftsmagazinen über Molekulare Medizin der Jahre 1995-2004. Dabei geht sie dezidiert theoriegeleitet vor und bestimmt Frames auf der Grundlage der Definition von Entman (1993; 2010). Die Berichterstattung der Wissenschaftsmagazine über Molekulare Medizin lässt sich anhand von fünf Frames beschreiben. Dem Themengebiet wird insgesamt ein hoher medizinischer und wissenschaftlicher Nutzen zugeschrieben, der insbesondere betroffenen Individuen zugute kommt. Risiken werden nur am Rande thematisiert. Gesellschaftliche Kontroversen über ethische Aspekte der Molekularen Medizin und Forderungen nach Regulierung finden nur in wenigen Fällen statt. Ab dem Jahr 2000 differenzieren die Wissenschaftsmagazine stärker zwischen solchen Bereichen, die Chancen und jenen, die Risiken versprechen. Die Zukunft der Molekularen Medizin wird verhalten positiv eingeschätzt. Somit zeichnet sich die deutsche Fernsehberichterstattung von 1995 bis 2004 durch eine problemorientierte Diskussion des Nutzens aus. Damit korrespondiert sie mit dem nationalen und internationalen Tenor der Gentechnikberichterstattung: Frames, die den Nutzen der Grundlagenforschung im Bereich der roten Gentechnik thematisieren, finden sich in der deutschen und europäischen Presse- und Fernsehberichterstattung. Ebenso zeigen sich Parallelen zu Frames, die den individuellen Nutzen der medizinischen Anwendungen für Betroffene herausstellen. Auch der Kontroverse-Frame, der ethische Bedenken der Molekularen Medizin adressiert und ihre Chancen und Risiken abwägt, lässt sich in der nationalen und internationalen Gentechnikberichterstattung nachweisen (vgl. Matthes/Kohring 2004: 67; Dahinden 2006: 245ff; Leonarz 2006: 261f; Milde/Ruhrmann 2006: 447f.). Zudem wird ersichtlich, dass Fernsehen und Presse Molekulare Medizin auf ähnliche Weise framen. Es handelt sich somit um medienübergreifende Strukturen der Berichterstattung.

Die Ergebnisse der Inhaltsanalyse verdeutlichen außerdem, dass sich die einzelnen Magazine im Framing des Themas Molekulare Medizin unterscheiden. In zwei Sendungen kommen einige Frames gar nicht vor. Andere präsentieren die Hälfte ihrer Berichte in einem spezifischen Frame. Aus der inhaltlichen Gewichtung der Magazine können Rückschlüsse auf die Intention des Kommunikators gezogen werden. Unterschiede im Framing deuten auf unterschiedliche Absichten oder Ziele der Kommunikatoren hin. Medienframes ermöglichen reliablere Aussagen über den Kommunikator als beispielsweise journalistische Frames, die im Rahmen von Interviews oder teilnehmenden Beobachtungen erhoben wurden: Es kann nicht davon ausgegangen werden, dass sich journalistische Frames identisch in der Berichterstattung niederschlagen (vgl. Kohring/Matthes 2002: 152).

Des Weiteren zeigt die vorliegende Studie, dass das von Kohring und Matthes (2002) vorgeschlagene Verfahren geeignet ist, um Frames in der Fernsehberichterstattung zu identifizieren und trennscharf voneinander abzugrenzen. Außerdem ermöglicht es, die Entstehung neuer Frames bzw. Ausdifferenzierung vorhandener Frames zu erfassen. So unterscheiden sich Anzahl und inhaltliche Struktur der Frames für die Gesamtanalyse und die Analyse im Zeitvergleich. Allerdings wurde ein Cluster bestimmt, zudem noch das umfangreichste, welches sich durch das Nicht-Vorhandensein der meisten Frame-Elemente auszeichnet. Dieser Typus von Artikeln beschränkt sich darauf, einzelne Themenbereiche der Molekularen Medizin vorzustellen, ohne moralische Bewertungen, Handlungsempfehlungen oder kausale Interpretationen zu artikulieren. Hierbei handelt es sich möglicherweise um ein Problem der Sekundäranalyse, da die Variablen nicht speziell für das Untersuchungsziel operationalisiert wurden. Ebenso mag dies auf den unterschiedlichen in den Magazinen verwendeten Beitragsformen beruhen: Drei Viertel aller Beiträge werden als Bericht präsentiert, während 17 % der Beiträge Erklärstücke sind, welche in zusammengefasster Form den Hintergrund eines Sachverhaltes erläutern. Auf den Non-Frame entfallen 54 % dieser Erklärstücke. Andererseits ist denkbar, dass nicht jeder Text einen Frame im Sinne Entmans aufweisen muss. So geht Harden (2002: 190) davon aus, dass das Fehlen eines expliziten Frames kennzeichnend für die Routineberichterstattung ist. Ähnliche Rest-Cluster fanden sich auch in anderen Frame-Analysen zur Gentechnikberichterstattung (vgl. Matthes/Kohring 2004: 69; Dahinden 2006: 254). Als problematisch erwiesen sich die Kategorien „verantwortlicher Akteur für Nutzen" und „verantwortlicher Akteur für Risiko", da nur zwei der möglichen zehn Akteure die Mindesthäufigkeit erreichten, um in die Clusteranalyse aufgenommen zu werden. Auch andere Studien zeigten, dass Verantwortungszuschreibungen in den Beiträgen über Gentechnik eher am Rande vorkommen (vgl. Matthes/Kohring 2004: 67f; Leonarz 2006: 261f.). Zukünftig sollte daher eine weitere Variable erfassen, welche Akteure sich zu dem Themengebiet äußern, ohne für dessen Nutzen oder Risiko verantwortlich gemacht zu werden[20]. Alternativ zur theoretischen Herleitung von Medienframes können Frames auf der Basis statistischer Kennwerte abgeleitet werden. Beispielsweise ermöglicht eine Faktorenanalyse, die wesentlichen Einflussfaktoren für die inhaltliche Struktur

---

20 Eine andere Möglichkeit ist es, Frames nicht auf der Ebene des Beitrags, sondern des einzelnen Akteurs zu erheben. So legt Matthes (2007: 147) fest, dass ein Frame immer einem sozialen Akteur zugeordnet werden muss.

der Beiträge zu identifizieren. Über diese Faktoren kann eine Clusteranalyse gerechnet werden (vgl. Harden 2002; Dahinden 2006; Milde/Ruhrmann 2006). Ein Vorteil der vorangestellten Faktorenanalyse ist, dass es ein eindeutiges statistisches Kriterium gibt, wie viele Faktoren zu wählen sind. Allerdings sind die in Inhaltsanalysen als Frame-Elemente erhobenen Variablen häufig nominal- oder ordinalskaliert und damit für eine explorative Faktorenanalyse ungeeignet (vgl. Backhaus 2003: 331).

Um die Verallgemeinerbarkeit der Ergebnisse zu gewährleisten, müsste die Frame-Analyse erneut für eine repräsentative Stichprobe durchgeführt werden. Hierbei stellt sich die Frage, ob die Frames spezifisch für das Format der Fernsehmagazine sind oder sich auch in anderen Formen der Wissenschaftsberichterstattung, etwa in Nachrichten oder Reportagen, finden. Zukünftige Frame-Analysen zur Fernsehberichterstattung müssten zusätzlich die visuellen Informationen der Beiträge erheben. Fernsehbilder vermitteln Authentizität und erzeugen die Illusion, direkt an dem Geschehen beteiligt zu sein. Sie können die Selektionsmechanismen von Rezipienten leichter umgehen, da sie nicht gleich als journalistisches Produkt erkannt werden. Daher ist anzunehmen, dass visuelles Framing subtiler als verbales Framing ist (vgl. Messaris/Abraham 2001: 220). In theoretischer Hinsicht fehlt es jedoch an einer fundierten Konzeption von visuellen Frames. Scheufele (2001: 150f.) schlägt drei Ebenen vor, auf denen visuelle Frames in Fernsehtexten analysiert werden können: auf der Ebene der Bildelemente, der Ebene der Bild-Text-Relation sowie der Ebene der Sequenz. In methodischer Hinsicht bedarf es hierzu eines inhaltsanalytischen Verfahrens, das die systematische Analyse einer repräsentativen Stichprobe von visuellen Texten und ihrem Bedeutungsinhalt ermöglicht (vgl. Coleman 2010: 246f.). Leonarz' Frame-Analyse des Personalisierungs-, Emotionalisierungs- und Dramatisierungsgrads von Fernsehbeiträgen bietet erste Anhaltspunkte, über welche Variablen sich der visuelle Bedeutungsinhalt von Fernsehsendungen erschließen lässt (vgl. Leonarz 2006: 193ff.).

Darüber hinaus sollten zukünftige Studien die Wirkung der identifizierten Medienframes zur Molekularen Medizin auf Rezipientenframes untersuchen. Im Mittelpunkt des Interesses steht dabei die Interaktion dieser individuellen Frames mit den Medienframes. Stimmt die Perspektive eines Fernsehbeitrags mit der Wahrnehmung der Zuschauer von diesem Sachverhalt überein? Übernehmen Rezipienten den gesamten Frame oder nur einzelne Elemente des Frames? Auch hierbei gilt es zu beachten, wie sich visuelle Frames und Frames des gesprochenen Textes in der Rezeption zueinander verhalten, d. h. ob sie sich inhaltlich verstärken oder abschwächen. Zudem ist zu klären, welche individuellen Einflussfaktoren – neben der Medienberichterstattung – bei der Herausbildung der Rezipientenframes eine Rolle spielen. Von Relevanz scheinen vor allem Persönlichkeitseigenschaften, Mediennutzung, Interesse und soziodemographische Variablen zu sein (vgl. Dahinden 2006: 314; Matthes 2007: 293f.). Erst die Kenntnis dieses Wirkmechanismus erlaubt es, Aussagen über den Einfluss der Medienframes auf Wahrnehmung und Bewertung der Molekularen Medizin zu treffen.

Die inhaltsanalytische Identifikation von Medienframes stellt eine zentrale Grundlage dar, um das Verhältnis und die Sensibilität von Medien zur Molekularen Medizin zu erfassen. Die massenmediale Berichterstattung über dieses Forschungsfeld leistet eine Orientierungs- und Strukturierungsfunktion sowohl für die öffentliche Debatte als auch für die individuelle Meinungsbildung.

Literatur

Backhaus, K./Erichson, B./Plinke, W./Weiber, R. (2003): Multivariate Analysemethoden. Eine anwendungsorientierte Einführung. 10., neu bearbeitete und erweiterte Auflage. Berlin u. a.: Springer.

Bauer, M. W./Gaskell, G. (Hrsg.) (2002): Biotechnology. The making of a global controversy. London: Cambridge University Press.

Benford, R. D./Snow, D. A. (2000): Framing processes and social movements: an overview and assessment. In: Annual Review of Sociology. 26. Jg. S. 611-639.

Bortz, J. (1993): Statistik für Sozialwissenschaftler. 4. vollständig überarbeitete Auflage. Berlin u. a.: Springer.

Boyle, M. P. et al. (2006): Expressive responses to news stories about extremist groups: A framing experiment. In: Journal of Communication, 56. Jg. S. 271-288.

Brosius, H.-B./Eps, P. (1993): Verändern Schlüsselereignisse journalistische Selektionskriterien? Framing am Beispiel der Berichterstattung über Anschläge gegen Ausländer und Asylanten. In: Rundfunk und Fernsehen, 41. Jg. S. 512-530.

Bullion, M. von (2004): Galileo, Quarks & Co. Wissenschaft im Fernsehen. In: Conein, S./Schrader, J./Stadler, M. (Hrsg.): Erwachsenenbildung und die Popularisierung von Wissenschaft. Probleme und Perspektiven bei der Vermittlung von Mathematik, Naturwissenschaften und Technik. Bielefeld: W. Bertelsmann. S. 90-114.

Carragee, K. M./Roefs, W. (2004): The neglect of power in recent framing research. In: Journal of Communication, 54. Jg. S. 214-233.

Coleman, R. (2010): Framing the pictures in our heads. Exploring the framing and agenda-setting effects of visual images. In: D'Angelo, P./Kuypers, J. A. (Hrsg.): Doing news framing analysis. Empirical and theoretical perspectives. New York: Taylor & Francis. S. 233-261.

Dahinden, U. (2006): Framing. Eine integrative Theorie der Massenkommunikation. Konstanz: UVK.

de Vreese, C. H. (2010): Framing the economy. Effects of journalistic news frames. In: D'Angelo, P./Kuypers, J. A. (Hrsg.): Doing news framing analysis. Empirical and theoretical perspectives. New York: Taylor & Francis. S. 187-214.

Dunwoody, S. (1992): The media and public perception of risk: how journalists frame risk stories. In: Bromley, D. W./Segerson, K. (Hrsg.): The social response to environmental risk. Boston: Kluwer Academics Publishers. S. 75-100.

Durant, J./Bauer, M. W/Gaskell, G. (Hrsg.) (1998): Biotechnology in the public sphere. A European sourcebook. London: Science Museum.

Entman, R. M. (1993): Framing. Toward clarification of a fractured paradigm. In: Journal of Communication. 43. Jg. Nr. 4. S. 51-58.

Entman, R. M. (2010): Framing Media Power. In: D'Angelo, P./Kuypers, J. A. (Hrsg.): Doing news framing analysis. Empirical and theoretical perspectives. New York: Taylor & Francis. S. 331-355.

Gamson, W. A. (1996): Media discourse as a framing resource. In: Crigler, A. N. (Hrsg.): The psychology of political communication. Ann Arbor: The University of Michigan Press. S. 111-132.

Gamson, W. A./Modigliani, A. (1989): Media discourse and public opinion on nuclear power: a constructionist approach. In: American Journal of Sociology. 95. Jg. Nr. 1. S. 1-37.

Gaskell, G./Bauer M. W (Hrsg.) (2001): Biotechnology 1996-2000. The years of controversy. London: Science Museum.

Gaskell, G./Bauer M. W/Durant, J. (1998): The representation of biotechnology: policy, media and public perception. In: Durant, J./Bauer, M. W/Gaskell, G. (Hrsg.): Biotechnology in the public sphere. A European sourcebook. London: Science Museum. S. 3-12.

Gerhards, J./Rucht, D. (1992): Mesomobilization: Organizing and framing in two protest campaigns in West Germany. In: American Journal of Sociology. 98. Jg. S. 555-595.

Gitlin, T. (1980): The whole world is watching. Mass media in the making & unmaking of the new left. Berkeley/Los Angeles/London: University of California Press.

Göpfert, W. (2005): Kompliziertes konsumierbar. In: Journalist. 11. Jg. S. 37-39.

Görke, A./Kohring, M./Ruhrmann, G. (2000): Gentechnologie in der Presse. Eine internationale Langzeitanalyse von 1973 bis 1996. In: Publizistik. 45. Jg. S. 20-37.

Gutteling, J. M. et al. (2002): Media coverage 1973-1996: trends and dynamics. In: Bauer, M. W./Gaskell, G. (Hrsg.): Biotechnology: the making of a global controversy. London: Cambridge University Press. S. 95-128.

Hackett, R. A. (1984): Decline of a paradigm? Bias and objectivity in news media studies. In: Critical Studies in Mass Communication. 1. Jg. S. 229-259.

Hampel, J. et al. (1998): Germany. In: Durant, John/Bauer, Martin W/Gaskell, George (Hrsg.): Biotechnology in the public sphere. A European sourcebook. London: Science Museum, S. 63-76.

Hampel, J. et al. (2001): Biotechnology boom and market failure: two sides of the German coin. In: Gaskell, G./Bauer, M. W (Hrsg.): Biotechnology 1996 - 2000. London: Science Museum. S. 191-203.

Hanel, T. (1994): Naturwissenschaften und Technologie im Fernsehen des deutschsprachigen Raumes. TV-Wissenschaftsmagazine im Vergleich. München.

Harden, L. (2002): Rahmen der Orientierung. Eine Längsschnittanalyse von Frames in der Philosophieberichterstattung deutscher Qualitätsmedien. Wiesbaden: Deutscher Universitäts-Verlag.

Hertog, J. K./McLeod, D. M. (2001): A multiperspectival approach to framing analysis. A field guide. In: Reese, S. D./Gandy, O. H./Grant, A. E. (Hrsg.): Framing public life: perspectives of media and our understanding of the social world. Mahwah (NJ): Lawrence Erlbaum Associates. S. 139-161.

Iyengar, S. (1991): Is anyone responsible? how television frames political issues. Chicago/London: The University of Chicago Press.

Kettner, M. (2004): Forschungsfreiheit und Menschenwürde am Beispiel der Stammzellforschung. In: Aus Politik und Zeitgeschichte. Bd. 23-24. S. 14-22.

Kohring, M. /Matthes, J. (2002): The face(t)s of biotech in the nineties: how the German press framed modern biotechnology. In: Public Understanding of Science. 11. Jg. S. 143-154.

Leonarz, M. (2006): Gentechnik im Fernsehen. Eine Framing-Analyse. Konstanz: UVK.

Lilienthal, V. (2002): Teletechnikum. "Galileo" & Co.: Technik- und Wissenschaftsmagazine im TV. In: epd medien. 56. Jg. S. 3-8.

Lind, R. Ann/Salo, C. (2002): The framing of feminists and feminism in news and public affairs programs in U.S. electronic media. In: Journal of Communication. 52. Jg. S. 211 - 228.

Matthes, J. (2007): Framing-Effekte. Zum Einfluss der Politikberichterstattung auf die Einstellungen der Rezipienten. München: Reinhard Fischer.

Matthes, J./Kohring, M. (2004): Die empirische Erfassung von Medienframes. In: Medien & Kommunikationswissenschaft. 52. Jg. S. 56-75.

Matthes, J./Kohring, M. (2008): The content analysis of media frames: Toward improving reliability and validity. In: Journal of Communication. 58. Jg. S. 258-279.

McAdam, D. (1994): Das "Framing" der amerikanischen Bürgerrechtsbewegung. In: Neidhardt, F. (Hrsg.): Öffentlichkeit, öffentliche Meinung, soziale Bewegung. Opladen: Westdeutscher Verlag. S. 393-412.

Meier, K./Feldmeier, F. (2005): Wissenschaftsjournalismus und Wissenschafts-PR im Wandel. In: Publizistik. 50. Jg. S. 201-224.

Messaris, P./Abraham, L. (2001): The role of images in framing news stories. In: Reese, S. D./Gandy, O. H./Grant, A. E. (Hrsg.): Framing public life: perspectives of media and our understanding of the social world. Mahwah (NJ): Lawrence Erlbaum Associates. S. 215-226.

Milde, J./Ruhrmann, G. (2006): Molekulare Medizin in deutschen TV-Wissenschaftsmagazinen. Ergebnisse von Journalisteninterviews und Inhaltsanalysen. In: Medien und Kommunikationswissenschaft. 54. Jg. Nr. 3. S. 430-456.

Morey, L. C./Blashfield, R. K./Skinner, H. A. (1983): A comparison of cluster analysis techniques within a sequential validation framework. In: Multivariate Behavioral Research. 18. Jg. S. 309-329.

Pan, Z./Kosicki, G. M. (1993): Framing analysis: an approach to news discourse. In: Political Communication. 10. Jg. S. 55-75.

Parmelee, J. (2002): Presidential primary videocassettes. How candidates in the 2000 U.S. presidential primary elections framed their early campaigns. In: Political Communication. 19. Jg. S. 317-331.

Price, V./Tewksbury, D. (1997): News values and public opinion: a theoretical account of media priming and framing. In: Barnett, G. A./Boster, F. J. (Hrsg.): Progress in Communication Sciences. Greenwich: Greenwood. S. 173-212.

Reese, S. D. (2007): The framing project: a bridging model for media research revisited. In: Journal of Communication. 57. Jg. S. 148-154.

Ridder, C.-M./Engel, B. (2005): Massenkommunikation 2005: Images und Funktionen der Massenmedien im Vergleich. In: Media Perspektiven. Nr. 9. S. 422-448.

Scheufele, B. (2001): Visuelles Medien-Framing und Framing-Effekte. Zur Analyse visueller Kommunikation aus der Framing-Perspektive. In: Knieper, T./Müller, M. G. (Hrsg.): Kommunikation visuell. Das Bild als Forschungsgegenstand. Grundlagen und Perspektiven. Köln: Herbert von Halem Verlag. S. 144-158.

Scheufele, B. (2003): Frames-Framing-Framing-Effekte. Theoretische und methodische Grundlegung des Framing-Ansatzes sowie empirische Befunde zur Nachrichtenproduktion. Opladen: Westdeutscher Verlag.

Scheufele, B. (2004): Framing-Effekte auf dem Prüfstand. Eine theoretische, methodische und empirische Auseinandersetzung mit der Wirkungsperspektive des Framing-Ansatzes. In: Medien & Kommunikationswissenschaft. 52. Jg. S. 30-55.

Scheufele, B. (2006): Frames, schemata and news reporting. In: Communications. 31. Jg. S. 65-83.

Scheufele, B./Brosius, H.-B. (1999): The frame remains the same? Stabilität und Kontinuität journalistischer Selektionskriterien am Beispiel der Berichterstattung über Anschläge auf Ausländer und Asylbewerber. In: Rundfunk und Fernsehen. 47. Jg. S. 409-432.

Scheufele, B. T./Scheufele, D. A. (2010): Of spreading activation, applicability, and schemas. Conceptual distinctions and their operational implications for measuring frames and framing effects. In: D'Angelo, P./Kuypers, J. A. (Hrsg.): Doing news framing analysis. Empirical and theoretical perspectives. New York: Taylor & Francis. S. 110-134.

Scheufele, D. A. (1999): Framing as a theory of media effects. In: Journal of Communication. 49. Jg. Nr. 1. S. 103-122.

Scheufele, D. A./Tewksbury, D. (2007): Framing, agenda setting, and priming: The evolution of three media effects models. In: Journal of Communication. 57. Jg. S. 9-20.

Semetko, H. A./Valkenburg, P. M. (2000): Framing European Politics: a content analysis of press and television news. In: Journal of Communication. 50. Jg. S. 93-109.

Simon, A./Xenos, M. (2000): Media framing and effective public deliberation. In: Political Communication. 17. Jg. S. 363-376.

Shah, D. V./Domke, D./Wackman, D. B. (2001): The effects of value-framing on political judgment and reasoning. In: Reese, S. D./Gandy, O. H./Grant, A. E. (Hrsg.): Framing public life: perspectives of media and our understanding of the social world. Mawah (NJ): Lawrence Erlbaum Associates. S. 227-243.

Tankard, J. W. (2001): The empirical approach to the study of media framing. In: Reese, S. D./Gandy, O. H./Grant, A. E. (Hrsg.): Framing public life: perspectives of media and our understanding of the social world. Mahwah (NJ): Lawrence Erlbaum Associates. S. 95 - 106.

Tuchman, G. (1973): Making news by doing work: routinizing the unexpected. In: American Journal of Sociology. 79. Jg. S. 110-131.

Valkenburg, P./Semetko, H. A./De Vreese, C. H. (1999): The effects of news frames on readers' thoughts and recall. In: Communication Research. 26. Jg. S. 550-569.

Waibl, E. (2005): Grundrisse der Medizinethik für Ärzte, Pflegeberufe und Laien. Münster: LIT.

Zillman, D. et al. (2004): Effects of lead framing on selective exposure to internet news reports. In: Communication Research. 31. Jg. Nr. 1. S. 58-81.

Wissenschaftsfilme im Fernsehen: Eine experimentelle Untersuchung zu Verstehensleistungen von Rezipienten am Beispiel der Molekularen Medizin

Jutta Milde

1 Einleitung

Wissens- und Wissenschaftsmagazine sind fester und erfolgreicher Bestandteil im deutschen Fernsehprogramm. Das Ziel dieser Sendungen ist, wissenschaftliche Themen und deren Hintergründe möglichst ansprechend und nachvollziehbar zu erläutern (vgl. Götz-Sobel 2006; Albrecht 2006; Parastar 2006). Dies geschieht in der Regel mit Hilfe von Filmberichten, die das dominierende Element der Sendungen darstellen. Filmberichte stehen in der Tradition von Wissenschaftsfilmen, mit deren Hilfe ursprünglich wissenschaftliche Phänomene sichtbar gemacht wurden (vgl. Curtis 2005). Zudem werden sie als Instruktions- und Lehrfilme in der akademischen Aus- und Weiterbildung eingesetzt (vgl. Wulff 2006).[1] Der Unterschied zwischen einem klassischem Wissenschaftsfilm und einem Wissenschaftsfilm im Fernsehen besteht nun darin, dass die Redakteure der Fernsehvariante bemüht sind, die Themen sowohl didaktisch als auch dramaturgisch für ein *breites, unspezifisches* Publikum ansprechend umzusetzen (vgl. Neumann-Bechstein 1997; Meier 2006). Die Aufbereitung der Themen variiert dabei von einer deskriptiven, objektiv und sachlich gehaltenen Darstellung bis hin zu einer Darstellung, die einen problematischen Sachverhalt mit Hilfe von Beispielen, Fallschilderungen und Zitaten analysiert (vgl. Witzke/Ordolff 2005; Renner 2006). Zum Beispiel zeigt sich beim Themenbereich der Gentechnik, dass es sowohl anhand einer „persönlichen Geschichte eines Menschens" oder über Statements zahlreicher Experten und Wissenschaftler erläutert werden kann (vgl. Leonarz 2006; Milde/Ruhrmann 2006). Daraus resultieren verschiedene Darstellungsvarianten, die sich in unterschiedliche Filmtypen klassifizieren lassen. In einer eigenen Studie werden für das Thema „Molekulare Medizin" die drei Filmtypen „personalisiertes Fallbeispiel", „klassischer Lehrfilm" und „Experten-Diskurs" identifiziert (vgl. Milde 2009). Solche Darstellungen lassen sich

---

1 Ein prominentes Beispiel für einen klassischen Wissenschaftsfilm ist die Dokumentation des Stanford Prison Experiments von Zimbardo aus dem Jahr 1971 (vgl. dazu auch Reichert 2005).

als von TV-Wissenschaftsredakteuren intendierte *Vermittlungskonzepte* beschreiben. Vermittlungskonzepte basieren dabei auf redaktionellen Gestaltungsentscheidungen, die je nach Kommunikationsziel der Redakteure die intendierten Informations- und Wissensinhalte nach formalen und motivationalen Kriterien variieren und in ein dramaturgisches Gesamtkonzept umsetzen. Dieses Gesamtkonzept soll die Zuschauer zur Rezeption motivieren und gleichzeitig den Verstehensprozess unterstützen. Inwieweit diese Vermittlungskonzepte die Nachvollziehbarkeit und Verständlichkeit jedoch determinieren, ist bislang kaum untersucht worden. Im Folgenden wird daher eine Verstehensanalyse vorgestellt, die den Einfluss der verschiedenen Vermittlungskonzepte auf die Verstehensleistungen der Rezipienten untersucht. Den theoretischen Hintergrund für diese Fragestellung bilden Verstehens- und Verständlichkeitskonzepte, die im nachfolgenden Kapitel erläutert werden.

Die Relevanz der Fragestellung lässt sich auf zwei Begründungen zurückführen: (1) Es handelt sich bei Wissenschaftsmagazinen um ein Format, das aus Einzelbeiträgen besteht, die von einem Moderator zu einer Gesamtsendung verbunden werden. Die Mehrheit der Wissenschaftsmagazine ist multithematisch aufgebaut, d. h. die Beiträge einer Gesamtsendung präsentieren häufig unterschiedliche Themen (vgl. Milde/Ruhrmann 2006: 435-436). Die Rezeption der Einzelbeiträge sollte demnach voraussetzungsfrei möglich sein.

(2) Ähnliches gilt auch für eine aktuelle Entwicklung in der Wissenschaftskommunikation: Der Blick auf die Onlineseiten vieler Fernsehender zeigt, dass die Einzelbeiträge der Sendungen mittlerweile online zur Verfügung gestellt werden und damit nicht mehr in die Gesamtsendung integriert sind. Hier fehlt demnach die Einbettung in die Dramaturgie der Gesamtsendung, so dass auch hier die Frage relevant wird, wie Einzelbeiträge von den Rezipienten aufgefasst und verstanden werden.

Die Studie orientiert sich demnach an aktuellen Produktions- und Rezeptionsbedingungen und kann daher wichtige Hinweise auf die Wirkungsweise von Wissenschaftsfilmen geben.

2   Fernsehverstehen

Im Folgenden wird Fernsehverstehen als ein *mentaler Vorgang der Informationsverarbeitung* (vgl. Kap. 2.1) beschreiben, der sowohl vom *Rezipienten* (vgl. Kap. 2.2) als auch von der *Medienbotschaft* (vgl. Kap. 2.3) aktiv beeinflusst werden kann.

2.1 Fernsehverstehen als mentaler Prozess

Das Verstehen von Fernsehinhalten und die daran beteiligten mentalen Vorgänge unterliegen einer Vielzahl von Einflüssen, die mit Hilfe kognitions-psychologischer Verstehenskonzepte näher beschrieben werden können. Verstehen wird hierbei als Aktivation von Gedächtnisrelationen aufgefasst, bei denen ein eingehender Reiz (in diesem Fall also die Fernsehinformation) ein oder mehrere Wahrnehmungsschemata aktiviert. Diese werden in bestimmte, bereits im Gedächtnis vorhandene Wissenshierarchien eingeordnet, wobei die Reize in entsprechender Weise vom Rezipienten interpretiert werden (vgl. Schnotz 1994; Dörner 2005). Verstehen von TV-Wissenschaftsfilmen heißt demnach, dass die Zuschauer die dargestellten Inhalte erkennen, vorstellen und nachvollziehen und mit anderen Informationen (also ihrem Vorwissen) in Beziehung setzen können. Zudem sind sie in der Lage, die Filminformationen zu klassifizieren und in über-geordnete Zusammenhänge zu integrieren, so dass sie Bewertungen und Schluss-folgerungen formulieren können (vgl. Schaap et al 2005; 2008). Durch das Ver-stehen eines neuen Sachverhalts wird somit immer auch subjektiv neues Wissen generiert, das über die explizit dargebotene Information hinausgeht (vgl. Schnotz 1994). Das Verstehen eines Wissenschaftsfilmes ist also zugleich Prozess und Produkt von *Inferenzbildung, Kohärenzbildung* und *Interpretation* auf der Grundlage von Vorwissen. Diese Unterscheidung lässt sich mit dem kommuni-kationswissenschaftlichem Verstehenskonzept von Wirth (1997) vereinbaren, der zwischen *kommunikatororientiertem* und *rezipientenorientiertem* bzw. integrati-vem Verstehen unterscheidet. Das kommunikatororientierte Verstehen wird als vom Kommunikator beabsichtigter Informationstransfer aufgefasst, bei dem der Rezipient begreift, was gemeint ist und die Nachricht zu einem kohärenten Gan-zen zusammenfügt. Das rezipientenorientierte, integrative Verstehen integriert das kommunikatororientierte Verstehen, geht jedoch darüber hinaus. Hier han-delt es sich um weitergehende Vergleichsprozesse zwischen der Medieninforma-tion und dem subjektiven Wissen des Rezipienten. Der Rezipient ist in diesem Fall in der Lage, die Inhalte zu bewerten und kritisch zu hinterfragen sowie Schlussfolgerungen, Alternativen und Prognosen zu formulieren (vgl. Wirth 1997: 104-106).

Dabei hängt das Verstehen von TV-Wissenschaftsfilmen in besonderem Maße von den *Gedächtnisstrukturen* des Rezipienten ab (vgl. Schermer 2006; Vater-rodt-Plünnecke/Bredenkamp 2006). So verfügt das Arbeitsgedächtnis über eine Kapazitätsbegrenzung und kann nur eine relativ geringe Menge an Informationen verarbeiten und behalten. Im Langzeitgedächtnis hingegen werden relativ dauer-hafte und störresistente Informationen, Wissenszusammenhänge und Er-fahrungen gespeichert. Es stellt Speicherplatz für Informationen aus dem Ar-

beitsgedächtnis zur Verfügung, die mit Hilfe von Elaborations- und Memorier-
prozessen dorthin gelangen. Zum Verstehen kommt es dann, wenn die Informationen des Langzeitgedächtnisses sukzessive mit denen des Arbeitsge-
dächtnisses kombiniert und organisiert werden, wobei der Verstehensprozess
durch das Langzeitgedächtnis gesteuert wird (Niegemann et al. 2008: 44). Beim
Verstehen eines Wissenschaftsfilms wird also ein *mentales Modell* konstruiert
(vgl. Johnson-Laird 1983; Schnotz 1988). Ein mentales Modell lässt sich als eine
dynamische mentale Repräsentation beschreiben, die den in einem Wissenschaftsfilm dargestellten Sachverhalt in analoger Weise intern abbildet (vgl.
Westbrook 2006). Die Repräsentation weist dabei einen ganzheitlichen Charak-
ter auf und differenziert sich im Laufe des Verarbeitungsprozesses immer weiter
(vgl. Schnotz 1988). Empirische Befunde der Textverstehensforschung belegen,
dass ein Mentales Modell umso leichter konstruiert werden kann, je kohärenter
ein Text strukturiert ist (vgl. Zwaan 1999). Aufgrund der begrenzten Verar-
beitungskapazität werden jedoch vor allem diejenigen Informationen integriert,
die am stärksten im Vordergrund stehen. Dieser Vorgang wird durch das narrative Wissen, dem generellen Weltwissen und dem Wissensbestand über filmi-
sche Darstellungsformen des Rezipienten unterstützt (vgl. Ohler 1994). Das
Nicht-Verstehen eines Wissenschaftsfilms kann demnach darauf zurückgeführt
werden, dass die Inhalte strukturell und inhaltlich zu schwierig dargestellt werden, so dass der Rezipient aufgrund zu weniger Verarbeitungsressourcen mental
überfordert ist (vgl. Lang 1995; 2000). Zudem können schwierige Informationen
die Suche nach entsprechendem Vorwissen auslösen und damit ebenfalls Ressourcen binden. Eine nutzungseffiziente und ansprechende Medienpräsentation
ist hingegen durchaus in der Lage, Kapazitäten für Elaborations- und Speicher-
prozesse frei zu setzen, sodass ein mentales Modell konstruiert werden kann.
Darüber hinaus sind es aber auch individuelle Rezeptionsziele, die die Verar-
beitungskapazitäten steigern können (vgl. Lang 2000; 2006). Der Verstehensprozess wird also sowohl von den Eigenschaften des Rezipienten als auch durch
die Eigenschaften der Medienbotschaft aktiv beeinflusst.

2.2 Fernsehverstehen als aktiv steuerbarer Prozess des Rezipienten

Aufgrund der realitätsanalogen Stimuli des Fernsehens nimmt Weidenmann
(1989) an, dass Rezipienten nur einen *minimalen Verarbeitungsaufwand* beim
Fernsehverstehen investieren, da es der „realen" Wahrnehmung relativ nahe
kommt. Dieses scheinbar „mühelose" Verstehen wird zudem dadurch unterstützt,
dass das Fernsehen seine Inhalte in rascher Abfolge präsentiert, so dass der Zuschauer kaum in der Lage ist, sich intensiver mit bestimmten Inhalten ausein-

ander zu setzen. Die *Bereitschaft* des Rezipienten, einen bestimmten Verarbeitungsaufwand während der Fernsehrezeption zu investieren, hängt dabei von
seinem Involvement ab.[2] Das Involvement-Konzept liegt den Dual-Process-The-
orien zugrunde, die sich mit dem Einfluss des Einbindungsgrades auf die Informationsverarbeitung befassen (vgl. u. a. Chaiken 1980, Petty/Cacioppo 1986;
Brosius 1995; Donnerstag 1996). Sie unterliegen damit (wie auch Weidenmanns
Verstehenskonzept) der Annahme vom Prinzip der minimalen Verarbeitung, bei
der hohes oder niedriges Involvement ausschlaggebend dafür ist, wie intensiv
Fernsehinhalte verarbeitet werden. In seinem *Modell der Alltagsrationalitäten*
zeigt Brosius (1995) zum Beispiel, dass Rezipienten bei der Nachrichtenrezeption nur selten dazu neigen, aktiv nach subjektiv relevanten Informationen
zu suchen und die Medienbotschaft mit nur geringer Aufmerksamkeit verfolgen
(vgl. Brosius 1995: 305). Allerdings schließt er eine aufmerksame und vollständige Rezeption nicht völlig aus, jedoch scheint eine eher unsystematische, un-
vollständige und schemageleitete Verarbeitung die Regel zu sein (vgl. Brosius
1998).
Der Grad der Involviertheit ist nach Salomon (1983; 1984) von der *Einstellung*
zum Medium bzw. zum Medieninhalt abhängig. Diese bestimmt, welche mentalen Anstrengungen ein Zuschauer bereit ist zu investieren. Er verwendet hierfür
die Bezeichnung „amount of invested mental effort", kurz AIME. Die Bereitschaft hängt von der „wahrgenommenen Aufgabencharakteristik", sowie von der
„wahrgenommenen Selbstwirksamkeit" (also dem persönlichen Gewinn) durch
die Fernsehinhalte ab. Auch Voreinstellungen zum Medium werden von ihm
berücksichtigt. Zwar belegt Salomon (1984) schlechtere Verstehensleistungen
beim Fernsehen im Vergleich zu Texten, jedoch zeigt er, dass die Bereitschaft
zur mentalen Anstrengung bei TV-Informationsangeboten im Vergleich zu TV-
Unterhaltungsangeboten höher ist. Empirisch gestützt wird Salomons Lernthe-
orie u. a. von Shoemaker et al. (1989) und Grabe et al. (2000), die zeigen konnten,
dass eine positive Einstellung zu einem Medium und den Inhalten einer Fernsehsendung sowie der damit verbundene erhöhte kognitive Verarbeitungsaufwand
sich positiv auf die Wissensaneignung auswirken können.
Während in den bislang dargestellten Ansätzen die Involviertheit des Rezipienten beim Fernsehverstehen im Vordergrund stand, rücken Augst et al. (1982;
1985) in ihrem *Dreiecksmodell des Verstehens* die Rezipient-Text-Interaktion
stärker ins Zentrum ihres Interesses. Sie nehmen an, dass bei der Rezeption eines
Wissenschaftsmagazins Sachkompetenz, Interessen und sprachliche Fähigkeiten
des Zuschauers auf die kognitive, motivationale und sprachliche Textstruktur
eines Fernsehbeitrags treffen. Das Verstehensniveau des Zuschauers interagiert

---

2 Vgl. zum Involvement-Konzept im Überblick u. a. Wirth 2006; Schwab 2008.

demnach mit dem Verständlichkeitsniveau der Fernsehsendung, wobei in dem
Modell Fernsehsendungen im semiotischen Sinne als integrative Einheit aus
visuellen, verbalen und akustischen Informationen aufgefasst werden, die vom
Zuschauer über den optischen und auditiven Kanal entschlüsselt werden müssen
(vgl. Augst et al. 1985: 20). Die Annahme ist, dass das Verständlichkeitsniveau
des Fernsehtextes dem Verstehensniveau entsprechen oder aber es über- oder
unterfordern kann. Augst et al. (1982; 1985) sehen dies aufgrund ihrer Datenlage
als bestätigt. Die Befunde dieser und weiterer Verständlichkeitsstudien werden
im folgenden Abschnitt erläutert.

2.3 Verständlichkeit und Verstehen von TV-Wissenschaftssendungen

Aus der Perspektive der Verständlichkeitsforschung sind es vor allem wissens-
und informationsvermittelnde Fernsehformate, die in den Analysen berücksichtigt werden. Zentrale Forschungsbereiche stellen die Nachrichtenforschung sowie Untersuchungen zur Verständlichkeit von Magazinformaten (u. a. Wissen-
schafts-, Politik- und Ratgebermagazine) dar.[3] Der Begriff „Verständlichkeit"
bezieht sich dabei auf den anwendungsbezogenen Aspekt des Verstehens, d. h.
die Verständlichkeit einer Fernsehbotschaft kennzeichnet sich dadurch, dass
bestimmte Eigenschaften oder Eigenschaftsbündel von Gestaltungsmerkmalen
das Rezipientenverstehen unterstützen.
Das Forschungsfeld der Verständlichkeitsforschung zu TV-Wissenschaftssendungen lässt sich in psycholinguistisch/lernpsychologische und kognitions-
psychologisch/kommunikationswissenschaftliche orientierte Studien klassifizieren. Während die kognitionspsychologisch/kommunikationswissenschaftlichen
Arbeiten stärker den Einfluss von Wahrnehmungs- und Bewertungsdimensionen
berücksichtigen, rekurrieren die psycholinguistisch/lernpsychologischen Ansätze
auf zwei prominente Konzepte der Textverständlichkeitsforschung. Es handelt
sich hierbei um das Hamburger Verständlichkeitskonzept von Langer et al.
(1999; erstmals 1974) und um das Heidelberger Verständlichkeitskonzept von
Groeben (1978; 1982). Beide Konzepte berücksichtigen den Einfluss von formalen, strukturellen und motivationalen Gestaltungselementen auf die Verständlichkeit, wobei ein kurvilinearer Zusammenhang unterstellt wird: Nicht eine
maximale, sondern eine mittlere Verständlichkeit ist für das Lernen von Inhalten
optimal (vgl. Groeben 1982; Groeben/Christmann 1989; Christmann/Groeben

---

3 Vgl. zur Verständlichkeit von Nachrichten u. a. Findahl 1981; Graber 1990; Goertz/Schönbach
  1998; Grabe et al. 2000; Grabe et al. 2003; Machill et al. 2006; vgl. zur Verständlichkeit von Wis-
  senschafts-, Politik- und Ratgebermagazinen u. a. Augst et al. 1982; Meutsch/Müller 1988; Freund
  1990a; 1990b; Diedrichs 1994; Wegner 2001.

1999).[4] Obwohl das Hamburger Verständlichkeitskonzept auf einer empirisch-induktiven und das Heidelberger Verständlichkeitskonzept auf einer theoretisch-deduktiven Vorgehensweise beruht, ermittelten beide Forschergruppen weitestgehend identische Verständlichkeitsdimensionen. Besonders bedeutsam scheinen daher die Verständlichkeitsdimensionen „Einfachheit", „Gliederung/Ordnung", „Kürze/Prägnanz" und „motivationale Stimulanz" zu sein (vgl. Groeben 1982), wobei die „Gliederung/ Ordnung" als die wichtigste Dimension angesehen wird (vgl. Groeben 1981; Ballstaedt 1999). Zu ähnlichen Ergebnissen kommen auch die Verständlichkeitsanalysen von Wissenschaftssendungen (vgl. Augst et al. 1982; 1985; Türer 1989; Diedrichs 1994). Diese zeigen, dass drei der vier Verständlichkeitsdimensionen offensichtlich von Bedeutung sind:

- „Gliederung/Ordnung": Nachvollziehbarkeit der Strukturierung und Sequenzierung; Kohärenz der dargestellten Inhalte; Verdeutlichung übergeordneter Konzepte
- „Einfachheit": Unterstützung komplexer Sachverhalte mit entsprechenden Visualisierungen (z. B. Trickfilme, Grafiken, Animationen); Bild-Text-Bezug; einfache Sprache (kurze Sätze, Vermeidung von Fachausdrücken und Fremdwörtern
- „motivationale Stimulanz": konkrete, mitunter auch personalisierte Beispiele.

Hinderlich scheinen dagegen Gestaltungsmerkmale zu sein, die Anleihen aus anderen TV-Genres vornehmen, wie z. B. reelle Spielhandlungen (vgl. Augst et al. 1985). Zudem scheint die Dimension „Kürze/Prägnanz" eine untergeordnete Bedeutung zu haben.

In kognitionspsychologisch/kommunikationswissenschaftlichen Verständlichkeitsstudien lassen sich ebenfalls Belege für die Bedeutung der drei Verständlichkeitsfaktoren finden, allerdings werden die Gestaltungsmerkmale stärker ausdifferenziert. Neben weiteren Gestaltungsmerkmalen, die sich der Dimension „Gliederung/ Ordnung" zuordnen lassen, werden vor allem solche identifiziert, die die „emotionale Stimulanz" unterstützen. So zeigen Hamm (1990) und Ploch (2003), dass Zuschauer vor allem solche Beiträge bevorzugen, die das Thema anhand eines Fallbeispiels erläutern. Dabei zieht die Darstellung persönlich betroffener Personen besondere Aufmerksamkeit auf sich (noch vor Experten, Professoren etc.). Deren Aussagen werden besonders gut erinnert und als glaubwürdig wahrgenommen. Sie sind in der Lage, die Zuschauer emotional zu berühren. Ähnliche Befunde lassen sich auch u. a. bei Brosius et al. 2000, Daschmann 2001 und Zillmann 2006 finden. Allerdings muss ein entsprechendes Maß der Emotionalisierung gefunden werden, denn eine allzu emotionalisierende Darstellung kann sich negativ auf die Glaubwürdigkeit und damit auch auf die Wissens-

---

4 Einen solchen Zusammenhang postuliert aus kommunikationswissenschaftlicher Perspektive auch Früh (1980).

vermittlung auswirken (vgl. Grabe et al. 2000; Schultheiss/Jenzowsky 2000; Grabe et al. 2003). Zudem können konkrete Beispiele dazu führen, dass wichtige und allgemeine Sachverhalte eines TV-Beitrags nicht erinnert werden (vgl. Hamm 1990). Einen ähnlichen Effekt postulieren Früh und Wirth (1997) im Rahmen ihrer Infotainment-Studie zum Einfluss der Dynamik einer Darstellung. Hier zeigt sich, dass mit ansteigender Dynamik die wahrgenommene Informationsqualität und Verständlichkeit der Magazinbeiträge sowie der Wissenserwerb beim Zuschauer steigt. Ab einem bestimmten Dynamik-Niveau kehren sich die Wahrnehmung und der Wissenserwerb jedoch ins Negative um. Meutsch und Müller (1988) erklären solche Befunde mit psychologischen Merkmalen des Zuschauers. Sie zeigen, dass vor allem die *kognitive Erregung* (Überraschung, Neugier, Spannung, Interesse, Handlungsrelevanz) und die vom Zuschauer *subjektiv empfundene Machart* einer Sendung (Verständlichkeit, Informativität, Anschaulichkeit) verlässliche Prädiktoren für die Lernwirksamkeit von Wissenschaftssendungen sind. Der empfundene *Unterhaltungswert* eines Magazinbeitrags scheint hingegen keinen relevanten Einfluss auf die Verstehensleistung zu haben.

Somit lässt sich für die vorliegende Untersuchung zusammenfassend festhalten: Das Verstehen eines TV-Wissenschaftsfilms bezeichnet einen Prozess, bei dem eine kohärente mentale Repräsentation der Medienbotschaft in Form eines ganzheitlichen mentalen Modells konstruiert wird. Auf der Grundlage elaborativer Prozesse können darüber hinausgehende Bewertungen und Schlussfolgerungen der Medieninhalte formuliert werden. Determiniert wird der Verstehensprozess durch die Wissens- und Motivationsvoraussetzungen jedes Rezipienten sowie durch die Eigenschaften der Medienbotschaft. Diese führen zu unterschiedlichen Wahrnehmungs- und Bewertungsprozessen, wobei subjektive Bewertungen wie „kognitive Erregung" und „subjektiv empfundene Machart eines Wissenschaftsfilms" durch die Rezipienten relevante Größen im Verstehensprozess zu sein scheinen. Auf dieser theoretischen Grundlage werden im folgenden Kapitel die Forschungsfragen und forschungsleitenden Annahmen formuliert.

3   Forschungsfragen und Annahmen

Ziel der Untersuchung ist, den Einfluss unterschiedlicher Typen von Vermittlungskonzepten aus TV-Wissenschaftsmagazinen auf die Verstehensleistungen der Rezipienten zu untersuchen. Vermittlungskonzepte beschreiben dabei das dramaturgische Gesamtkonzept eines Wissenschaftsfilms, das auf der Grundlage der Filminhalte nach bestimmten formalen und motivationalen Kriterien konzipiert wurde (vgl. Abschnitt 1). Das Verstehen eines TV-Wissenschaftsfilms lässt

sich vor den Ausführungen zum Fernsehverstehen als zweistufiger Prozess definieren, der auf der ersten Stufe die mentale Kohärenzbildung und auf der zweiten
Stufe die Fähigkeit beschreibt, über die Kohärenzbildung hinausgehende Bewertungen und Schlussfolgerungen in Form von Interpretationen formulieren zu
können. Auf dieser Grundlage werden die folgenden vier Forschungsfragen formuliert:

FF1: *Welchen Einfluss haben verschiedene Typen von Vermittlungskonzepten auf
die Kohärenzbildung der Rezipienten?*

Auf der Grundlage der Befunde aus der Verständlichkeitsforschung wird erwartet, dass die Variationen des dramaturgischen Gesamtkonzepts in TV-
Wissenschaftsfilmen die Kohärenzbildung je nach Vermittlungskonzept determiniert. Weiter wird gefragt:

FF2: *Welchen Einfluss haben verschiedene Typen von Vermittlungskonzepten auf
die Bewertungen und Schlussfolgerungen der Rezipienten?*

Es wird erwartet, dass die Variationen des dramaturgischen Gesamtkonzepts zu
unterschiedlichen Inferenz- und Elaborationsprozessen und damit zu unterschiedlichen Wissensaktivationen führen, so dass sich die daraus abgeleiteten
Bewertungen und Schlussfolgerungen in spezifischer Weise unterscheiden.

Die Befunde der Verständlichkeitsstudien belegen zudem, dass Variationen des
dramaturgischen Gesamtkonzepts eines Fernsehbeitrags von den Rezipienten in
unterschiedlicher Weise bewertet werden, was wiederum die Rezeptionsmotiva-
tion und den Verstehensprozess determinieren kann. Daher interessiert sich die
Studie für diese subjektiven Bewertungen der Rezipienten, wobei angenommen
wird, dass verschiedene Vermittlungskonzepte unterschiedlich wahrgenommen
und bewertet werden. Dies soll empirisch geprüft werden und führt zu Forschungsfrage 3:

FF3: *Wie werden verschiedene Typen von Vermittlungskonzepten von den Rezipienten wahrgenommen und bewertet?*

Forschungsfrage 4 bezieht sich insbesondere auf die Befunde von Meutsch und
Müller (1988), die gezeigt haben, dass subjektive Bewertungen geeignete Prädiktoren für die Messung der Verständlichkeit eines Wissenschaftsfilms zu sein
scheinen. Die vierte Forschungsfrage lässt sich daher wie folgt formulieren:

FF4: *Besteht ein Zusammenhang zwischen den subjektiven Verständlichkeitsbe-*
wertungen und den Verstehensleistungen der Rezipienten?

Es wird erwartet, dass der Zusammenhang zwischen den subjektiven Verständlichkeitsbewertungen und den Verstehensleistungen der Rezipienten empirisch
belegt werden kann.

4   Methodik

4.1 Operationalisierung

Entsprechend der Forschungsfragen interessiert sich die Studie sowohl für das
Verstehen eines Wissenschaftsfilms, als auch für die subjektiven Verständlichkeitsbewertungen, die die Rezipienten über den Wissenschaftsfilm formulieren.
Beide Begriffe sollen daher operationalisiert und somit messbar gemacht werden.

Operationalisierung „Verstehen"

Die Grundlage der Operationalisierung bildet die in Absatz 2 formulierte Verste-
hensdefinition:
Verstehen heißt, eine kohärente mentale Repräsentation der Medienbotschaft
aufzubauen und auf Basis elaborativer Prozesse darüber hinausgehende Bewer-
tungen und Schlussfolgerungen formulieren zu können.

Der Definition entsprechend sind für die Messung somit die Kohärenzbildung
sowie darüber hinausgehende Interpretationen in Form von Bewertungen und
Schlussfolgerungen von Bedeutung.
Da die Kohärenzbildung stark vom jeweiligen Vermittlungskonzept abhängt,
entspricht die erste Verstehensstufe einem kommunikatororientierten, d. h. einem
„vermitteltem Verstehen". Die Interpretation bildet hingegen eine eher rezipientenorientierte Verstehensperspektive, da hier das subjektive Wissen des Rezipienten stärker als bei der Kohärenzbildung berücksichtigt wird. Daher lässt sich
die zweite Verstehensstufe als „integratives Verstehen" charakterisieren.
Für die *Kohärenzbildung* wird angenommen, dass der dargestellte Sachverhalt in
einem Vermittlungskonzept nicht in allen Einzelheiten abgebildet wird, sondern
vor allem diejenigen Informationen enthalten sind, durch die der Rezipient eine
ausreichend kohärente Struktur des Films konstruieren kann. Somit geht es nicht
um den Abruf möglichst detailgenauer Informationen, vielmehr bezieht sich die
Kohärenzbildung auf die wahrgenommenen zentralen Konzepte der Wissen-

schaftsfilme. Folglich lässt sich die Kohärenzbildung anhand von drei Erinne-
rungsleistungen operationalisieren: Die zentralen Konzepte sollen (1) möglichst
vollständig reproduziert (Vollständigkeit), (2) angemessen verdichtet (Abstrakti-
onsgrad) und (3) zu einem sinnvollen Ganzen zusammengefügt werden können
(Abruforganisation) (vgl. Wirth 1997).
Interpretationen werden maßgeblich vom Rezipienten beeinflusst. Dazu werden
Medieninhalte und subjektive Wissensbestände inferiert und integriert, woraus
neues Wissen konstruiert werden kann. Die Wissensaktivation kann sich nach
Wirth (1997) qualitativ unterscheiden. Die unterste Ebene bildet das „Rezepti-
onsurteil", dass das Ergebnis eines Vergleichs mit bestimmten als wünschenswert eingestuften Beitragsmustern darstellt. Bei der „inhaltsspezifischen Interpretation" bleibt der Proband inhaltlich beim jeweiligen Wissenschaftsbeitrag
und benutzt sein Vorwissen dazu, die Beitragsinformation besser und umfassender zu verstehen, indem ein neuer Aspekt hinzugefügt wird. Die „Meinungsäuße-
rung" stellt eine explizit wertende Äußerung dar, die sich aus dem Abgleich des
Beitragsinhalts mit dem Normen- und Wertesystem des Rezipienten ergibt. Die
höchste Stufe dieses integrativen Wissens stellt die Elaboration dar. Die Elaboration bezieht sich zwar noch auf den Beitrag, geht jedoch über die inhaltsspezifische Interpretation hinaus und stammt (zumindest teilweise) nicht aus dem Film-
beitrag.

Operationalisierung „subjektive Verständlichkeitsbewertungen"

Die Operationalisierung der „subjektiven Bewertungen" erfolgt auf der Grundlage der vier Verständlichkeitsdimensionen nach Langer et al. (1974; 1999) und
orientiert sich an den Bewertungsdimensionen nach Meutsch und Müller (1988),
die die „kognitive Erregung" und die „empfundene Machart des Wissenschaftsfilms" als bedeutsam ermittelten. Die „kognitive Erregung" wird entsprechend
der Verständlichkeitsdimension „anregende Zusätze" operationalisiert, indem
Bewertungen zum Interesse, zur Spannung, zur Personalisierung, Handlungsrelevanz und zu den Visualisierungstechniken erhoben werden.
Die „Bewertungen über die Machart der Filme" lassen sich anhand der Merkmale identifizieren, die den Verständlichkeitsdimensionen „Gliederung/Struktur",
„Einfachheit" und „Kürze/Prägnanz" zugrund liegen. Es handelt sich z. B. um
Merkmale zum Sprachgebrauch, Wort-Bild-Verhältnis oder zur Struktur des
Films.

4.2 Untersuchungsanlage

Als Forschungsmethode wird eine laborexperimentelle Befragung gewählt. Der Versuchsaufbau orientiert sich dabei an einem einfaktoriellen Experimentaldesign, bei dem die unabhängige Variable „Vermittlungskonzept des Wissenschaftsfilms" auf drei Stufen variiert wird. Die Variation erfolgt über die in einer Vorstudie analysierten Verständlichkeitsmerkmale der TV-Beiträge, wobei es sich um Beiträge zum Themenbereich der Molekularen Medizin handelt. Da das Treatment somit aus „natürlichem" Fernsehbeiträgen besteht, lassen sich die streng experimentellen Bedingungen nicht in jeder Beziehung erfüllen. Zwar werden Bündel von Merkmalen variiert, nicht jedoch einzelne Merkmale. Es handelt sich demnach genau genommen um ein mehrfach unvollständiges Design. Dies wird zugunsten eines zentralen Vorteils akzeptiert. So zielt die Untersuchung nicht darauf ab, einzelne Wirkfaktoren herauszulösen und deren Einfluss auf die Verständlichkeit der Beitragsvarianten zu untersuchen. Vielmehr soll untersucht werden, wie verschiedene Variationen von Vermittlungskonzepten wahrgenommen, bewertet und verstanden werden. Mit der Verwendung des natürlichen Filmmaterials erhöht sich somit die externe Validität, da die reale Rezeption näherungsweise simuliert werden kann. Ein solches Design ermöglicht demnach *besser* verallgemeinerbare Aussagen über kurzfristige kognitive Effekte als Experimente, deren Beitragsvarianten künstlich erstellt werden (vgl. Trepte/Wirth 2004).

Als abhängige Variablen werden Kohärenzbildung, Interpretationen und subjektive Verständlichkeitsbewertungen gemessen. Als Kontrollvariablen werden entsprechend der in Absatz 2.2 erläuterten Rezipientenmerkmale das thematische Themeninteresse, die Mediennutzung, Interesse an den Sendungsthemen, das themenspezifische Vorwissen sowie die individuelle Themenrelevanz erhoben.

Für die Befragung wurde ein Fragebogen entwickelt. Der Ablauf der Befragung setzt sich aus vier Teilen zusammen (vgl. Abb. 1). Mit der offenen und gestützten Abfrage der Verstehensleistungen (Free Recall und Cued Recall) orientiert sich die Studie an dem methodischen Vorgehen der klassischen Verstehensforschung (vgl. Brosius 1995; Nieding/Ohler 2004; Machill et al. 2006). Der Free Recall wird eingesetzt, um ermitteln zu können, inwieweit der Rezipient auf Basis seines Vorwissens die Zusammenhänge des Wissenschaftsfilms erfassen konnte. Mit der gestützten Erinnerung lässt sich ermitteln, inwieweit der Rezipient die Filminformationen in die bestehende Wissensstruktur integriert und abgespeichert hat (vgl. Lang 2000: 56-57). Insgesamt lässt sich also damit der Aufbau der mentalen Modelle bei den Rezipienten analysieren.

Für die Erhebung der subjektiven Verständlichkeitsbewertungen wurden die Verständlichkeitsskalen von Augst et al. (1982; 1985) und Groeben (1978; 1982) zugrunde gelegt.

Abbildung 1: Ablaufplan der Befragung

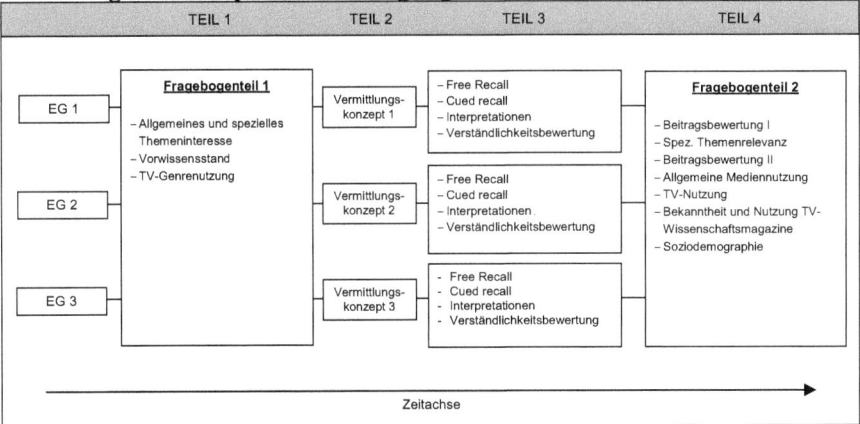

Die Antworten der mündlichen Befragung wurden auf Tonband aufgezeichnet, transkribiert und inhaltsanalytisch ausgewertet. Für die Auswertung des Free und Cued Recalls wurden im Vorfeld Referenzantworten formuliert, die als Vergleichsmaßstab für die Beurteilung der Verstehensleistungen dienen. Da die drei Vermittlungskonzepte eine unterschiedliche Anzahl von Haupt- und Subsequenzen aufweisen, wurden die Experimentalgruppen während der Rezeption mit unterschiedlichen Informationsmengen konfrontiert. Dies führt unter der Annahme, dass *viele* Informationen *schwieriger* zu erinnern sind als wenige, dazu, dass der Schwierigkeitsgrad der Vermittlungskonzepte variiert. Um diesen Einfluss zu minimieren, wurden die Reproduktionsleistungen der Experimentalgruppen im Free und Cued Recall anhand der durchschnittlichen Informationsmenge gewichtet. Die zuvor formulierten Referenzantworten dienten dabei als Berechnungsgrundlage. Damit kann sichergestellt werden, dass sich die Treatments hinsichtlich der Vermittlungskonzepte, nicht aber im Schwierigkeitsgrad der erinnerbaren Informationen unterscheiden. Die in dieser Form gewichteten Variablen sind intervallskaliert und weisen unterschiedliche Wertebereiche auf. Daher wurden sie jeweils auf den einheitlichen Wertebereich 0 bis 9 normiert, um die Vergleichbarkeit zu gewährleisten.

An der Befragung nahmen 99 Studenten der Friedrich-Schiller-Universität Jena teil, von denen 58,6 % ein kommunikationswissenschaftliches und 41,4 % ein

sozial-, geistes- oder naturwissenschaftliches Studium absolvieren. Die Teilneh-
mer wurden anhand der Variablen Alter und Geschlecht in die drei Experimentalgruppen EG 1 (n=35), EG 2 (n=32) und EG 3 (n=32) quotiert. Auf eine Kont-
rollgruppe wird verzichtet, da sich die Experimentalgruppen in diesem Fall gegenseitig kontrollieren (vgl. Brosius/Koschel 2008).

4.3 Experimentelles Treatment

Die Vermittlungskonzepte wurden im Vorfeld mit Hilfe eines zweistufigen Ana-
lyseverfahrens ermittelt.[5] Die Typisierung und Auswahl der Wissenschaftsfilme
erfolgte anhand der inhaltlichen Variablen. Damit konnten drei prototypische
Wissenschaftsbeiträge zum Themenbereich Molekulare Medizin identifiziert
werden, die darüber berichten, wie Zellen und Organe im Labor nachgezüchtet
werden. Damit konnte das Thema des Beitrags konstant gehalten werden. Mit
Hilfe einer Verständlichkeitsanalyse wurden die drei Prototypen anschließend
anhand ihrer formalen, strukturellen und motivationalen Variablen beschrieben.
Die Vermittlungskonzepte lassen sich daher in der folgenden Weise charakterisieren: „personalisiertes Fallbeispiel", „klassischer Lehrfilm" und „Experten-
Diskurs". Besonders deutlich unterscheiden sich die drei Vermittlungskonzepte
in der Gliederungsstruktur und den anregenden Zusätzen:
- Das „personalisierte Fallbeispiel" stellt die Krankengeschichte von Dirk
  Wachholz vor, der eine neue Herzklappe transplantiert bekommt, die aus seinen eigenen Zellen gezüchtet wurde. Erläutert und kommentiert wird der Vorgang von Ärzten und Wissenschaftlern. Auffällig ist dabei die Strukturierung
  des Films. Es handelt sich hierbei um eine nachgestellte Kohärenzhilfe, die
  sich auch als „Quasi-Fiction-Plotting" bezeichnen lässt (vgl. Hallenberger
  1988; Neumann 2007). Dabei führt ein Betroffener zunächst in das Problem
  ein. Im weiteren Verlauf wechselt dann die Darstellung auf eine abstraktere
  Ebene, um am Ende des Beitrags wieder auf den Betroffenen und seine Geschichte zurückzukehren. Besondere Kennzeichen des Vermittlungskonzepts
  sind die Darstellung des Fallbeispiels sowie ein hoher Visualisierungsgrad mit
  vielen Detailaufnahmen und Animationen.
- Im „klassischen Lehrfilm" wird mit erläutert, wie Zellen und Organe mit Hilfe
  der Stammzellforschung im Labor nachgezüchtet werden können. Der Film
  enthält eine vorgestellte Kohärenzhilfe, d. h. der Beitrag verläuft vom Allgemeinen zum Besonderen. Es werden zunächst übergeordnete Konzepte erläu-

5 Das Analyseverfahren der Vermittlungskonzepte wurde bereits an anderer Stelle ausführlich beschrieben, weshalb hier aus Platzgründen darauf verzichtet wird. Der interessierte Leser ist auf
  Milde 2009: 155-171 verwiesen.

tert wie z. B. die natürliche Entwicklung von Embryonen und Organen. Im weiteren Verlauf werden dann die einzelnen Stationen des Forschungsprozesses vorgestellt. Auf anregende Zusätze wird weitestgehend verzichtet. Akteure sind gar nicht enthalten und die Visualisierung beschränkt sich auf klassische Laborbilder, Mikroskopaufnahmen und Animationen.

- Im „Experten-Diskurs" werden mit Hilfe von Experten-O-Tönen Vor- und Nachteile sowie Nutzen und Risiken der Verwendung von Embryonen für die Nachzucht und Heilung von Zellen und Organen erläutert. Der „Experten-Diskurs" gliedert sich in zwei gleich strukturierte Beitrags-Blöcke, wobei die innere Struktur der beiden Blöcke jeweils identisch ist. Beide Teile verlaufen von einer allgemeinen Einführung hin zu speziellen medizinischen Anwendungsbeispielen. Als anregende Zusätze lassen sich die O-Töne der auftretenden Experten klassifizieren, deren konträre Meinungen in zahlreichen Interviewsituationen nacheinander vorgestellt werden.

5   Ergebnisse

Entsprechend der formulierten Forschungsfragen werden im Folgenden die Verstehensleistungen und subjektiven Verständlichkeitsbewertungen der Probanden vorgestellt. Abschließend wird untersucht, inwieweit zwischen Verstehensleistungen und Verständlichkeitsbewertungen Zusammenhänge bestehen.

5.1 Verstehensleistungen

Die Verstehensleistungen werden über ein zweistufiges Verstehenskonzept ermittelt. Die erste Stufe bilden die Kohärenzbildungen. Es zeigt sich, dass das „personalisierte Fallbeispiel" die Kohärenzbildung wesentlich besser unterstützt als die beiden anderen Vermittlungskonzepte ($F(2, 95) = 16.090$, $p<0.001$). Der Mittelwert von 5.6 ist rund 2 Punkte besser als der des „klassischen Lehrfilms" oder des „Experten-Diskurses". Hier scheinen insbesondere die nachgestellte Filmstruktur, das „Quasi-Fiction-Plotting" und der hohe Visualisierungsgrad die Verstehensleistungen zu unterstützen (vgl. Tab. 1).

Tabelle 1: Verstehensleistungen der Experimentalgruppen

	EG 1 Personal. Fallbeispiel (Film 1)	EG 2 Klassischer Lehrfilm (Film 2)	EG 3 Experten-Diskurs (Film 3)	*F-Werte*
Arithmetisches Mittel				
Kohärenzbildung	5.6^a	3.4^{b***}	3.5^{c***}	F(2, 95) 16.090, p<0.001
Interpretationen	1.5^a	1.6	2.6^{b*}	F(2, 95) 4.015, p<0.05
n	35	31	32	

Post-hoc-Test nach Scheffé: paarweise signifikante Unterschiede zwischen unterschiedlichen Buchstaben bei ***p<0.001, *p<0.05
Wertebereich: 0 bis 9
Ausfälle: 1

Zudem belegen die Mittelwerte in Tabelle 1, dass im Vergleich zur Kohärenzbildung durchschnittlich deutlich weniger Interpretationen formuliert werden. Einzig der „Experten-Diskurs" regt zu einer intensiveren Auseinandersetzung mit den Beitragsinhalten an. Dabei handelt es sich vor allem um inhaltsspezifische Interpretationen und Meinungsäußerungen, Elaborationen werden hingegen weitaus seltener formuliert. Hier scheinen die Verstehensleistungen der Probanden auch davon abhängig, inwieweit der Beitrag Argumentations- und Interpretationshilfen zur Verfügung stellt.

Mittels einfaktorieller Kovarianzanalysen soll nun geprüft werden, inwieweit die in Abschnitt 2 herausgestellten Rezipientenmerkmale die Verstehensleistungen determinieren. Die Vermittlungskonzepte bilden dabei den Faktor, die Rezipientenmerkmale die Kovariaten. Aufgrund der besonderen Thematik der Vermittlungskonzepte werden mögliche geschlechtsspezifische Unterschiede ebenfalls kontrolliert.[6]

Wie Tabelle 2 zeigt, lassen sich die Verstehensleistungen am deutlichsten auf die Vermittlungskonzepte zurückführen. Für die Kohärenzbildung sind zudem das „Themeninteresse an Gentechnik" und die „persönliche Themenrelevanz" (wenn auch deutlich geringer) von Bedeutung. Im Modell 2 schwächt sich die Erklärungskraft des Treatments zugunsten des „Themeninteresses an Gentechnik" und

---

6 Das Geschlecht wurde 0 = Mann / 1 = Frau codiert und kann somit als Dummy-Variable in die Regressionsanalyse einfließen. Ein signifikanter Zusammenhang mit den anderen Kovariaten bzw. dem Treatment besteht nicht.

dem „Geschlecht" deutlich ab. Anscheinend waren die weiblichen Probandinnen besser in der Lage, Schlussfolgerungen und Bewertungen zu verbalisieren.

Tabelle 2: Einflüsse auf die Verstehensleistungen

	Verstehensleistungen	
	Modell 1	Modell 2
	Kohärenzbildung	Interpretationen
Eta-Quadrat (partiell)		
Vermittlungskonzept (Faktor)	0.31***	0.12**
Themeninteresse Gentechnik	0.05*	0.08**
Persönliche Themenrelevanz	0.04*	0.00
Vorwissen	0.03	0.02
Nutzung W-Magazine	0.04	0.00
Geschlecht (w)	0.01	0.07**
n	**98**	**98**
R^2	0.37	0.26
Korrigiertes Modell	F=7.506, df 7, $p<0.001$	F=4.445, df 7, $p<0.001$
Treatment: Eta	0.50	0.28
Treatment: Beta	0.56	0.33
Einfaktorielle Kovarianzanalyse: *$p<0.05$, ** $p<0.01$, ***$p<0.001$ Ausfälle: 1		

Die Ergebnisse der Verstehensanalyse lassen sich somit wie folgt zusammenfassen:

1. Die Kohärenzbildung (1. Verstehensstufe) wird durch die Vermittlungskonzepte insgesamt besser unterstützt als die weiterführenden Interpretationen (2. Verstehensstufe).

2. Dabei zeigt sich, dass vor allem das „personalisierte Fallbeispiel" die Kohärenzbildung erleichtert. Eine nachgestellte Kohärenzhilfe und ein hoher Personalisierungs- und Visualisierungsgrad scheinen sich positiv auf die Konstruktion eines mentalen Modells auszuwirken.

3. Höhere Verstehensprozesse werden hingegen besser vom „Experten-Diskurs" aktiviert, was auf die Darstellung kontroverser Argumente zurückgeführt werden kann. Anscheinend erleichtern es solche Vorgaben dem Rezipienten, die Argumente des Wissenschaftsfilms mit eigenen Wissensbeständen in Verbindung zu bringen und daraus Bewertungen abzuleiten.

4. Obwohl Rezipientenmerkmale eine Rolle für die Verstehensleistungen spielen, fallen deren Einflüsse jedoch relativ gering aus. Relevant sind hier ein hohes Themeninteresse und die persönliche Themenrelevanz.

Es zeigt sich somit, dass verschiedene Vermittlungskonzepte zu unterschiedlichen Verstehensleistungen führen. Im folgenden Kapitel soll daher geklärt werden, wie die Verständlichkeit der Vermittlungskonzepte von den Probanden wahrgenommen wird.

5.2 Subjektive Verständlichkeitsbewertungen

Die Analyse der subjektiven Verständlichkeitsbewertungen erfolgt über zwei Skalen mit insgesamt 36 Items, die auf der Grundlage der Verständlichkeitsdimensionen von Langer et al. (1974; 1999) und Groeben (1978; 1982) entwickelt und für die Fernsehanalyse entsprechend modifiziert wurden. Um diejenigen Items identifizieren und bündeln zu können, die den relevanten Bewertungsdimensionen zugrunde liegen, wird eine Faktorenanalyse berechnet. Die Auswahl der für die Faktorenanalyse geeigneten Variablen erfolgt anhand des MSA-Kriteriums („measure of sampling adequacy") und des Kaiser-Meyer-Olkin-Maßes (KMO). Das MSA-Kriterium prüft die Einzelvariablen auf Zusammengehörigkeit und stellt einen Indikator für die Entscheidung bereit, ob sich diese für eine Faktorenanalyse eignen.[7] Da das MSA-Kriterium in ähnlicher Weise wie das KMO-Kriterium berechnet wird und das KMO-Kriterium zudem als zusammenfassendes Maß verwendet werden kann, werden beide Prüfmaße zur Beurteilung der Variablen herangezogen.[8] Die Ablehnungsgrenze einer Variable liegt bei Korrelationswerten von ≤ 0.69, d. h. es werden diejenigen Variablen sukzessive ausgeschlossen, deren Werte kleiner oder gleich diesem Grenzwert sind. Insgesamt werden durch diese Verfahrensweise sechzehn Variablen ausgeschlossen. Dazu zählen u. a. Items, die die Bewertung der Komplexität oder die Kürze und Prägnanz der Beiträge messen. Dies stützt die Befunde der Verständlichkeitsforschung, bei denen der Faktor „Kürze/Prägnanz" ebenfalls eine untergeordnete Rolle einnimmt (vgl. Absatz 2.3). Entweder sind die Vermittlungskonzepte entsprechend dieser Dimension optimal konzipiert oder aber es handelt sich um eine Dimension, die für Rezipienten erst dann in den Vordergrund rückt, wenn die Kürze/Prägnanz auffallend missachtet wird.
Letztendlich gehen 20 Items in die Faktorenanalyse ein. Die Korrelationsmatrix dieser ausgewählten Variablen ergibt einen KMO-Wert von 0.83, was ein „meritorious", also ein recht gutes Ergebnis darstellt (vgl. Backhaus et al. 2003; Bro-

---

7   Dazu wurde eine Anti-Image-Korrelationsmatrix berechnet, deren Hauptdiagonale die MSA-Werte der Einzelvariablen ausweist.
8   Der Unterschied der beiden Prüfmaße liegt darin, dass der KMO-Wert die Beurteilung der gesamten Korrelationsmatrix erlaubt, während der MSA-Wert das Maß für die Einzelvariablen darstellt (vgl. Backhaus et al. 2003: 276f; Brosius 2006: 770ff).

sius 2006). Somit sind die Items für die Faktorenanalyse gut geeignet. Da es das Ziel ist, die Datenstruktur durch möglichst wenige Faktoren umfassend zu reproduzieren, wird die Hauptkomponentenanalyse als Extraktionsverfahren gewählt.[9] Als Rotationsmethode wird die Varimax-Rotation verwendet. Die Anzahl der Faktoren wird nach dem Kaiser-Kriterium anhand der Eigenwerte der Faktoren größer eins bestimmt (vgl. Backhaus et al. 2003: 295).

Wie Tabelle 3 zeigt, werden fünf Faktoren extrahiert, die insgesamt 64.2 Prozent Gesamtvarianz erklären. Folgende Bewertungsdimensionen lassen sich benennen: „ansprechend gestaltet", „inhaltlich anregend", „objektiv strukturiert", „interessant visualisiert" und „bedeutungsvoll". Die Interpretation der Faktoren basiert auf Variablen, deren Faktorladungen zwischen $\leq$ -0.50 und $\geq$ 0.50 liegen, wobei negative Faktorladungen in dieser Höhe nicht vorkommen.

Die Faktoren lassen sich in der folgenden Weise beschreiben:

Faktor 1: „Ansprechend gestaltet": Faktor 1 stellt den bedeutsamsten Faktor dar, da er mit 33,6 % den größten Anteil an der erklärten Varianz trägt. Dabei weisen die beiden Items „nachvollziehbar" (0.77) und „einprägsam" (0.74) die höchsten Ladungen auf. Weitere Variablen sind „anschaulich" (0.64), „unterhaltsam" (0.63), „verständlich" (0.58) und „lebendig" (0.54).[10] Aufgrund dieser Variablen lässt sich die Dimension insgesamt als „ansprechend gestaltet" interpretieren.

Faktor 2: „Inhaltlich anregend": Faktor 2 erklärt 10,9 % Varianz und wird als „inhaltlich anregend" charakterisiert, da die am höchsten ladenden Items „regt zum Nachdenken an" (0.82) und „liefert Gesprächsstoff" (0.77) sind. Gleichzeitig entspricht die Dimension einer „spannenden" (0.67), „interessanten" (0.65) und „lebendigen" (0.52) Darstellungsweise.

---

9   Vgl. zur Anwendung der Hauptkomponentenanalyse als Extraktionsverfahren Backhaus et al. (2003: 291ff).

10 Obwohl die Variablen „anschaulich", „verständlich" und „lebendig" auf jeweils zwei Faktoren laden, werden sie dennoch zur Interpretation herangezogen. Nach Backhaus et al. (2003) müssen alle Variablen, die auf mehreren Faktoren eine Ladung von $\geq$0.5 aufweisen, bei *jedem* Faktor zur Interpretation herangezogen werden (vgl. ebd.: 299).

Tabelle 3: Faktorladungen der Bewertungsdimensionen

Variablen	Faktor 1 Ansprechend gestaltet	Faktor 2 Inhaltlich anregend	Faktor 3 Objektiv strukturiert	Faktor 4 Interessant visualisiert	Faktor 5 Bedeutungsvoll
nachvollziehbar	0.77				
einprägsam	0.74				
anschaulich	0.64			0.50	
unterhaltsam	0.63				
verständlich	0.58		0.52		
lebendig	0.54	0.52			
regt zum Nachdenken an		0.82			
liefert Gesprächsstoff		0.77			
spannend		0.67			
interessant		0.65			
anregend		0.58			
gut			0.67		
übersichtlich			0.65		
folgerichtig			0.65		
sachlich			0.64		
aufs Wesentliche beschränkt			0.53		
interessante Bilder				0.72	
Bilder passen zum Text			0.52	0.69	
sollten alle Bescheid wissen					0.77
Thema umfassend erklärt					0.54
%-Anteil erklärte Varianz	**33.6**	**10.9**	**7.8**	**6.4**	**5.5**

Faktorenanalyse nach dem Hauptkomponentenverfahren (PCA), KMO: 0.83, erklärte Varianz: 64.2%, dargestellte Werte: $\leq$ -0.50 bzw. $\geq$0.50

Faktor 3: „Objektiv strukturiert": Beim Faktor 3 stehen eher formale Verständ-lichkeitsmerkmale der Struktur und Gliederung im Vordergrund, so dass er sich als „objektiv strukturiert" beschreiben lässt. Der Anteil der erklärten Gesamtva-rianz liegt bei 7,8 %. Ein solcher Film kennzeichnet sich durch seine „übersich-tliche" (0.65) und „folgerichtige" (0.65) sowie „sachliche" (0.64) und „auf das Wesentliche beschränkte" (0.53) Darstellung, bei dem die Bilder auf den Text abgestimmt sind („Bilder passen zum Text": 0.52). Solche Magazinbeiträge erhalten das Prädikat „gut" (0.67) und „verständlich" (0.52).

Faktor 4: „Interessant visualisiert": Faktor 4 vereint diejenigen Items, die sich auf die Visualisierung der Wissenschaftsfilme beziehen. Im Vergleich zum Faktor 3 passen die Bilder nicht nur zum Text (0.69), sondern werden darüber hinaus auch als „interessant" (0.72) bewertet. Insgesamt wird ein solcher Film als „anschaulich" (0.50) empfunden und lässt sich somit als „interessant visualisiert" bezeichnen. Der Anteil, den der Faktor an der erklärten Gesamtvarianz hat, liegt allerdings nur noch bei 6,4 %.

Faktor 5: „Bedeutungsvoll": Beim Faktor 5 laden nur zwei Variablen angemessen hoch. Beide Items beziehen sich auf die inhaltliche Relevanz eines Wissenschaftsbeitrags. So sollte jeder über das Thema „Bescheid wissen" (0.77). Zudem entsteht der Eindruck, dass das „Thema umfassend erklärt" (0.54) wird. Der fünfte Faktor lässt sich somit als „bedeutungsvoll" beschreiben. Der Anteil der erklärten Varianz ist mit 5,5 % am niedrigsten.

Um ermitteln zu können, welche Verständlichkeitsbewertungen auf das jeweilige Vermittlungskonzept zutreffen, werden aus den Faktorwerten Faktormittelwerte berechnet. Da die Faktorwerte standardisierte Werte darstellen, entspricht jede Abweichung vom Mittelwert somit der Abweichung vom Wert Null. Null entspricht also der durchschnittlichen Zuordnung zu dem jeweiligen Faktor. Somit lassen sich die Mittelwerte miteinander vergleichen.

Tabelle 4: Verständlichkeitsbewertungen je Vermittlungskonzept

Bewertungsdimensionen Faktormittelwerte ($\bar{x}$)	EG 1 Personal. Fallbsp.	EG 2 Klass. Lehrfilm	EG 3 Experten-Diskurs	F	p
Ansprechend gestaltet	0.45[a]	-0.27[b]	-0.13	5.359	<0.01
Inhaltlich anregend	0.02	-0.19	0.16	0.977	n.s.
Objektiv strukturiert	-0.36	0.14	0.21	3.267	<0.05
Interessant visualisiert	0.22	0.09	-0.33	2.682	n.s.
Bedeutungsvoll	-0.33	0.24	0.10	2.954	n.s.
n	34	32	30	df (2, 93)	

Mittelwertsvergleich: Anova. Paarweiser Mittelwertsvergleich: Post-hoc-Test nach Scheffé mit signifikanten Unterschieden zwischen unterschiedlichen Buchstaben bei p<0.05
Ausfälle: 3

Tabelle 4 lässt sich wie folgt beschreiben:

„Personalisiertes Fallbeispiel": Beim „personalisierten Fallbeispiel" zeigen die
Faktormittelwerte, dass der Beitrag vor allem als „ansprechend gestaltet" ($\bar{x}$ =
0.45) und „interessant visualisiert" ($\bar{x}$ = 0.22) wahrgenommen wird. Zu dieser
Bewertung scheinen einerseits die Darstellung der persönlichen Krankengeschichte sowie eine detailreiche und reale Visualisierung (z. B. die Darstellung
einer nachgezüchteten Herzklappe, eines Ohrs oder einer Arterie) beizutragen.
Allerdings wird das Vermittlungskonzept weder als „objektiv strukturiert" ($\bar{x}$ = -
0.36) noch als besonders „bedeutungsvoll" ($\bar{x}$ = -0.33) wahrgenommen.

„Klassischer Lehrfilm": Im Vergleich zum „personalisierten Fallbeispiel" zeigen
sich beim „klassischen Lehrfilm" entgegen gesetzte Bewertungen. Hier sind die
Dimensionen „bedeutungsvoll" ($\bar{x}$ = 0.24) und „objektiv strukturiert" ($\bar{x}$ = 0.14)
überdurchschnittlich ausgeprägt. Allerdings wird der Beitrag weder als „ansprechend gestaltet" ($\bar{x}$ = -0.27) noch als „inhaltlich anregend" ($\bar{x}$ = -0.19) wahrgenommen.

„Experten-Diskurs": Der „Experten-Diskurs" wird vor allem als „objektiv strukturiert" ($\bar{x}$ = 0.21), „inhaltlich anregend" ($\bar{x}$ = 0.16) und „bedeutungsvoll" ($\bar{x}$ =
0.10) beschrieben. Negativ ausgeprägt sind hingegen „interessant visualisiert" ($\bar{x}$
= -0.33) und „ansprechend gestaltet" ($\bar{x}$ = -0.13), was sich vor allem auf die häufig dargestellten Interviewsituationen zurückführen lässt.

Obwohl lediglich bei den Bewertungsdimensionen „ansprechend gestaltet"
($p < 0.01$) und „objektiv strukturiert" ($p < 0.05$) signifikante Unterschiede beobach-
tbar sind, belegen die Ergebnisse, dass die Vermittlungskonzepte unterschiedlich
wahrgenommen und bewertet werden.[11] Daher soll abschließend entsprechend
Forschungsfrage 4 der Frage nachgegangen werden, inwieweit Zusammenhänge
zwischen den Verstehensleistungen und den Filmbewertungen bestehen.

5.3 Der Zusammenhang zwischen subjektiven Verständlichkeitsbewertungen und Verstehen

Erste Hinweise auf Zusammenhänge zwischen den subjektiven Verständlichkeitsbewertungen und den Verstehensleistungen geben bivariate Analysen, die
anhand des Koeffizienten Pearsons r dargestellt werden. Dabei lässt sich der
Koeffizient in der folgenden Weise interpretieren: Bei positiver Ausprägung geht

---

11 So unterscheiden sich die F-Werte der Dimensionen „interessant visualisiert" und „bedeutungsvoll" nur knapp nicht signifikant voneinander (vgl. Tab. 4).

eine hohe positive Verständlichkeitsbewertung mit einer guten Verstehensleistung einher. Ist der Koeffizient negativ ausgeprägt, verschlechtert sich die Verstehensleistung bei entsprechender Bewertung.[12]
Wie Tabelle 5 zeigt, unterscheiden sich die Bewertungen bei der Kohärenzbildung und den Interpretationen. So hängt die Kohärenzbildung beim „personalisierten Fallbeispiel" vor allem von den Verständlichkeitsbewertungen „bedeutungsvoll" ($r = 0.63$, $p<0.001$) und „ansprechend gestaltet" ab. Zu weiteren Interpretationen scheint es allerdings nur dann kommen zu können, wenn die Probanden das Vermittlungskonzept als „inhaltlich anregend" ($r = 0.33$, $p<0.05$) wahrnehmen. Weitere Bewertungsdimensionen scheinen demnach die Verstehensleistung nicht unterstützen zu können.

Beim „klassischen Lehrfilm" können die Verstehensleistungen vor allem dann gesteigert werden, wenn der Beitrag als „interessant visualisiert", „inhaltlich anregend" und „ansprechend gestaltet" wahrgenommen wird. Alles in allem fehlt es diesem Vermittlungskonzept anscheinend an verstehensunterstützenden Darstellungselementen.

Die Kohärenzbildung beim „Experten-Diskurs" wird insbesondere von der Bewertungsdimension „inhaltlich anregend" und „objektiv strukturiert" positiv beeinflusst. Interpretationen werden hingegen von den Bewertungsdimensionen „interessant visualisiert" und „inhaltlich anregend" stärker determiniert.

Insgesamt belegen die Befunde, dass zwischen den Verstehensleistungen und subjektiven Verständlichkeitsbewertungen sowohl positive als auch negative Zusammenhänge bestehen, wobei sich die Zusammenhänge je Vermittlungskonzept unterschiedlich ausprägen. Mehrheitlich handelt es sich hier um solche Dimensionen, die in den Verständlichkeitsbewertungen nur schwach oder negativ ausgeprägt sind (vgl. Tab. 4). Während es dem „klassischen Lehrfilm" und dem „Experten-Diskurs" vor allem an einer interessanten Visualisierung mangelt, fehlt es dem „personalisierten Fallbeispiel" insbesondere an einer inhaltlich anregenden Darstellung und an der Wahrnehmung, dass es sich hier um ein bedeutsames Thema handelt.

---

12 Für die Interpretation der Zusammenhänge gilt, dass diese nur dann höher ausgeprägt sind, wenn eine Varianz in der Faktorzuordnung und in der Verstehensleistung besteht. Da die Faktorbildung aber gerade auf eine homogene Gruppenbildung mit möglichst niedrigen Varianzen ausgelegt ist, sind nur verhältnismäßig schwache Zusammenhänge erwartbar. Deutlichere Zusammenhänge können deshalb auch als besonders bedeutend eingeschätzt werden.

Tabelle 5: Zusammenhänge zwischen Verständlichkeitsbewertungen und Verstehensleistungen

	Personalisiertes Fallbeispiel	
	Kohärenzbildung	Interpretationen
Faktoren **(FA)** *Pearsons r*		
Ansprechend gestaltet	0.21	-0.06
Inhaltlich anregend	0.02	0.33*
Objektiv strukturiert	-0.13	-0.10
Interessant visualisiert	-0.11	-0.30
Bedeutungsvoll	0.63***	-0.13

Pearsons r, signifikante Zusammenhänge in den Zellen: *p<0.05, ***p<0.001
n=34; Ausfälle: 1

	Klassischer Lehrfilm	
	Kohärenzbildung	Interpretationen
Faktoren **(FA)** *Pearsons r*		
Ansprechend gestaltet	0.22	0.33
Inhaltlich anregend	0.04	0.30
Objektiv strukturiert	0.11	0.14
Interessant visualisiert	0.37*	-0.17
Bedeutungsvoll	0.02	0.02

Pearsons r, signifikante Zusammenhänge in den Zellen: *p<0.05
n=31; Ausfälle: 1

	Experten-Diskurs	
	Kohärenzbildung	Interpretationen
Faktoren **(FA)** *Pearsons r*		
Ansprechend gestaltet	-0.22	0.12
Inhaltlich anregend	0.25	0.25
Objektiv strukturiert	0.17	0.04
Interessant visualisiert	0.10	0.34
Bedeutungsvoll	-0.07	0.01

Pearsons r, keine signifikanten Zusammenhänge in den Zellen
n=30; Ausfälle: 2

Um abschließend die Stärke der Zusammenhänge zwischen Verständlichkeitsbewertungen und Verstehensleistungen bestimmen zu können, werden multiple
Regressionsanalysen berechnet. Dazu gehen sowohl die Bewertungsdimensionen
als auch die Kontrollvariablen in die Berechnungen ein. Demnach bilden die
Verstehensleistungen die jeweils abhängige Variable. Die unabhängigen Regressoren setzen sich aus den fünf Bewertungsdimensionen und den Rezipienten-
merkmalen zusammen. Da insbesondere Experimentalgruppe 2 „klassischer
Lehrfilm" in den beiden Modellen keine Signifikanzen aufweist, wird das korri-
gierte Bestimmtheitsmaß R_k^2 zur Interpretation herangezogen, da es für die Anzahl der nichtsignifikanten Regressoren nicht anfällig ist (vgl. Backhaus et al.
2003: 67f).[13]

Einflussmodell 1: Kohärenzbildung

Die Regressionsanalyse zur Kohärenzbildung zeigt insbesondere bei EG 1 und
EG 3 bedeutende Zusammenhänge. So liegt die Erklärungskraft des „personalisierten Fallbeispiels" bei rund 42 % (R_k^2 = 0.42, p<0.01), die des „Experten-
Diskurses" sogar bei 53 %(R_k^2 = 0.53, p<0.01) (vgl. Tab. 6).
In Experimentalgruppe 1 „personalisiertes Fallbeispiel" lassen sich die stärksten
positiven Einflüsse auf die Verstehensleistungen auf die Bewertungsdimension
„bedeutungsvoll" sowie auf die Rezipientenmerkmale „Nutzung von Wissenschaftsmagazinen" und „Themeninteresse" zurückführen. Durch die Einschätzung „objektiv strukturiert" wird die Verstehensleistung hingegen eher negativ
beeinflusst. Diejenigen Versuchsteilnehmer, die den Magazinbeitrag als relevant
und bedeutungsvoll wahrgenommen haben, weisen demnach eine höhere Verstehensleistung auf.

---

13 Drei Kombinationspaare der Variablen „inhaltlich anregend", „bedeutungsvoll", „persönliche
   Themenrelevanz" und „Vorwissen" ergeben höhere Zusammenhangsmaße nach Pearson und erreichen eine Höhe von r > 0.50 und maximal r = 0.66. Diese Variablen weisen dementsprechend
   die vergleichsweise niedrigsten Toleranzwerte in den Regressionsmodellen auf. Die Berechung
   alternativer Modelle, bei denen die betreffenden Variablen ausgeschlossen wurden, verbesserten
   die ursprünglichen Modelle allerdings nur wenig bzw. führten zu keinen erhöhten Signifikanzen
   der anderen Variablen. Somit liegt keine Verletzung der Multikollinearitätsprämisse vor (vgl.
   Backhaus et al. 2003: 88ff.).

Tabelle 6: Einflussmodelle Kohärenzbildung und Interpretationen

Beta-Werte	Einflussmodell 1[14] Kohärenzbildung			Einflussmodell 2 Interpretationen		
	EG 1 Personal. Fallbeisp.	EG 2 Klass. Lehr-film	EG 3 Exper-ten-Diskurs	EG 1 Personal. Fallbeisp.	EG 2 Klass. Lehr-film	EG 3 Exper-ten-Diskurs
Themeninteresse	0,21	0,29	0,32*	0,14	-0,34	0,64***
Persönl. Themenrelevanz	-0,13	-0,29	-0,32	0,30	-0,19	-0,11
Vorwissen	0,10	0,11	0,65***	0,16	0,17	0,17
Nutzung W-Magazine	0,24	0,30	-0,22	0,24	0,26	-0,22
Geschlecht (w)	0,20	-0,20	-0,16	0,16	0,25	0,26
Ansprechend gestaltet	0,08	0,14	-0,15	-0,20	0,42	0,06
Inhaltlich anregend	-0,06	0,10	0,50**	-0,08	0,32	0,09
Objektiv strukturiert	-0,26	0,08	0,02	-0,17	-0,15	-0,01
Interessant visualisiert	0,03	0,29	0,09	-0,12	-0,33	0,26
Bedeutungsvoll	0,63***	-0,18	0,08	-0,09	-0,01	0,10
n	34	31	30	34	31	30
korrigiertes R^2	0.42	0.15	0.53	0.07	0.04	0.39
R^2	0.60	0.43	0.69	0.35	0.36	0.60
Anova	F=3.406, df 10, p<0.01	F=1.519, df 10, n.s.	F=4.286, df 10, p<0.01	F=1.234, df 10, n.s.	F=1.141, df 10, n.s.	F=2.868, df 10, p<0.05

Multiple Lineare Regression, Signifikanz der Variablen: *p<0.05, **p<0.01, ***p<0.001
Ausfälle: 4

---

14 Signifikante Beta-Werte und Beta-Werte ab einer Höhe von 0.25 bzw. -0.25 werden fett markiert, da sich hier zwar kein signifikanter, aber dennoch ein vergleichsweise hoher Einfluss zeigt.

Die Verstehensleistungen der Experimentalgruppe 2 „klassischer Lehrfilm" werden vor allem durch die Rezipientenmerkmale und weniger durch das Vermittlungskonzept bestimmt. So gehen die stärksten positiven Einflüsse von der „Nutzung von Wissenschaftsmagazinen" (Beta = 0.30, n.s.) und dem „Themeninteresse an Gentechnik" (Beta = 0.29, n.s.) aus, aber auch die Bewertungsdimension „interessant visualisiert" ist positiv ausgeprägt (Beta = 0.29, n.s.). Der höchste negative Einfluss wird von der „persönlichen Themenrelevanz" (Beta = -0.29, n.s.) ausgelöst. Der fehlende Alltagsbezug des Beitrags scheint demnach die Verstehensleistung der Probanden tendenziell negativ zu beeinflussen.

Beim „Experten-Diskurs" leisten die Rezipientenmerkmale „Vorwissen" (Beta = 0.65, p<0.001) und „Themeninteresse an Gentechnik" (Beta = 0.32, p<0.05) sowie die Bewertungsdimensionen „inhaltlich anregend" (Beta = 0.50, p<0.01) einen bedeutenden Beitrag zum Verstehen. Insgesamt scheint die kontroverse Darstellung des Themas bei vielen Probanden Verstehensleistungen zu aktivieren, sofern das entsprechende Vorwissen und Interesse vorhanden ist. Allerdings zeigt sich auch hier, dass die „persönliche Themenrelevanz" einen tendenziell negativen Einfluss auf die Verstehensleistung nehmen kann (Beta = -0.32, n.s.).

Einflussmodell 2: Interpretationen

Bei den Interpretationen nimmt die Erklärungskraft der Modelle im Vergleich zur Kohärenzbildung insbesondere bei EG 1 und EG 2 deutlich ab und liegt nahe Null. Beim „Experten-Diskurs" liegt die Varianzaufklärung hingegen noch bei 39 Prozent (p<0.05). Hier lässt sich die Verstehensleistung vor allem auf das „Themeninteresse Gentechnik" (Beta = 0.64, p<0.001), das Geschlecht (Beta = 0.26, n.s.) und die Bewertungsdimension „interessant visualisiert" (Beta = 0.26, n.s.) zurückführen. Wird ein Sachverhalt demnach mit anschaulichen und interessanten Bildern präsentiert, kann dies bei gleichzeitig hohem Interesse für das Thema zu einer intensiveren Auseinandersetzung mit den Inhalten führen. Dabei scheinen insbesondere die weiblichen Probandinnen stärker aktiviert zu werden. Beim „klassischen Lehrfilm" lassen sich vor allem negative Einflusse beobachten, die vom „Themeninteresse an Gentechnik" (Beta = -0.34, n.s.) und der Bewertungsdimension „interessant visualisiert" (Beta = -0.33, n.s.) ausgehen. Einen eher positiven Einfluss haben hingegen vor allem eine „ansprechende" (Beta = 0.42, n.s.) und „inhaltlich anregende" (Beta = 0.32, n.s.) Beitragsgestaltung. Beim „personalisierten Fallbeispiel" beeinflussen die fünf Bewertungsdimensionen die Verstehensleistungen tendenziell negativ. Der höchste positive Einfluss geht von der „persönlichen Themenrelevanz" aus (Beta = 0.30, n.s.).

Die Ergebnisse lassen sich demnach in der folgenden Weise interpretieren: Während die Kohärenzbildung (Einflussmodell 1) durch die Vermittlungskonzepte unterstützt werden kann, zeigen sich entsprechende Einflüsse für die Interpretationsleistungen (Einflussmodell 2) in weitaus geringerem Umfang. So lässt sich beim „personalisierten Fallbeispiel" beobachten, dass das Vermittelte Verstehen gesteigert werden könnte, wenn beim Zuschauer der Eindruck vermieden wird, es handele sich hier nur um die Darstellung eines Einzelfalls. Es kann sich jedoch durchaus positiv auf das Verstehen auswirken, wenn die allgemeine Bedeutung des Themas deutlicher herausgestellt wird.

Beim „Experten-Diskurs" zeigt sich: Je stärker das Vermittlungskonzept von den Probanden als „inhaltlich anregend" wahrgenommen wird, desto eher besteht die Möglichkeit, die Verstehensleistungen steigern zu können. Hierzu zählt auch eine spannendere und interessantere Umsetzung als bisher, da das Filmkonzept zum größten Teil aus O-Tönen wissenschaftlicher Experten besteht. Beim „klassischen Lehrfilm" gilt ähnliches. Hier fehlt sowohl eine inhaltliche als auch eine visuell ansprechendere Gestaltung. Demnach wird die an Fakten und dem Forschungsprozess orientierte Darstellung von den Probanden als wenig anregend wahrgenommen.

Insgesamt belegen die Befunde somit, dass das Verstehen von Vermittlungskonzepten durch die subjektiven Verständlichkeitsbewertungen durchaus determiniert werden kann. Allerdings sind nicht alle fünf Bewertungsdimensionen gleichsam relevant, vielmehr unterscheiden sie sich je Vermittlungskonzept.

6   Zusammenfassende Diskussion

Die TV-Wissenschaftsberichterstattung kennzeichnet sich durch zahlreiche Darstellungsvarianten wissenschaftlicher Themen, was zu der Frage führt, inwieweit diese den Verstehensprozess der Rezipienten determinieren. Für die Analyse wird auf der Grundlage theoretischer und empirischer Befunde zum Fernsehverstehen ein zweistufiges Verstehenskonzept postuliert, das sich aus der Kohärenzbildung der Filminhalte und aus weiterführenden Interpretationen zusammensetzt. Dabei wird angenommen, dass u. a. subjektive Verständlichkeitsbewertungen im Zusammenhang mit den individuellen Verstehensleistungen der Probanden stehen.

Die Ergebnisse belegen, dass das „personalisierte Fallbeispiel" im Vergleich zu den beiden anderen Vermittlungskonzepten die Kohärenzbildung am besten unterstützt, jedoch nur selten zu weiterführenden Interpretationen führt. So erhöht die spezifische Strukturierung des Fallbeispiels und die Verwendung einer aufwendigen Visualisierung zwar die Nachvollziehbarkeit der Beitragsinhalte, jedoch fühlen sich die Probanden weder umfassend informiert noch schätzen sie das Thema als besonders bedeutungsvoll ein. Die Interpretation des „personalisierten Fallbeispiels" bleibt eher auf der Ebene eines Einzelfalles. Hier fehlen allem Anschein nach Hinweise auf die Verallgemeinerbarkeit des Themas und die Relevanz für den Zuschauer. Der „Experten-Diskurs" wiederum ist von den Probanden ohne adäquates Vorwissen und entsprechendes Interesse nur relativ schwierig nachzuvollziehen. Es handelt sich hier demnach um ein Vermittlungskonzept, das dem Zuschauer hohe kognitive Leistungen abverlangt. Dabei zeigt sich, dass die Kohärenzbildung durchaus noch gesteigert werden könnte, wenn der Beitrag spannender und lebendiger inszeniert wird. Ebenso zeigt sich, dass eine interessantere Visualisierung das Potenzial hat, die Interpretationsleistungen zu steigern. Für den „klassischen Lehrfilm" hat die Untersuchung ergeben, dass das Vermittlungskonzept den Verstehensprozess insgesamt nur durchschnittlich unterstützt. Zwar beurteilen die Probanden diese Filmvariante als „bedeutungsvoll" und „objektiv strukturiert", jedoch wird er weder als „ansprechend gestaltet" noch „inhaltlich anregend" empfunden. Eine Verbesserung der Verstehensleistungen ließe sich zumindest potenziell mit der Verbesserung dieser Eigenschaften fördern.

Ziel der Studie war, den Einfluss von unterschiedlichen Vermittlungskonzepten auf die Verstehensleistungen zu analysieren. Dies konnte belegt werden. Dabei handelt es sich jedoch um kurzfristige Effekte. Über mittelfristige oder langfristige Auswirkungen können hingegen keine Aussagen getroffen werden. Dies wird insbesondere für die zweite Stufe der Verstehensleistungen, den Interpretationen, relevant, da das mentale Modell, das ein Rezipient zu einem bestimmten Thema konstruiert, jeweils immer nur ein vorläufiges darstellt.

Die Analyse konnte ebenfalls zeigen, dass subjektive Verständlichkeitsbewertungen im Zusammenhang mit den Verstehensleistungen zu stehen scheinen. Hier wurden fünf Bewertungsdimensionen identifiziert, die sich sowohl auf formale Verständlichkeitsmerkmale als auch auf die thematische Relevanz beziehen. Besonders relevant sind demnach eine ansprechende und interessante Darstellung und Visualisierung, eine nachvollziehbare Strukturierung sowie eine umfassende und anregende Auseinandersetzung mit dem Thema. Demnach korrespondieren formale mit inhaltlichen Merkmalen. Inwieweit diese Verständlichkeitsdimensionen auch auf andere Fernsehformate und Themen anwendbar sind, kann hier nicht beantwortet werden und wäre zu prüfen. Auf diese Weise ließen sich die in dem Laborexperiment ermittelten Befunde validieren oder aber weiterführende oder auch neue Bewertungskriterien entwickeln.

Insgesamt belegen die Ergebnisse der Studie, dass es zumindest direkt nach der Rezeption nur zu wenigen Interpretationsleistungen kommt. Zudem scheinen die Verstehensprozesse vom jeweiligen TV-Vermittlungskonzept abzuhängen. Damit obliegt es zunächst TV-Wissenschaftsredakteuren zu entscheiden, welche Verstehensleistungen beim Zuschauer unterstützt werden sollen.

Literatur

Albrecht, B. (2006): Privatfernsehen: Happy Hour des Wissens – Zutaten zum Galileo-Cocktail. In: Wormer, H. (Hrsg.): Die Wissensmacher. Profile und Arbeitsfelder von Wissenschaftsredaktionen in Deutschland. Wiesbaden: VS Verlag. S. 131-147.

Augst, G./Simon, H./Wegner, I. (Hrsg.) (1982): Die Verständlichkeit von Fernsehtexten. Strukturelle und empirische Untersuchungen zur Wissenschaftssendung "Der Jupiter-Effekt". Siegen: Forschungsschwerpunkt Massenmedien und Kommunikation der Universität-Gesamthochschule Siegen.

Augst, G./Simon, H./Wegner, I. (1985): Wissenschaft im Fernsehen - verständlich? Produktion und Rezeption der Wissenschaftssendung "Fortschritt der Technik - Rückschritt der Menschen?" unter dem Blickwinkel der Verständlichkeit. Frankfurt a.M./ Bern/ New York: Peter Lang.

Backhaus, K./Erichson, B./Plinke, W./Weiber, R. (2003): Multivariate Analysemethoden. Eine anwendungsorientierte Einführung. Zehnte, neu bearbeitete und erweiterte Auflage. Berlin u.a.: Springer-Verlag.

Ballstaedt, S.-P. (1999): Textoptimierung: Von der Stilfibel zum Textdesign. In: Fachsprache: International Journal of LSP 21, Nr. 3-4. S. 98-124.

Bortz, J. (1993): Statistik für Sozialwissenschaftler. 4. Auflage. Berlin u.a.: Springer-Verlag.

Brosius, F. (2006): SPSS 14. Heidelberg: mitp.

Brosius, H.-B. (1995): Alltagsrationalitäten in der Nachrichtenrezeption. Ein Modell zur Wahrnehmung und Verarbeitung von Nachrichteninhalten. Opladen: Westdeutscher Verlag.

Brosius, H.-B. (1998): Visualisierung von Fernsehnachrichten. Text-Bild-Beziehungen und ihre Bedeutung für die Informationsleistung. In: Kamps, K./Meckel, M. (Hrsg.): Fernsehnachrichten. Prozesse, Strukturen, Funktionen. Opladen: Westdeutscher Verlag. S. 213-224.

Brosius, H.-B./Koschel, F./Haas, A. (2008): Methoden der empirischen Kommunikationsforschung: Eine Einführung. Wiesbaden: VS Verlag.

Brosius, H.-B., Schweiger, W./Rossmann, C. (2000): Auf der Suche nach den Ursachen des Fallbeispieleffekts: Der Einfluß von Anzahl und Art der Urheber von Fallbeispielinformationen. In: Medienpsychologie 12. S. 153-173.

Chaiken, S. (1980): Heuristic versus systematic information processing and the use of source versus message cues in persuasion. In: Journal of Personality and Social Psychology 39. S. 752-766.

Christmann, U./Groeben, N. (1999): Psychologie des Lesens. In: Franzmann, B./Hasemann, K./Löffler, D./Schön, E. (Hrsg.): Handbuch Lesen. München: K.G. Saur. S. 145-223.

Curtis, S. (2005): Die kinematographische Methode. In: Montage/av. Zeitschrift für Theorie & Geschichte audiovisueller Kommunikation. Gebrauchsfilm (1). Godards Geschichte(n) 14, Nr. 2. S. 23-43.

Daschmann, G. (2001): Der Einfluß von Fallbeispielen auf Leserurteile: experimentelle Untersuchungen zur Medienwirkung. Konstanz: UVK.

Diedrichs, H. (1994): Zur Verständlichkeit von Wissenschaftssendungen. Ein Vergleich von Produkt- und Rezipientenanalyse an fünf ausgewählten Sendungen. Band V. Siegen: LUMIS-Schriften.

Dörner, D. (2005): Verstehen verstehen. Zeitschrift für Psychologie 213. Nr. 4. S. 187-192.

Donnerstag, J. (1996): Der engagierte Mediennutzer. Das Involvement-Konzept in der Massenkommunikationsforschung. München: Verlag Reinhard Fischer.

Findahl, O. (1981): The Effect of Visual Illustrations upon Perception and Retention of News Programmes. In: Communications: The European Journal of Communication Research 6. S. 151-167.

Freund, B. (1990a): Verständlichkeit und Attraktivität von Wisseschaftssendungen im Fernsehen: Die subjektiven Theorien der Macher. Siegen: Arbeitsheft Bildschirmmedien 18.

Freund, B. (1990b): Verständlichkeit und Attraktivität von Wissenschaftssendungen im Fernsehen: Die subjektiven Theorien der Macher. In: Meutsch, D./Freund, B. (Hrsg.): Fernsehjournalismus und die Wissenschaften. Opladen: Westdeutscher Verlag. S. 89-122.

Früh, W. (1980): Lesen, Verstehen, Urteilen. Untersuchungen über den Zusammenhang von Textgestaltung und Textwirkung. Freiburg/ München: Verlag Karl Alber.

Früh, W./Wirth, W. (1997): Positives und negatives Infotainment. Zur Rezeption unterhaltsam aufbereiteter TV-Information. In: Bentele, G./Haller, M. (Hrsg.): Aktuelle Entstehung von Öffentlichkeit. Akteure–Strukturen–Veränderungen. Konstanz: UVK Medien. S. 367-381.

Goertz, L./Schönbach, K. (1998): Zwischen Attraktivität und Verständlichkeit. Balanceakt der Informationsvermittlung. In: Kamps, K./Meckel, M (Hrsg.): Fernsehnachrichten. Prozesse, Strukturen, Funktionen. Opladen: Westdeutscher Verlag. S. 111-126.

Götz-Sobel, C. (2006): Öffentlich-rechtliches Fernsehen II: Von der Dramatik langweiliger Labors. In: Wormer, H. (Hrsg.): Die Wissensmacher. Profile und Arbeitsfelder von Wissenschaftsredaktionen in Deutschland. Wiesbaden: VS Verlag. S. 113-129.

Grabe, M. E./Zhou, S./Lang, A./Bolls, P. D. (2000): Packaging television news: The effects of tabloid on information processing and evaluative responses. In: Journal of Broadcasting & Electronic Media 44. S. 581-598.

Grabe,M. E./Lang, A. /Zhao, X. (2003): News content and form. Implications for memory and audience evaluations. In: Communication Research 30. S. 387-413.

Graber, D. A. (1990): Seeing is remembering: How visuals contribute to learning from television news. In: Journal of Communication 40, Nr. 3. S. 134-155.

Groeben, N. (1978): Die Verständlichkeit von Unterrichtstexten. Dimensionen und Kriterien rezeptiver Lernstadien. Münster: Aschendorff.

Groeben, N. (1982): Leserpsychologie: Textverständnis - Textverständlichkeit. Münster: Aschendorff.

Groeben, N./Christmann, U. (1989): Textoptimierung unter Verständlichkeitsperspektive. In: Antos, G./Krings, H. P. (Hrsg.): Textproduktion. Ein interdisziplinärer Forschungsüberblick. Tübingen: Max Niemeyer Verlag. S. 165-196.

Hamm, I. (1990): Das Fernsehen als Informationsquelle. Zum Verhältnis von Gestaltung und Rezeptionserfolg. In: Publizistik 38. Nr. 2. S. 201-221.

Hallenberger, G. (1988): Kennzeichen U–Unterhaltende Elemente in politischen und Kulturmagazinen. In: Kreuzer, H./Schumacher, H. (Hrsg.): Magazine audiovisuell. Politische und Kulturmagazine im Fernsehen der Bundesrepublik Deutschland. Berlin: Spiess. S. 149-159.

Johnson-Laird, P. N. (1983): Mental Models. Cambridge: Cambridge University Press.

Lang, A. (1995): Defining audio/video redundancy from a limited-capacity information processing perspective. In: Communication Research 22. Nr. 1. S. 86-115.

Lang, A. (2000): The limited capacity model of mediated message processing. In: Journal of Communication 50. Nr. 1. S. 46-70.

Lang, A. (2006): Using the Limited Capacity Model of Motivated Mediated Message Processing to Design Effective Cancer Communication Messages. In: Journal of Communication 56. S. 57-80.

Langer, I./Schulz von Thun, F./Tausch, R. (1974): Verständlichkeit in Schule, Verwaltung, Politik und Wissenschaft mit einem Selbsttrainingsprogramm zur verständlichen Gestaltung von Lehr- und Informationstexten. München/ Basel: Ernst Reinhardt Verlag.

Langer, I./Schulz von Thun, F./Tausch, R. (1999): Sich verständlich ausdrücken. 6. Auflage. München/ Basel: Ernst Reinhardt Verlag.

Leonarz, M. (2006): Gentechnik im Fernsehen. Eine Framing-Analyse. Konstanz: UVK.

Machill, M./Köhler, S./Waldhauser, M. (2006): Narrative Fernsehnachrichten: Ein Experiment zur Innovation journalistischer Darstellungsformen. In: Publizistik 51. Nr. 4. S. 479-497.

Meier, K. (2006): Medien und Märkte des Wissenschaftsjournalismus. In: Göpfert, W. (Hrsg.): Wissenschafts-Journalismus. Ein Handbuch für Ausbildung und Praxis. 5., vollständig aktualisierte Auflage. Berlin: Econ. S. 37-54.

Meutsch, D./Müller, S. (1988): Verständnis und Verständlichkeit von Fernsehen: Psychologische Dimensionen von Text-Bild-Beziehungen und ihre Prognoseleistungen für das Lernen mit Wissenschaftssendungen. In: Unterrichtswissenschaft. Zeitschrift für Lernforschung 16. Nr. 3. S. 27-42.

Milde, J. (2009): Vermitteln und Verstehen. Zur Verständlichkeit von Wissenschaftsfilmen im Fernsehen. Wiesbaden: VS Verlag.

Milde, J./Ruhrmann, G. (2006): Molekulare Medizin in deutschen TV-Wissenschaftsmagazinen. Ergebnisse von Journalisteninterviews und Inhaltsanalysen. In: Medien & Kommunikationswissenschaft 54. Nr. 3. S. 430-456.

Neumann-Bechstein, W. (1997): Die Programme – die Sendungen. In: ARD/ZDF-Arbeitsgruppe Marketing (Hrsg.): Was Sie über Rundfunk wissen sollten. Materialien zum Verständnis eines Mediums. Berlin: Vistas. S. 87-187.

Neumann, V. (2007): Unterhaltung in TV-Wissenschaftssendungen. Eine Sendungsanalyse. Saarbrücken: VDM Verlag Dr. Müller.

Niegemann, H. M./Domapgk, S./ Hessel, S./ Hein, A./Hupfer, M./Zobel, A. (2008): Kompendium multimediales Lernen. Heidelberg: Springer Verlag.

Ohler, P. (1994): Kognitive Filmpsychologie. Verarbeitung und mentale Repräsentation narrativer Filme. Münster: MAkS Publikationen.

Parastar, A. (2006): Wissenschaft im Fernsehen. In: Göpfert, W. (Hrsg.): Wissenschafts-Journalismus. Ein Handbuch für Ausbildung und Praxis. 5., vollständig aktualisierte Auflage. Berlin: Econ. S. 186-201.

Petty, R. E./Cacioppo, J. T. (1986): Communication and Persuasion. Central and Peripheral Routes to Attitude Change. New York: Springer-Verlag.

Ploch, K. (2003) Zur Rezeption medienspezifischer Darstellungsformen im Fern-sehen. Forschungsbericht basierend auf der Magisterarbeit „Dramaturgien von Gesundheit". Berlin: Institut für Publizistik- und Kommunikationswissenschaft, Arbeitsbereich Wissenschaftsjournalismus. URL: http://www.fu.berin.de/polsoz/kommwiss/institut/wissenskommunik-ation/media/ploch_fobe1.pdf. Stand: 30.04.2008.

Reichert, R. (2005): Kinotechniken im Labor. Das Stanford Prison Experiment (1971). In: Montage/av. Zeitschrift für Theorie & Geschichte audiovisueller Kommunikation 14, Nr. 2. S. 125-141.

Renner, K. N. (2006): Feature und Dokumentationen. In: Schult, G./Buchholz, A. (Hrsg.): Fernseh-Journalismus. Ein Handbuch für Ausbildung und Praxis. 7., vollständig aktualisierte Auflage. Berlin: Econ. S. 224-231.

Salomon, G. (1983): The differential investment of mental effort in learning from different sources. In: Educational Psychologist 18. S. 42-50.

Salomon, G. (1984): Television is <<easy>> and print is <<tough>>: The differential investment of mental effort in learning as a function of perceptions and attributions. In: Journal of Educational Psychology 76. Nr. 4. S. 647-658.

Schaap, G./Konig, R./Renckstorf, K./Wester, F. (2008): Measuring the complexity of viewers' television news interpretation: Integration. In: Communications: The European Journal of Communication Research 33. Nr. 2. S. 211-232.

Schaap, G./Renckstorf, K./Wester, F. (2005): Conceptualizing television news interpretation by its viewers: The concept of interpretive complexity. In: Communications: The European Journal of Communication Research 30. Nr. 3. S. 269-291.

Schermer, F. J. (2006): Lernen und Gedächtnis. Stuttgart: Kohlhammer.

Schnotz, W. (1988): Textverstehen als Aufbau mentaler Modelle. In: Mandl, H./Spada, H. (Hrsg.): Wissenspsychologie. München/ Weinheim: Psychologie Verlags Union. S. 299-330.

Schnotz, W. (1994): Aufbau von Wissensstrukturen. Untersuchungen zur Kohärenzbildung bei Wissenserwerb mit Texten. Weinheim: Beltz.

Schultheiss, B. M./Jenzowsky, S. A. (2000): Infotainment: Der Einfluss emotionalisierend-affektorientierter Darstellung auf die Glaubwürdigkeit. In: Medien & Kommunikationswissenschaft 48. S. 63-84.

Schwab, F. (2008): Involvement. In: Uns, D./Krämer, N.C./Suckfüll, M./Schwan, S. (Hrsg.): Medienpsychologie. Schlüsselbegriffe und Konzepte. Stuttgart: Kohlhammer. S. 218-223.

Shoemaker, P. J./Schooler, C./Danielson, W. A. (1989): Involvement with the media. Recall versus recognition of election information. In: Communication Research 16. Nr. 1. S. 78-103.

Türer, C. (1989): Wissenschaftlich-technische Informationssendungen des Fernsehens. Eine mediendidaktische Untersuchung zur Verständlichkeit der Informationssendung "Alternative Energiequellen" aus der Sendereihe "Bilder aus der Wissenschaft" (ARD). Heidelberg.

Vaterrodt-Plünnecke, B./Bredenkamp, J. (2006): Gedächtnis: Definitionen, Konzeptionen, Methoden. In: Funke, J./Frensch, P. A. (Hrsg.): Handbuch der Allgemeinen Psychologie - Kognition. Göttingen: Hogrefe. S. 297-306.

Wegener, C. (2001): Informationsvermittlung im Zeitalter der Unterhaltung. Eine Langzeitanalyse politischer Fernsehmagazine. Wiesbaden: Westdeutscher Verlag.

Weidenmann, B. (1989): Der mentale Aufwand beim Fernsehen. In: Groebel,J./Winterhoff-Spurk, P. (Hrsg.): Empirische Medienpsychologie. München: Psychologie Verlags Union. S. 134-149.

Westbrook, L. (2006): Mental models: a theoretical overview and preliminary study. In: Journal of Information Science 32. S. 563-579.

Wirth, W. (1997): Von der Information zum Wissen. Die Rolle der Rezeption für die Entstehung von Wissensunterschieden. Opladen: Westdeutscher Verlag.

Wirth, W. (2006): Involvement. In: Bryant, J./Vorderer, P. (Hrsg.): Psychology of Entertainment. Mahwah, NJ: Lawrence Erlbaum. S. 199-213.

Witzke, B./Ordolff, M. (2005): Dokumentationen, Feature und Dokumentarfilm. In: Ordolff, M. (Hrsg.): Fernsehjournalismus. Konstanz: UVK. S. 261-278.

Wulff, H. J. (2006): Wissenschaftsfilm. In: Bentele, G./Brosius, H. B./Jarren, O. (Hrsg.): Lexikon Kommunikations- und Medienwissenschaft. Wiesbaden: VS Verlag. S. 313.

Zillmann, D. (2006): Exemplification Effects in the Promotion of Safety and Health. In: Journal of Communication 56. S. 221-237.

Zwaan, R. A. (1999): Situation Models: The Mental Leap Into Imagined Worlds. In: Current Directions in Psychological Science 8. S. 15-18.

Von der wissenschaftsdominierten zur gesellschaftlich kontextualisierten Wissenschaftskommunikation? Ausblick und Perspektiven

Georg Ruhrmann, Arne Freya Zillich und Jutta Milde

Ziel dieses Herausgeberbandes war es, die mediale Wissenschaftskommunikation über Molekulare Medizin zu untersuchen und darzustellen. Ausgehend von öffentlichkeitstheoretischen Grundlagen der Wissenschaftskommunikation wurde analysiert, wie Journalisten ihr Selbstverständnis definieren und in welche größeren gesellschaftspolitischen und journalistischen Kontexte sie das Thema Molekulare Medizin stellen. Gefragt wurde, welche Akteure in der Presse- und Fernsehberichterstattung auftreten und welche Themen, Konflikte und Kontroversen um die ethischen, rechtlichen und sozialen Folgen der Molekularen Medizin präsentiert werden. Ausgehend von einer zunehmend sozialwissenschaftlich kontextualisierten empirischen Forschung, aber auch aufgrund theoretischer Arbeiten zur Wissenschaftssoziologie begann man in den 1980er Jahren grundlegender über das Verhältnis von Wissenschaft und Öffentlichkeit nachzudenken und unterschiedliche Modelle mit der Frage zu entwickeln, mit welcher Systemrationalität Journalisten über Wissenschaft berichten (vgl. Kap. 9.1). Diese Diskussion ist bis heute nicht abgeschlossen, sondern hat dazu geführt, die verschiedenen Positionen detaillierter und zunehmend auch empirisch für unterschiedliche Medien zu erforschen. Die Aufsätze des vorliegenden Bandes tragen zu dieser Forschung bei. Daher werden im Folgenden kurz zwei prominente Modelle wissenschaftlicher Öffentlichkeit vorgestellt, um anschließend die Ergebnisse der in diesem Band präsentierten Studien in die Modelle einzuordnen.

1 Einordnung der Studien in normative Modelle wissenschaftlicher Öffentlichkeit

In der Diskussion zur Wissenschaftskommunikation dominieren zwei normative Modelle wissenschaftlicher Öffentlichkeit. Sie befassen sich mit der Frage, wie die öffentliche Debatte über Wissenschaft gestaltet sein sollte. Gerhards und Schäfer (2010) haben gezeigt, dass sie sich darin unterscheiden, welche Akteure mit welchen Inhalten und Themen in der Öffentlichkeit zu Wort kommen, in welcher Form dies geschieht und welche Resultate sich daraus ergeben sollten. Nach der ersten Modellvorstellung der *Wissenschaftsdominierten wissenschaftlichen Öffentlichkeit* sollen Massenmedien wissenschaftliche Ereignisse nach wissenschaftlichen Relevanzkriterien auswählen, berichten und bewerten. Medienberichterstattung soll quasi wissenschaftlich definieren, welche „Fakten" richtig und welche Bewertungen korrekt und zulässig sind. Unterscheidet sich die Berichterstattung von der wissenschaftlichen Realität, dann wird dies als Defizit gesehen. Die Berichterstattung wird dann als „nicht korrekt" klassifiziert und den Journalisten werden Versäumnisse bescheinigt (vgl. Kohring 2005). Das Konzept der *Wissenschaftsdominierten wissenschaftlichen Öffentlichkeit* weist den Medien sogar die Rolle zu, nicht nur die „scientific literacy" der Bevölkerung zu steigern sondern darüber hinaus auch dafür zu sorgen, dass sie die innerwissenschaftlichen Qualitätskriterien versteht und akzeptiert. Nicht zuletzt auch deshalb, weil die wissenschaftliche Rationalität und die Evidenzkriterien des Erkenntnisgewinns als höherwertig gelten. Insofern ist hier auch das Konzept des „Public Understanding of Science" angesprochen (vgl. Durant 1999; Dahinden/Schanne 2009).

Die zweite normative Modellvorstellung der *gesellschaftlich kontextualisierten wissenschaftlichen Öffentlichkeit* indes sieht Wissenschaft nicht als exklusive Erkenntnisquelle, sondern bedarf – zumal auch angesichts ihrer staatlichen Finanzierung – einer gesellschaftlichen Legitimierung. Die Etablierung von Forschungsrichtungen, -schwerpunkten und -zweigen resultiert aus öffentlichen Aushandlungsprozessen. Wissenschaftskommunikation vermittelt nicht wissenschaftliche Aussagen und Ergebnisse, sondern akzentuiert nach dieser Vorstellung gesellschaftliche Diskurse und Kontroversen mit der Folge, dass die Gesellschaft bestimmte Forschungsrichtungen ablehnen und sich für alternative Entwicklungen stark machen kann.

Die Beiträge dieses Bandes belegen beide normativen Modelle. Dies zeigt sich u. a. an dem Erfolg bestimmter Akteure, in der öffentlichen Debatte zu Wort zu kommen (Standing der Akteure), den Themen, die sie ansprechen und bewerten (Positionierung) bzw. wie bestimmte Ereignisse und Entwicklungen geframt werden (Framing) (vgl. Tabelle 1). Die Zuordnung zu den Modellen zeigt, inwieweit die Ergebnisse der Journalistenbefragung sowie der Inhaltsanalysen der Presse- und Fernsehberichterstattung eher dem „wissenschaftsdominierten Modell" oder dem „gesellschaftlich kontextualisierten Modell" entsprechen. Die hier vorgestellten Studien verdeutlichen, dass die Berichterstattung über Molekulare Medizin tatsächlich in der Lage ist, Positionen zu vermitteln. Der Framing-Ansatz kann zeigen, wie Medien bestimmte Sichtweisen beim Publikum formen.

Medienberichte führen nicht nur dazu, *dass* ein Ereignis wahrgenommen wird. Medienberichte beeinflussen auch, *wie* über Themen und ihre Bewertung nachgedacht und geurteilt wird. So sind es beispielsweise in der Studie von Jutta Milde (vgl. in diesem Band) vor allem die diskursiven Argumente und Bewertungen, die die Probanden zu einer aktiven Auseinandersetzung mit dem Thema motivierten. Es handelt sich also um einen *aktiven* Prozess der journalistischen Deutungskonstruktion. Die Konstruktion eines Sinnhorizontes wird durch spezifische Selektionsmechanismen geleitet, so dass beide Ebenen auch über spezifische Frame-Strukturen verfügen. Framing operiert dabei *inhalts- und kontextspezifisch* und bezieht sich jeweils auf bestimmte Ereignisse und Akteure (vgl. Scheufele 2006; Nisbet/Scheufele 2009; Nisbet 2010).

Der Beitrag „Normative Modelle wissenschaftlicher Öffentlichkeit. Theoretische Systematisierung und Illustration am Fall der Humangenomforschung" von Jürgen Gerhards und Mike S. Schäfer zeigt am Beispiel der Humangenomforschung in Deutschland und den USA eine medien- und länderübergreifende öffentliche Dominanz wissenschaftlicher Akteure und entsprechend affirmativer Bewertungen und wissenschaftlich-medizinischer Deutungen. Eher zum Ausdruck kommt also eine wissenschaftsdominierte Öffentlichkeit, was auch entsprechende Analysen der Humangenomforschung in den Printmedien Frankreichs, Großbritanniens und Österreichs bestätigen. Ähnliche Befunde sehen die Autoren auch für die vermeintlich egalitäre Kommunikation im Internet. Inhalte und Themen, die stärker auf ethische, moralische und soziale Fragen ausgerichtet sind, kommen seltener vor. Ebenso sind kritische Akteure aus dem Bereich der Zivilgesellschaft kaum vertreten. Die Autoren sprechen sogar von einer „öffentlichen Hegemonie" (Gerhards/ Schäfer 2006) von Befürwortern der Humangenomforschung.

Der Beitrag „'Das Bild ist stärker als das Wort' – Selektions- und Darstellungskriterien von TV-Wissenschaftsjournalisten beim Thema Molekulare Medizin" von Jutta Milde und Sascha Hölig zeigt für das Standing der Akteure eher ein gesellschaftlich kontextualisiertes Modell. Denn die Recherchemethoden der Redakteure offenbaren selten wissenschaftliche Quellen; persönliche Kontakte zu anderen Journalisten oder Privatpersonen überwiegen. Was die Positionierung anbetrifft, dominiert einerseits eine positive Darstellung und Bewertung von Wissenschaft. Entsprechend kommen häufiger wissenschaftliche Interpretationen vor, wissenschaftsfremde Interpretationen bleiben weitestgehend unberücksichtigt. Gleichzeitig wird der Anspruch der Redakteure deutlich, möglichst neutral über Molekulare Medizin zu berichten. Was das Framing betrifft, bemühen sich die Journalisten um eine wissenschaftliche und gesellschaftliche Einordnung der Beitragsinhalte; auch eine Anbindung an die Lebenswelt der Zuschauer ist festzustellen. Den von den interviewten Journalisten beschriebenen Selektions- und Darstellungskriterien liegt die Prämisse zugrunde, Inhalte zu präsentieren, die eine alltägliche Relevanz für den Zuschauer haben. Diese lässt sich dem gesellschaftlich-kontextualisierten Modell zuordnen.

Der Aufsatz„Wissenschaftsberichterstattung im SPIEGEL. Eine Inhaltsanalyse im Zeitverlauf" von Julia Bockelmann zeigt für das Standing viele Akteure aus unterschiedlichen Bereichen. Im Jahr 1978 sind es vor allem Journalisten; im Jahr 2008 herrscht ein Expertendiskurs vor. An ihm sind u. a. Juristen, Theologen und Ethiker beteiligt. Ihre Positionierung zeigt sowohl positive als auch negative Bewertungen. In den Jahren 1987 und 2008 werden sowohl Nutzen als auch Risiken von Forschung thematisiert, jedoch dominiert jeweils die Nutzendiskussion. Die Interpretation wissenschaftlicher Themen wird nicht nur aus wissenschaftlicher Perspektive, sondern auch aus politischer, wirtschaftlicher und ethisch-moralischer Perspektive formuliert. Die ethisch-moralische Kontextualisierung nimmt über die Jahre hinweg zu, im Jahr 2008 insbesondere bei der Genetik und Hirnforschung. Insgesamt lässt sich sagen, dass die SPIEGEL-Berichterstattung einen Wandel vom eher wissenschaftsdominierten Modell hin zum gesellschaftlich-kontextualisierten Modell vollzogen hat.

Der Beitrag „Zum Nachrichtenwert von Molekularer Medizin. Eine Inhaltsanalyse von TV-Meldungen 1995 bis 2004" von Georg Ruhrmann und Jutta Milde zeigt ein ausgewogenes Standing von Ethikern, Wissenschaftlern und Politikern; bis zum Jahr 1999 kamen vor allem Wissenschaftler vor. Was die Positionierung betrifft, ist von 1995 an eher von Nutzen die Rede, ab dem Jahr 2000 indes wieder mehr von Risiken. In diese Zeit fallen auch Kontroversen, die u. a. auch den Nachrichtenwert der untersuchten Meldungen positiv beeinflussen. Insgesamt lässt sich sagen, dass die Nachrichtenberichterstattung eher dem gesellschaftlich kontextualisierten Modell folgt, da Akteure aus unterschiedlichen Bereichen auftreten. Es werden sowohl positive als auch negative Bewertungen formuliert; die Berichterstattung wird insbesondere durch die Darstellung von Kontroversen beeinflusst.

Tabelle 1:   Modellklassifikation der empirischen Befunde*

Untersuchungseinheit / Beurteilungskriterien	TV-Journalisten	Presse (Qualitätszeitungen, Spiegel)	Fernsehen (Nachrichten, Wissenschaftsmagazine)	Modellklassifikation „wissenschafts-dominiert" vs. „gesellschaftlich kontextualisiert"
Standing der Akteure	Wissenschaftliche Quellen werden seltener verwendet Kontakte zu anderen Journalisten oder Privatpersonen überwiegen (vgl. Milde/ Hölig)	Wissenschaftler bestimmen den Diskurs in den Qualitätszeitungen (vgl. Gerhards/ Schäfer), wobei Wirtschaft, Zivilgesellschaft und Politiker zunehmend vertreten sind (vgl. Schäfer) Experten (Juristen, Theologen, Ethiker) kommen insbesondere im SPIEGEL zu Wort (vgl. Bockelmann)	Wissenschaftler, Ethiker und Politiker sind in TV-Nachrichten gleichermaßen am Diskurs beteiligt (vgl. Ruhrmann/Milde)	Insgesamt zeigt sich eine Tendenz zum gesellschaftlich kontextualisierten Modell. Die Berichterstattung der Qualitätszeitungen geht vom wissenschafts-dominierten zum gesellschaftlich-kontextualisierten Modell über.
Positionierung	Grundlegender Anspruch der TV-Journalisten, neutral zu berichten (vgl. Milde/ Hölig)	Positive Bewertung der Wissenschaft dominiert in der Presse (vgl. Bockelmann; Gerhards/ Schäfer) Es zeigt sich ein Trend zur Versachlichung der Debatte (vgl. Schäfer).	Nutzen- und Risikodiskussion in den TV-Nachrichten (vgl. Ruhrmann/Milde) Problemorientierte Diskussion des Nutzens in den Wissenschaftsmagazinen (vgl. Zillich)	Insgesamt zeigt sich eine Tendenz zum gesellschaftlich kontextualisierten Modell. In einzelnen Phasen der Berichterstattung über-wiegt das wissen-schaftsdominierte Modell.
Framing	Beitragsinhalte werden sowohl wissenschaftlich als auch gesellschaftlich eingeordnet und an die Lebenswelt der Zuschauer angebunden (vgl. Milde/ Hölig)	Wissenschaftlich-medizinische Deutungen überwiegen in Qualitätszeitungen (vgl. Gerhards/Schäfer) Ethisch-moralische Kontextualisierung nimmt im SPIEGEL über die Jahre hinweg zu (vgl. Bockelmann)	Relevanz und Kontroverse der Themen wird in TV-Nachrichten dargestellt (vgl. Ruhrmann/Milde) Wissenschaftliche Perspektive überwiegt in Wissenschaftsmagazinen, ethische Einordnung nimmt zu (vgl. Zillich)	Insgesamt zeigt sich eine Tendenz zum gesellschaftlich kontextualisierten Modell. In einzelnen Phasen der Berichterstattung überwiegt das wissenschaftsdominierte Modell.

* vgl. jeweils die Aufsätze in diesem Band

Der Beitrag „Korrespondenzanalyse von Mediendiskursen. Zur empirischen Verbindung von Öffentlichkeitstheorie und Diskursanalyse" von Mike S. Schäfer ermittelt vier Diskurskoalitionen in der ausgewerteten Presseberichterstattung von Süddeutsche Zeitung und Frankfurter Allgemeine Zeitung. Eine vergleichsweise einflussreiche Gruppe umfasst Wirtschaftsvertreter, Naturwissenschaftler und Wissenschaftsadministratoren, welche die Stammzellforschung positiv bewerten. Eine zweite Koalition aus Medienvertretern und zwei schwächere Koalitionen – bestehend aus Sozial- und Geisteswissenschaft, Zivilgesellschaft und Ethikräten – stehen der Stammzellforschung ambivalent gegenüber. Die Schwerpunkte der Debatte verändern sich im Laufe der Jahre: Während ab 1997 die Forschung eher positiv bewertet wird und wissenschaftlich-medizinische Frames dominieren, wird in der intensiven Hochphase der Diskurs ambivalenter und kritischer berichtet. Vor allem politische Parteien kommen verstärkt zu Wort. Nach der Verabschiedung des Stammzellgesetzes 2002 bewerten Journalisten das Thema Molekulare Medizin neutraler, die Debatte wird versachlicht.[1] Insgesamt lässt sich auch hier sagen, dass die Presseberichterstattung vom wissenschaftsdominierten Modell zum gesellschaftlich-kontextualisierten Modell übergeht.

Der Aufsatz „Frames in der Berichterstattung über Molekulare Medizin. Eine Inhaltsanalyse von Wissenschaftsmagazinen im Fernsehen" von Arne Freya Zillich zeigt kein eindeutiges Standing der Akteure. Molekulare Medizin wird in Wissenschaftsmagazinen des Fernsehens überwiegend positiv bewertet und ihr wissenschaftlicher und medizinischer Nutzen thematisiert. Ab dem Jahr 2000 differenziert die Berichterstattung stärker zwischen Bereichen, die einen Nutzen versprechen und solchen, die Gefahren bergen. Der Fokus der Positionierung liegt somit auf einer problemorientierten Diskussion des Nutzens. Die Interpretationen werden insbesondere ab dem Jahr 2000 nicht mehr nur aus wissenschaftlicher und medizinischer, sondern auch aus ethischer Perspektive vorgenommen. Insgesamt dominiert in den Berichten der TV-Wissenschaftsmagazine noch immer das wissenschaftsorientierte Modell, auch wenn sich Tendenzen zum gesellschaftlich kontextualisierten Modell zeigen.

Insgesamt zeigt sich, dass das Modell einer gesellschaftlich kontextualisierten wissenschaftlichen Öffentlichkeit in der medial vermittelten Kommunikation über Wissenschaft zunehmend eine große Rolle spielt. Diese ist insofern von Bedeutung, da sich die Rezipienten anscheinend erst in diesem Fall umfassend

---

1 Diese Versachlichung der Debatte nach der Verabschiedung eines Gesetzes lässt sich bereits in der Gentechnikberichterstattung zehn Jahre zuvor zeigen. Nach der Verabschiedung des Gentechnikgesetzes nehmen die negativen Bewertungen stark ab (vgl. Ruhrmann 1992).

informiert fühlen (vgl. Milde, in diesem Band). Gleichwohl zeigt die neuere empirische Kommunikationsforschung, aber auch neue Arbeiten und Ansätze aus der Psychologie, empirischen Pädagogik, naturwissenschaftlichen Fachdidaktik sowie Wissenschaftssoziologie, dass die Grenzen zwischen dem Wissen, das für Laien potenziell verständlich ist und dem Fachwissen, das nur Spezialisten zugänglich ist, unscharf geworden sind. Eine der zentralen Grundfragen des Public Understanding of Science, wie Laien lernen können, mit den Grenzen des eigenen Verstehens produktiv umzugehen, werden erneut, jetzt aber mit Mitteln der wissenschaftlichen Grundlagenforschung gestellt. Insbesondere das Internet erlaubt es, sehr schnell auf Informationen aus vielen Wissenschaftsbereichen zuzugreifen. Laien können umfassend Informationen verarbeiten, die eigentlich für den innerwissenschaftlichen Diskurs gedacht waren (vgl. Bromme 2009). Die empirische Forschung der genannten Gebiete geht dazu über, differenzierter einzelne Facetten und Merkmale einer wissenschaftszentrierten Berichterstattung zu untersuchen. Eines der hier relevanten Konzepte ist das der fragilen und konflikthaften Evidenz von medizinisch-wissenschaftlicher Forschung und ihrer Vermittelbarkeit in der Medienberichterstattung.

2 Evidenz und Alltagsrelevanz

Zunehmend und erneut nun auf der Grundlage empirischer Forschung ist die Fragilität und Kontroversität wissenschaftlicher Inhalte Gegenstand der Forschungen. Sie findet im Kontext der Traditionen von Science Literacy und Public Understanding of Science statt. Gerade die Debatten um die Folgen der modernen Bio- und Gentechnologie, aber auch um die Kosten der medizinischen Versorgung rücken das Thema Evidenz in den Mittelpunkt des öffentlichen Interesses. Die Diskurse unterscheiden sich darin, *wie* wissenschaftliche bzw. medizinische Fakten und Gewissheiten, wie Evidenz beschrieben und bewertet werden. Vor allem geht es dabei um die jeweilige Unsicherheit von Erkenntnissen und Maßnahmen. Verbunden damit ist das Unwissen über Ursachen und Wirkungen von (Folge-)problemen. Erschwert wird dadurch die Bewertung von Chancen und Risiken wissenschaftlicher und medizinischer Innovationen. Gerade auch deshalb geht es immer auch um Maßnahmen, die ergriffen werden müssen oder sollten, um Risiken zu minimieren und erkannte Probleme zu lösen (vgl. Marks et al. 2007; Nisbet 2010). Unsicherheit im Bereich der Medizin lässt sich *als fragile (wissenschaftliche) Evidenz* beschreiben (vgl. Schrappe/Lauterbach 2010). Doch was für Wissenschaft und Medizin als Normalfall gilt, dass nämlich Erkenntnisse stets vorläufig, widersprüchlich oder in unterschiedlichem Maße valide sind, kann in der Öffentlichkeit kontroverse

Debatten auslösen – bisweilen werden sie sogar regelrecht inszeniert. Diese Kontroversen beeinflussen die Wissenschaft und ihre Selbstreflexion. Insbesondere ihre Autorität, Legitimität und Förderungswürdigkeit wird zum Thema einer journalistischen Berichterstattung, die nicht immer Fakten von Fiktionen sowie Aussagen von Kommentaren trennt bzw. zu trennen vermag (vgl. Zehr 1999; Görke/Ruhrmann 2003; Wodak 2010). Auch das war und ist Anlass und Grund für die institutionelle Forschungsförderung in Deutschland, sich mit der öffentlichen Kommunikation von Evidenz zu beschäftigen (vgl. dazu auch DFG 1999; Bromme 2009).

Die *Aktualität fragil werdender Evidenz* in der Öffentlichkeit rührt zunächst aus der kontroversen Debatte um Chancen und Risiken der Molekularen Medizin, parallel dazu auch aus der Debatte über die Unsicherheit in Bezug neuer und neuartiger wissenschaftlicher Entdeckungen und Innovationen und zwar hinsichtlich mehrerer Aspekte. Entscheidend ist dabei vor allem, wie in den Medien berichtet wird, ob die Fragilität von Evidenz selbst zum Thema wird, wer sie in der Wissenschaft und Medizin wie definiert und wer sie wie bewertet. Lässt sich dabei eine *evidenzsensible* bzw. *-unsensible* Berichterstattung unterscheiden? Erklären die Medien bzw. Wissenschaftsjournalisten das wissenschaftliche Vorgehen, die relevanten Untersuchungen und Ergebnisse? Sind es tatsächlich die Forscher, ihre Experimente oder günstigen Bedingungen, die für bestimmte Durchbrüche oder das Scheitern von Projekten verantwortlich sind? Gelten die berichteten Unsicherheiten bzw. Risiken und daraus entstehende Konflikte zwischen den Experten als kontrollierbar oder nicht kontrollierbar? Erscheinen sie als lösbar? Entsteht anlässlich dieser Konflikte eine Kontroverse? Wie werden die Folgen wissenschaftlicher und medizinischer Innovationen präsentiert und bewertet? Formulieren Journalisten selbst Ratschläge und Empfehlungen an die Politik? Und: Greift die Politik diese Kontroverse und die in ihr zum Vorschein kommende Debatte um konflikthafte Evidenz auf und trägt sie sie dann auch weiter?

Aufgrund klassischer und neuerer Forschungsergebnisse ist davon auszugehen, dass Medien fragile Evidenz nicht nur in spezifischen Frames berichten. Vermutlich korrespondieren diese Frames auch eng mit formalen Gestaltungsprinzipien: Sie überlagern gleichsam die Vermittlung wissenschaftsbezogener Informationen und ihrer Evidenz (vgl. Milde 2009). Ziel künftiger Forschung ist es, aufgrund einer systematisierten Darstellung der Struktur von *wissenschaftlicher bzw. medizinischer Evidenz* darzustellen, wie fragil und konflikthaft jeweils die Gewissheit und Eindeutigkeit sowie die Belegtheit von wissenschaftlichen Erkenntnissen und Prozessen von den Medien wahrgenommen und präsentiert wird. Dazu muss nicht nur untersucht werden, welche Akteure wie und in welchem Umfang sie Evidenz thematisieren, begründen und bewerten, d. h. in jeweils spezifischen *Medienframes* darstellen. Gezeigt werden müsste auch, wie diese Frames mit den *Vermittlungskonzepten* unterschiedlicher Präsentationsformen korrespondieren.

Aus der Perspektive des „Scientific Literacy"-Konzepts umfasst das Wissenschaftsverständnis drei Dimensionen, die unterschiedlich stark ausgeprägt sein können (vgl. Haufler/Sundberg 2009; Scotchmoor et al. 2009):

1. Ein Verständnis für *Inhalte, d.h. eine grundlegende Kenntnis wissenschaftlicher Begriffe und Konstrukte;* dazu zählt etwa die Kenntnis des Themas „Molekulare Medizin", die als ein Teilgebiet der Humanmedizin angesehen werden kann.

2. Ein Verständnis für *Erkenntnistheorie und -methoden,* insbesondere für die Methoden und Verfahren wissenschaftlicher Untersuchungen. Dazu zählen also zunächst Kenntnisse wissenschaftstheoretischer Grundlagen (z. B. Hypothesen, Theorien, Gesetze) und Kontroversen (z. B. Werturteilsstreit, Konstruktivismus und besonders relevant in den USA bereits: Kreationismus). Hinzu kommt Wissen über Operationalisierung und Messung sowie Forschungsdesign und Untersuchungsformen, Auswahlverfahren, Datenerhebungstechniken und Auswertung.

3. Ein Verständnis für die *soziale Dimension* von Wissenschaft und Technologie (Miller 1983; 2004). Dazu zählt die Einsicht über die soziale, ökonomische und kulturelle Bedingtheit von Erkenntnisproduktion sowie über die gesellschaftlichen und individuellen Folgen wissenschaftlicher und technischer Innovationen.

Da Massenmedien für Laien häufig die wichtigste Quelle wissenschaftlicher und medizinischer Informationen darstellen, sind diese in besonderer Weise in der Lage, die „Scientific Literacy" zu beeinflussen bzw. zu framen und nehmen eine Schlüsselfunktion in der Bildung des öffentlichen Wissenschaftsverständnisses ein. Dabei zeigt sich – ausgehend von den USA – in den Medien (vgl. Camus 2009) und insbesondere beim Fernsehen (vgl. Jensen 2008; Prainsack/Kitzberger 2009; Lehmkuhl 2010) seit einiger Zeit ein Trend, der die Beziehung zwischen Journalisten und Publikum neu definiert: So geht es Wissenschaftsjournalisten häufig nicht mehr darum, über wissenschaftliche Themen im Sinne einer wissenschaftlichen Rationalität zu berichten. Vielmehr orientieren sie sich zunehmend am Zuschauer. Ihm sollen Informationen zur Verfügung gestellt werden, die einen hohen persönlichen Nutz- und Erlebniswert haben (vgl. Nisbet/Goidel 2007; Milde/Hölig 2010; Voß 2010). Damit wird die *Alltagsrelevanz* (vgl. Hinnant 2009) eines Wissenschaftsthemas zum journalistischen Selektionskriterium und Wissenschaftsfernsehen zu einer Dienstleistung. Inwieweit dieser Funktionswandel die *Darstellung* wissenschaftlicher Themen in den Medien beeinflusst, kann Gegenstand zukünftiger Analysen sein. Zugleich ist zu analysieren, welche *Erwartungen* Rezipienten an die mediale Wissenschaftsberichterstattung über Molekulare Medizin anlegen und welchen Einfluss eine solche Darstellung auf die *Wahrnehmung* und *Bewertung* des Wissenschaftsbereiches Molekulare Medizin hat.

Ziel künftiger Analysen wird es auch sein, die bislang vernachlässigten Kommunikationsbeziehungen zwischen Wissenschaftsjournalisten und ihrem *(Laien-) Publikum* zu analysieren. Dies ist vor allem deshalb relevant, da das Publikum Wissenschaftsfernsehen zunehmend nach Kriterien der Alltagsrelevanz (Nützlichkeit, Popularität, Spannung, Unterhaltsamkeit) bewertet. Im Mittelpunkt der bisherigen Forschung standen vor allem die Kommunikationsbeziehungen und Interdependenzen zwischen dem Wissenschafts- und dem Journalismussystem (vgl. Peters et al. 2008). Eine umfassende Aufarbeitung der Rezeption und Wirkung von Wissenschaftssendungen fehlt jedoch bislang. Dabei zeigen Inhaltsanalysen auch dieses Bandes, dass und wie sich insbesondere die TV-Berichterstattung über Molekulare Medizin deutlich verändert hat: Standen früher noch grundlagenorientierte Themen im Vordergrund des journalistischen Interesses, geht es heute vor allem um anwendungsorientierte Entwicklungen und Perspektiven. TV-Berichte orientieren sich also am Nutzwert wissenschaftlicher Forschung. Das Resultat sind -wie dieser Band gezeigt hat- Wissenschaftsbeiträge, die zunehmend stark visualisiert und unterhaltungsorientiert präsentiert werden (vgl. Kirby 2003).

Das heißt: Wenn die Berichterstattung zunehmend im Hinblick auf alltagsrelevante Bezüge geframt wird, bedeutet das für den Zuschauer, dass er zunehmend personalisierte und episodische (und nicht mehr strukturelle) Probleme definiert, häufiger individualisierte (und nicht mehr abstrakte) Handlungszusammenhänge zurechnet, und sich zunehmend an subjektiven Nützlichkeitskalkülen sowie individuell-persönlichen Problembewältigungen (und nicht mehr an gesellschaftlichen Maßstäben) orientiert. Daraus ergeben sich neue Formen der Wahrnehmung und Bewertung von Molekularer Medizin. Anzunehmen ist, dass Journalisten sich zwar an den Alltagsrelevanzen der Zuschauer orientieren, die Wirkung und Folgen dieser Darstellungen für bestimmte Zuschauergruppen jedoch nicht systematisch kennen. Unklar ist auch, welche Rückwirkungen die Neuausrichtung der Berichterstattung auf das öffentliche Ansehen, die öffentliche Legitimation und die öffentliche Förderungsbereitschaft bestimmter wissenschaftlicher Forschung haben.

Die Anstrengungen der institutionalisierten Forschungsförderung in der Bundesrepublik, aber auch weltweit zeigen, dass wissenschaftliche Akteure zunehmend selbstständig, kompetent und ressourcengestützt die Vermittlung wissenschaftlichen Wissens in die Öffentlichkeit betreiben. Zugleich lassen sich diese Leistungen und Wirkungen der Wissenschaftskommunikation heute umfassender als vor 20 Jahren theoretisch konzeptionieren und empirisch analysieren. Der hier vorgelegte Sammelband hat für das kontroverse Thema der Molekularen Medizin versucht, entsprechende Beiträge im Bereich von Presse und Fernsehen zu liefern. Entsprechende Untersuchungen im Bereich des Internets werden derzeit von verschiedenen Forschergruppen bearbeitet und dürften in Zukunft neue Einsichten in die facettenreichen Verhältnisse zwischen Wissenschaft und Öffentlichkeit bieten, deren weitere Analyse die Kommunikationswissenschaft vor neue Herausforderungen stellt.

Literatur

Bromme, R. (2009): Wissenschaft und Öffentlichkeit: Das Verständnis fragiler und konfligierender wissenschaftlicher Evidenz. Antrag an die DFG auf Einrichtung eines Schwerpunktprogramms. http://www.dfg.de/foerderung/ programme/listen/projektdetails/index.jsp?id=73397437.

Camus, J. T. (2009): Metaphors of cancer in scientific popularization articles in the British press. In: Discourse Studies. Aug 2009. Vol. 11. S. 465-495.

Dahinden, U./Schanne, M. (2009): Wissenschafts- und Risikokommunikation. In: Dahinden, U./Süss, D. (Hrsg.): Medienrealitäten. Konstanz: UVK. S. 69-88.

Durant, J. (1999): Participatory technology assessment and the democratic model of the public understanding of science. In: Science and Public Policy 25. Heft 5.

DFG (2009): Denkschrift Klinische Forschung. Weinheim: VCH.

Gerhards, J./Schäfer, M. (2006): Die Herstellung einer öffentlichen Hegemonie. Humangenomforschung in der deutschen und US-amerikanischen Presse. Wiesbaden: Verlag Sozialwissenschaften.

Gerhards, J./Schäfer, M. (2010): Normative Modelle wissenschaftlicher Öffentlichkeit. Theoretische Systematisierung und Illustration am Fall der Humangenomforschung. In: Ruhrmann, G./ Milde, J./ Zillich, A. F. (Hrsg.): Molekulare Medizin und Medien. Zur Darstellung und Wirkung eines kontroversen Wissenschaftsthemas. Wiesbaden: Verlag Sozialwissenschaften. In diesem Band.

Görke, A./Ruhrmann, G. (2003). Public Communication between facts and fictions: On the construction of genetic risk. Public Understanding of Science 12. S. 229-241.

Haufler, C. H./Sundberg, M. L. (2009): Symposium on scientific literacy: Introduction. American Journal of Botany 96. S. 1751-1752

Hinnant, S./Len-Ríos, M. E. (2009): Tacit Understandings of Health Literacy. Interview and Survey Research With Health Journalists. In: Science Communication 31. 1, S. 84-115.

Jensen, E. (2008): The Dao of human cloning: utopian/dystopian hype in the British press and popular films. In: Public Understanding of Science 17. S. 123-143.

Kirby, D. A. (2003): Science Consultants, Fictional Films, and Scientific Practice. In: Social Studies of Science 33. S. 231-268.

Kohring, M. (2005). Wissenschaftsjournalismus. Forschungsüberblick und Theorieentwurf. Konstanz: UVK.

Lehmkuhl, M. (2010): Wissenschaft im deutschen Fernsehen. Eine vergleichende Analyse spezialisierter Sendungen. In: Arbeitsgemeinschaft der Landesmedienanstalten in der Bundesrepublik Deutschland (Hrsg.): Fernsehen in Deutschland 2009. Berlin: Vistas, S. 60-67.

Marks, L./Kalaitzandonakes, N./Wilkins, L./Zakhavora, L. (2007): Mass Media Framing of Biotechnology News. In: Public Understanding of Science 16. S. 183-203.

Milde, J. (2009): Vermitteln und Verstehen. Zur Verständlichkeit von Wissenschaftsfilmen im Fernsehen. Wiesbaden.

Milde, J./Hölig, Sascha (2010): „Das Bild ist stärker als das Wort" - Selektions- und Darstellungskriterien von TV-Wissenschaftsjournalisten beim Thema „Molekulare Medizin". In: Ruhrmann, Georg/ Milde, Jutta/ Zillich, Arne Freya (Hrsg.) (2010): Molekulare Medizin und Medien. Zur Darstellung und Wirkung eines kontroversen Wissenschaftsthemas. Wiesbaden: Verlag Sozialwissenschaften. In diesem Band.

Miller, J. D. (1983). Scientific literacy: A conceptual and empirical review. Daedalus 112. S. 29-48.

Miller, J. D. (2004). Public understanding of, and attitudes toward, scientific research: What we know and what we need to know. Public Understanding of Science 13. S. 273–294.

Nisbet, M. C. (2010): Knowledge into Action: Framing the Debates over Climate Change and Poverty. In: D'Angelo, P./Kuypers, J. A. (Hrsg.): Doing News Framing Analysis. Empirical and Theoretical Perspectives. New York. S. 43-83.

Nisbet, M. C./Goidel, R. K. (2007): Understanding citizens perceptions of science controversy: Bridging the ethnographic-survey research divide. In: Public Understanding of Science 16. S. 421-440.

Nisbet, M. C,/Scheufele, D. A. (2009): What's next for science communication? Promising directions and lingering distractions. In: American Journal of Botany 96. 10. S. 1757-1778.

Prainsack, B./Martin Kitzberger, M. (2009): DNA Behind Bars: Other Ways of Knowing Forensic DNA Technologies. In: Social Studies of Science 39. S. 51-79.

Peters, H. P./Brossard, D./de Cheveigné, S./ Dunwoody, S./Kallfass, M./Miller, S./Tsuchida, S. (2008): Science-media interface: It's time to reconsider. In: Science Communication. Vol. 30. 2. S. 266-276.

Ruhrmann, G. (1992): Genetic engineering in the press: a review of research and results of a content analysis. In: Durant, J. (Hrsg.): Biotechnology in public. A review of recent research. London: Science Museum. S. 169-201.

Scheufele, B. (2006). Frames, schemata, and news reporting. Communications 31. 1. S. 65–84.

Scotchmoor, J./Thanukos, A./ Potter, S. (2009): Improving the public understanding of science: New initiatives. In: American Journal of Botany 96. S. 1760-1766.

Schrappe, M./Lauterbauch, K. W. (2010): Einführung und Begründung. In: Lauterbach, K. W./Lüngen, M./Schrappe, M. (Hrsg.): Gesundheitsökonomie, Management und Evidence-based-Medicine. Stuttgart. S. 427-439.

Voß, M. (2010): Gesunde Gene. Die mediale Diskussion um die Gentherapie. Bielefeld: Transcript-Verlag.

Wodak, R. (2010). The globalization of politics in television: Fiction or reality? European Journal of Cultural Studies 13. S. 43-62.

Zehr, S. C. (1999): Scientists Representation of Uncertainty. In: Friedman, S./Dunwoody, S./Rogers, C. L. (Hrsg.): Communicating Uncertainty. Media Coverage of New and Controversial Science. Mahawah: Lawrence Erlbaum, S. 3-22.

Autorinnen und Autoren

Bockelmann, Julia, Dipl.-Soz., ist wissenschaftliche Mitarbeiterin am Institut für Kommunikationswissenschaft der Friedrich-Schiller-Universität Jena.

Gerhards, Jürgen, Prof. Dr., ist Professor für Makrosoziologie am Institut für Soziologie der Freien Universität Berlin.

Hölig, Sascha, M.A., ist wissenschaftlicher Mitarbeiter am Institut für Medien und Kommunikation der Universität Hamburg.

Milde, Jutta, Dr. ist wissenschaftliche Mitarbeiterin am Institut für Kommunikationswissenschaft der Friedrich-Schiller-Universität Jena.

Ruhrmann, Georg, Prof. Dr., ist Professor für Grundlagen der medialen Kommunikation und Medienwirkung am Institut für Kommunikationswissenschaft der Friedrich-Schiller-Universität Jena.

Schäfer, Mike S., Dr., ist Juniorprofessor für Media Representations of Climate Change im Exzellenzcluster „Clisap" der Universität Hamburg.

Zillich, Arne Freya, M.A., ist wissenschaftliche Mitarbeiterin am Institut für Kommunikationswissenschaft der Friedrich-Schiller-Universität Jena.

Medien

Olaf Hoffjann / Roland Stahl (Hrsg.)
**Handbuch
Verbandskommunikation**
2010. 459 S. Geb. EUR 49,95
ISBN 978-3-531-16787-9

Marcus S. Kleiner (Hrsg.)
**Grundlagentexte
zur sozialwissenschaftlichen
Medienkritik**
2010. 752 S. Br. EUR 49,95
ISBN 978-3-531-14371-2

Wiebke Möhring / Daniela Schlütz
**Die Befragung in der
Medien- und Kommunikations-
wissenschaft**
Eine praxisorientierte Einführung
2. Aufl. 2010. 201 S. (Studienbücher zur
Kommunikations- und Medienwissen-
schaft) Br. EUR 24,95
ISBN 978-3-531-16994-1

Thorsten Quandt /
Bertram Scheufele (Hrsg.)
Ebenen der Kommunikation
Mikro-Meso-Makro-Links in der
Kommunikationswissenschaft
2011. ca. 384 S. Br. ca. EUR 49,95
ISBN 978-3-531-17210-1

Bodo Rollka / Holger Gamper /
Friederike Schultz
**Kommunikationsinstrument
Menschenbild**
Zur Verwendung von Menschenbildern
in gesellschaftlichen Diskursen
2011. ca. 180 S. Br. ca. EUR 24,95
ISBN 978-3-531-17297-2

Georg Ruhrmann / Jutta Milde /
Arne Freya Zillich (Hrsg.)
Molekulare Medizin und Medien
Zur Darstellung und Wirkung eines
kontroversen Wissenschaftsthemas
2011. ca. 230 S. Br. ca. EUR 29,95
ISBN 978-3-531-17385-6

Marc Stegherr / Kerstin Liesem
Die Medien in Osteuropa
Mediensysteme im Transformations-
prozess
2010. 374 S. Br. EUR 49,95
ISBN 978-3-531-17482-2

Erhältlich im Buchhandel oder beim Verlag.
Änderungen vorbehalten. Stand: Juli 2010.

www.vs-verlag.de

VS VERLAG

Abraham-Lincoln-Straße 46
65189 Wiesbaden
Tel. 0611.7878-722
Fax 0611.7878-400

Journalismus

Christina Holtz-Bacha (Hrsg.)
**Die Massenmedien
im Wahlkampf**
Das Wahljahr 2009
2010. 375 S. Br. EUR 39,95
ISBN 978-3-531-17414-3

Olaf Jandura /
Thorsten Quandt (Hrsg.)
**Methoden der
Journalismusforschung**
2011. ca. 350 S. Br. ca. EUR 29,95
ISBN 978-3-531-16975-0

Josef Kurz / Daniel Müller / Joachim
Pötschke / Horst Pöttker / Martin Gehr
Stilistik für Journalisten
2., erw. u. überarb. Aufl. 2010. 369 S. Br.
EUR 34,95
ISBN 978-3-531-33434-9

Thomas Leif (Hrsg.)
Trainingshandbuch Recherche
Informationsbeschaffung professionell
2., erw. Aufl. 2010. 232 S. Br. EUR 29,95
ISBN 978-3-531-17427-3

Thomas Morawski / Martin Weiss
**Trainingsbuch
Fernsehreportage**
Reporterglück und wie man es macht –
Regeln, Tipps und Tricks. Mit Sonderteil
Kriegs- und Krisenreportage
2. Aufl. 2011. ca. 245 S. Br. ca. EUR 19,95
ISBN 978-3-531-17609-3

Andreas Wrobel-Leipold
**Warum gibt es die Bild-Zeitung
nicht auf Französisch?**
Zu Gegenwart und Geschichte der
tagesaktuellen Medien in Frankreich
2010. 169 S. Br. EUR 19,95
ISBN 978-3-531-17543-0

Erhältlich im Buchhandel oder beim Verlag.
Änderungen vorbehalten. Stand: Juli 2010.

www.vs-verlag.de

VS VERLAG

Abraham-Lincoln-Straße 46
65189 Wiesbaden
Tel. 0611.7878 - 722
Fax 0611.7878 - 400